酒店管理类专业精品教材

酒店管理信息系统实训教程
CSHIS系统应用

▲

TRAINING COURSE OF
HOTEL MANAGEMENT INFORMATION SYSTEM

田启利　王中锋◎主编

中国旅游出版社

序　言

18 年来，我一直从事酒店信息管理方面的工作，见证着公司从一家软件公司向全数据平台发展，经历着中国酒店业信息化的进程。

中软好泰成立于 1995 年，是中国最优秀的酒店管理系统提供商，是中国酒店行业民族软件领先品牌。以专业化水平、国际化视角，为酒店设计了高水平的管理系统。其设计的中软酒店管理系统 CSHIS Professional、International 以及 Cloud 等版本的产品，以出色的技术，引领了国内酒店管理软件的发展方向。2008 年，携程旅行网并购了中软好泰，无论是为公司管理水平的提升，还是产品未来的发展方向，均提供了强大而丰富的平台资源，使中软好泰酒店系统具有更大的价值和更强的能力服务于中国酒店业。

2015 年 3 月 25 日，携程宣布其麾下全资子公司中软好泰与其旗下慧评网重组成立众荟信息技术股份有限公司，佳驰、客栈通并入众荟基础软件事业部，众荟信息融合酒店行业大数据以及云计算技术，布局中国首个酒店业全数据平台，自此，中软好泰超越了先前的纯产品与服务提供商的角色，进入了一个平台型公司的新高度。

近年来，中国酒店业整体经营情况面临着供求失衡、政策紧缩、低水平和同质化竞争等巨大考验，酒店业的发展到了一个需要运用新技术、特别是移动互联网技术进行变革的新阶段。在这样一个供求关系剧烈变更的市场中，酒店亟须快速响应市场，推出差异化的产品和服务，加强精细化经营、人性化管理，在多面夹击的竞争环境中占据一席之地、赢得商机并创立品牌。

我与田启利、王中锋两位老师相识于三年前，他们都从事酒店管理专业的职业教育工作，其负责的酒店管理专业在"校企合作""工学交替"等职业教育理念方面，进行了积极实践和探索，培养了一大批酒店行业优秀人才。他们开设有"酒店管理信息系统"这门课程，选用了中软系统作为教学系统，让学生在真实的环境中学到了实用的技能，为将来的就业与工作奠定了基础。他们的这本新作，全面介绍了酒店信息管理软件在酒店各实际岗位的操作，而且按照职业教育理念进行了模块化的结构编排，每一项目后面还有对应的练习题和相关知识链接，具有很强的实践指导性。我积极向已经进入或者即将进入饭店业的各位同人，尤其是从事酒店信息化工作的各位同人，推荐这本书籍。它既适合作为一般操作技能的学习资料，也适合作为高级操作技能的学习资料，希望各位读者能从这本书中汲取到有用的知识和技能，并在以后的工作中发挥作用。

北京众荟信息技术股份有限公司

西安分公司总经理　薛海峰

前　言

　　酒店管理信息系统是酒店管理专业、旅游管理专业的技能课程，是酒店管理与信息管理的交叉课程，具有较强的实践应用性。随着旅游业的快速发展，旅游产业已经成为我国国民经济的支柱产业之一，酒店业也将迎来发展的春天。同时，信息技术给各行业都带来了深刻的变革，"互联网+"成了各行各业转型变革的热词。"互联网+"与酒店行业的结合使得这个传统行业重新迎来了新一轮的发展动力，互联网使得酒店的运营模式出现了转变，实现了酒店管理信息系统同"OTA"和移动端的互联互通。同时，也改变了人们预订酒店和住宿的体验，消费方式的便捷化使得行业市场不断扩大。作为一名酒店管理专业的学生，必须具备酒店管理信息系统的实际操作能力。从管理的角度去掌握IT技术，从信息的角度去管理企业，这是对现代管理人才的基本要求。

　　本书按照职业技能学习的规律进行规划，整合了"边学边做""做学结合"的职业教育理念。全书分为3篇12个模块，内容深入浅出、通俗易懂，实训设计上强调可操作性，内容上强调连续性，实训练习强调针对性，以便使得学生通过实践环节真正掌握信息系统的方方面面。本书可作为信息管理与信息系统专业、管理科学与工程专业、工商管理类专业学生的实训教材，也可供饭店管理部门、前厅、客房、餐饮、销售和收银等相关人员培训使用。

　　本书前九个模块由陕西工商职业学院田启利编写，后三个模块、附录由陕西工商职业学院王中锋编写，并负责校对。本书在编写的过程中得到了北京众荟信息技术股份有限公司西安分公司薛海峰总经理的大力支持，并在百忙中为本书作序，提供相关材料和支持，同时得到了该公司销售部贾磊总监及技术人员的帮助。还得到了西安帝都宾馆王征总经理的帮助。是他们不厌其烦地一遍又一遍的讨论和建议，才有了这本书的完稿，在此一并表示感谢！

　　由于编者水平有限，编写时间仓促，书中疏漏与不足之处在所难免，敬请同行专家和广大读者指正。

编　者

前言

目 录

第三篇　理论拓展篇

第一篇　基础准备篇

酒店管理信息系统概述

实训一 管理信息系统在酒店管理中的应用

实训目的

1. 了解酒店信息管理系统基本定义；
2. 掌握酒店管理信息系统的功能；
3. 掌握酒店管理信息系统的应用流程。

实训内容

针对不同规模的酒店企业，了解酒店的信息化结构与内容，通过网络搜索，了解酒店整体业务流程，了解酒店整体业务流程与各部门职能。

实训步骤

一、酒店管理信息系统的概念

1. 管理信息系统的概念

管理信息系统（Management Information Systems，MIS），是一个不断发展的新型学科，其定义随着计算机技术和通信技术的进步也在不断更新，在现阶段普遍认为管理信息系统是由人和计算机设备或其他信息处理手段组成，并用于管理信息的系统。其结构原理如图1.1所示。

管理信息由信息的采集、信息的传递、信息的储存、信息的加工、信息的维护和信息的使用六个方面组成。完善的管理信息系统MIS具有以下四个标准：确定的信息需求、信息的可采集与可加工、可以通过程序为管理人员提供信息、可以对信息进行管理。具有统一规划的数据库是 MIS 成熟的重要标志，它象征着管理信息系统 MIS 是软件工程的产物。管理信息系统 MIS 是一个交叉综合学科，组成部分有：计算机学（网络通信、数据库、计算机语言等）、数学（统计学、运筹学、线性规划等）、管理学、仿真学等。信息是管理上的一项极为重要的资源，管理工作的成败取决于能否做出有效的决策，而决策的正确程度则在很大程度上取决于信息的质量。所以能否有效地管理信息成为企业管理面临的首要问题，管理信息系统在强调管理、信息的现代社会中越来越得到普及。

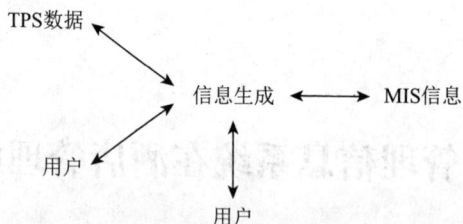

图 1.1　管理信息系统结构原理

2. 酒店管理信息系统的概念

酒店管理信息系统作为管理信息系统在酒店行业中的应用，实质上是对酒店运行过程中人流、物流、资金流、信息流的管理，以提高酒店的管理效益及经济效益，提高服务质量、工作效率，完善酒店内部管理机制，提高酒店服务水平等为目标。

二、酒店管理信息系统的功能

酒店信息化是一个集计算机技术、信息技术、网络通信技术、数字语音技术、多媒体技术和酒店科学管理为一体的，以达到节省运营成本、提高运营质量，给顾客带来高质量服务的技术手段。

随着通信技术、网络技术和人工智能的发展，未来酒店的竞争将主要在智能化、信息化、个性化方面展开。店内装潢、客房数量、房间设施等方面的质量竞争和价格竞争将居于二线。

酒店信息化在酒店行业主要指三个方面：

一是为酒店的管理者、决策者提供能及时、准确地掌握酒店经营各个环节情况的信息技术。

二是针对酒店的经营，为节省运营成本、提高运营质量和管理效率的信息化管理和控制技术。

三是直接对顾客提供服务的信息化技术。

当今社会，随着信息化技术的迅速发展，特别是大数据处理能力的提高，使得酒店管理信息系统在酒店的运营、市场细分、成本控制和个性化服务方面发挥出越来越大的作用。其具体包括以下功能：

一是信息处理功能。在酒店前台预订、信息查询和客人结账退房中产生了大量的数据，这些数据包括客人消费数据、客人资料数据、旅游动态数据等，这些数据的采集、处理、分析等需要通过酒店管理信息系统来完成。还包括酒店业务的数据采集、传输、存储、加工和维护等。

二是控制功能。通过酒店管理信息系统，能够完善和提高酒店后台各方面的管理水平和效率，为前台更好的经营服务提供支撑，同时，通过酒店管理信息系统能够优化酒店设备、能源、仓库、采购和人工等方面的控制流程，提高经济效益。

三是分析预测功能。通过酒店信息管理系统的分析和预测功能，可以提高酒店管理的精度。目前，大多数酒店管理信息系统都已开发了相关的分析模块，特别是高星级酒店，其管理信息系统都有分析和预测的功能。例如，餐饮成本分析模块、前台客源分析模块、财务报表分析模块、客房价格预测模块、酒店经营预测模块等。

四是决策功能。在酒店管理中，酒店客房的价格问题、酒店投资的选择问题、酒店促销活动的选定问题等，都属于非结构化的管理问题。酒店管理信息系统能提供完备的历史及当年度的数据，能提供各种分析模式，使管理者很方便地掌握酒店经营状况，完成复杂的分析工作，做出科学的决策，避免管理靠经验、靠感觉的情况。

三、酒店管理信息系统结构图

酒店管理信息系统主要包括四大子系统：前台系统、后台系统、扩充系统和接口系统，不同的子系统又具体包含不同的业务功能，如图 1.2 所示。

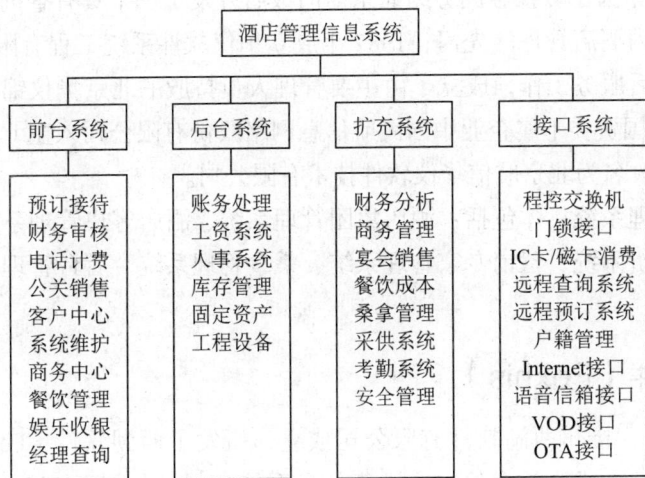

图 1.2　酒店管理信息系统结构图

实训考核

分组通过网络搜索，了解五星级酒店的组织结构图，并制作成 PPT 在班级展示。

实训二　国内外酒店信息管理软件概况

实训目的

1. 了解国内外酒店信息管理系统的基本情况；
2. 掌握国际上比较流行的酒店信息管理软件的发展历史及特点。

实训内容

通过网络检索，了解文中所提到软件的详细历史和特点。

实训步骤

一、华仪酒店管理系统（航信华仪）

1979 年，清华大学教授金国芬为北京前门饭店开发了一个具有查询功能的酒店管理软件，开创了国内酒店管理的先河；1987 年成立华仪软件系统工程有限公司。2009 年，为加强销售和售后服务工作，成立了由主要管理人员持股的北京华仪锦秋软件技术有限公司。2012 年，国资委下属企业中国民航信息网络股份有限公司入主北京华仪锦秋软件技术公司，公司改名为北京航信华仪软件技术有限公司。

华仪酒店管理系统具体包括：酒店集团管理系统、酒店客户管理系统、餐饮管理系统、经理决策分析系统、营销专家管理系统、桑拿管理系统、后台管理系统、接口系统等模块或子系统。

二、西湖软件（Foxhis）

1993 年 6 月，杭州西湖软件有限公司成立，研发了西湖软件（Foxhis 系统），目前最新版为 X5 版，成为最大的国产酒店信息系统公司，公司于 2006 年 12 月 18 日与 Fidelio 和 OPERA 系统的国内代理商北京中长石基信息技术股份有限公司合并。并于 2007 年以石基信息（002153）的名称在深圳中小企业板上市。

三、Fidelio 酒店系统

Fidelio 是世界最著名的酒店管理系统，1987 年 10 月 Fidelio Software GmbH 在德国慕尼黑成立，成立 4 年后就成了欧洲顶尖的酒店管理软件公司，成立 6 年后跃居世界酒店信息系统供应商之首。之后并入美国 Micros System Inc 公司，1995 年 Micros 成立中国分公司——上海富达，2003 年北京中长石基信息技术有限公司从 Micros 公司取得了 Fidelio 和 Opera 中国唯一的销售许可。

但是，Fidelio 没有为大陆开发中文增值包（连微软 MSOffice 都特意为中国市场增加了增值服务包），而且故障维护费用惊人。但其作为一个酒店整体解决方案（ERP）进入酒店，系统本身融入了开发者的管理思想和理念，安装了该系统，就需要导入它所附带的经营理念。

Fidelio 和 Opera 几乎是所有国内高端外资酒店的共同选择，在国内，除非五星级或者有一定影响力的酒店，一般都不进行合作。

四、Opera PMS 前台管理系统

Opera 是美国 Micros 公司的产品，国内代理商为北京中长石基信息技术有限公司，为一系列接待业服务形态软件集合，其中 Opera PMS 为其核心部分。PMS 全称为 Property Management System，直译为物业管理系统，也有翻译为酒店管理系统。Opera PMS 系统在设计上迎合不同规模酒店以及酒店集团的需求，为酒店管理层和员工提供了全方位系统工具，以便其快捷高效地处理客户预订、入住退房、房间分配、房内设施管理、入住客户膳宿需求，以及账户账单管理等日常工作。

Opera PMS 可以根据不同酒店不同的运营需求，来合理地配置系统以贴合酒店的实际运作。除单体酒店模式外，还提供多酒店模式，通过一个共享的数据库，实现多个酒店的数据存取和相互访问。Opera PMS 和其他系统可以实现完美结合，共同构成 Opera 企业级软件解决方案。例如，Opera 销售宴会系统、Opera 物业业主管理系统、Opera 工程管理系统、Opera 中央预订系统和 Opera 中央客户信息管理系统。

五、中软酒店管理系统

中软酒店管理系统 CSHIS Professional 是中软好泰公司以专业水准打造的精品，融合了国际先进管理模式，充分满足不同酒店多样化、个性化和人性化的需求，不但操作简便快捷，而且将大量强化管理控制、提高服务质量的功能融汇其中，是性价比极高的超值产品，领导了国内酒店管理软件的发展趋势和技术方向。其突出特点如下：

一是突破传统——前台整合，实现一站式服务。将预订、接待、收银、问询等前台工作整合在一起，不再分别安排服务员，使酒店前台可以向宾客提供一站式服务，宾客面对任何一个前台服务员，他的全部需求都能够得到一次性的解决。这样的设计能够使宾客感觉更亲切、更快捷，增加宾客对酒店的好感，提升酒店的形象。

二是事无巨细——全程预订。可以在前台直接进行餐厅、会议室、康乐中心等销售点的预订，从摆台方式、条幅设计、设备租用到菜谱选择、娱乐项目、价格标准无不提供详细的设定，再紧密、复杂的日程也能够安排得井井有条。预订完成后，还可以定义、生成和分发各部门的任务工作单，提前落实所有相应的准备工作，确保接待工作的万无一失。

三是酒店经营状况的窗口。系统能够让酒店管理者实时了解到当前经营的多方面数

据，并具有有效的分析功能，系统自动生成的"7 日预测"，可为酒店管理者提供未来走势分析，使其能够提前调整经营策略。

实训考核

通过网络，进一步了解 Fidelio 酒店系统、Opera PMS 前台管理系统和中软酒店管理系统 CSHIS 的优缺点，并进行对比分析。

知 识 链 接

信息化时代，酒店如何利用互联网？

自从进入信息化时代，互联网为酒店业带来颠覆性的变化，无论是营销渠道还是客户习惯，抑或是酒店技术，酒店应该如何利用互联网获取更大收益呢？

自 2015 年至今，饭店业与 OTA、"互联网＋"的新闻可谓层出不穷。2015 年，首旅酒店、石基信息、阿里旅行签订了战略合作协议。首旅酒店将成为阿里旅行和石基信息"互联网＋"战略的落脚地，石基信息将协助首旅推动酒店信息管理系统和阿里旅行系统的互联互通，同时三方将开展在大数据、云计算、智慧酒店和电子商务业务方面的深度合作。而在 2014 年，阿里旅行已斥资 28.1 亿元入股石基信息。当该则消息还在业内发酵之时，2015 年 5 月 22 日，铂涛集团联手携程网和腾讯收购了 Expedia 所持有的艺龙控股权，成为国内第二大 OTA。

如今我们进入了全民信息化时代，酒店生存方式已发生翻天覆地的变化，传统的酒店管理找到了与互联网结合发展创造更大价值的可能。在这个信息化的时代，酒店行业与互联网发生跨界融合，已不是能不能做的事情，而是毋庸置疑必要去做的事情。在这样一个发展的时代，我们酒店人必须要学会用互联网思维去管理酒店，为酒店创造更大的收益。

我们先来看一看现在酒店行业的发展现状，在过去 10 年，中国酒店业的蓬勃发展累积了诸多问题，包括在"大干快上"的理念下的过度投资、偏离市场的设施定位、缺乏创新的产品、酒店模式的同质化等。今天的酒店业发展已进入新常态。这些新常态代表酒店业告别粗放增长的高大上时代，进入了回归本质的全新发展时期。

从盈利能力来看，酒店行业原材料价格上涨且居高不下、人力成本上升，OTA 摊薄了酒店的利润，加上相关政策和外部大环境的影响，高星级酒店连续亏损，客房收入与餐饮收入全线下跌，导致酒店行业业绩始终在微利或亏损边缘徘徊。

从行业创新来看，当前酒店业正进入高速调整期，酒店的管理模式、产品模式、市场模式都在进行根本性和结构性变革。从市场环境来说，品牌创新将进入高速爆发期，品牌取代星级成为市场标杆。连锁企业将压缩更多单体酒店的市场空间。

接下来我们谈谈酒店行业的市场变化，中国酒店业面临很大挑战，首先是这几年世界经济局势变化，以中国酒店行业市场而言，即"八规六禁"等一系列政策出台后，诸多高端品牌酒店都面临收益下滑问题。其次，随着酒店企业竞争加剧，各个酒店正面临从大而化之到小而精细的困局。

精品酒店市场需求高，随着中国酒店市场的发展，酒店行业竞争日趋激烈，经济型酒店在经历"跑马圈地"的时代后，开始进入发展瓶颈期；高端酒店也因大环境的影响，发展不够理想。所以，不少酒店投资者们将目光转向了精品酒店市场。

中端品牌酒店是中国酒店业发展中的一个热点，经历了"节俭风"后，消费者正逐渐从疯狂追求豪华到回归理性，使更多客源流向中档酒店。目前，中档酒店市场可以说处于相对空白阶段，国际巨头和经济型酒店巨头均看中了这个领域。本土酒店集团和海外酒店集团争夺中高端酒店市场的战争悄然打响，随之上演的是中高端酒店市场的品牌之争。

酒店内参曾报道万豪与东呈酒店集团联姻在中国推出新品牌，东呈酒店集团将牵手万豪角逐中端酒店市场。据酒店内参获悉，日前万豪国际集团与东呈酒店集团正式签订独家发展协议，将在中国内地市场推出"万枫"酒店品牌，东呈目标在五年内开发140家万枫酒店。

自驾游兴起，随着私家车的普及和自驾游趋势的发展，自驾游逐渐成为中国国民日常旅行的主要方式之一。为了适应自驾游的发展，国内旅游业产生了以汽车营地和自驾游基地为代表的新型服务，政府部门以及景区也在道路维护及配套相关基础设施上进行了可观的投资。

长租公寓市场不可忽略，长租公寓是租赁市场中的一个新兴力量，也是产业趋势中处于风口上的市场。粗略估计，中国的租赁市场规模超过万亿元，潜在空间巨大，这也是长租公寓受到广泛关注的原因之一。

高端酒店需转型，高端酒店应避免同质化，在特定的细分市场中以独树一帜的风格取胜，将体验经济落实到酒店的产品设计和经营中去。很多高端酒店都挣扎在生存线的边缘，但也有一部分高端酒店在市场中闯出了自己的"天地"，取得了较好的经营业绩。中国经济在发展，高档酒店面临的并不是行业的冬天，而是理性健康成长的新机遇。

智慧酒店的兴起，智慧酒店是指酒店拥有一套完善的智能化体系，通过数字化与网络化实现酒店数字信息化服务技术。智慧酒店是指利用物联网、云计算、移动互联网等新一代信息技术，通过酒店内各类旅游信息的自动感知、及时传送和数据挖掘分析实现旅游六要素的电子化、信息化和智能化，满足客人个性化需求，并帮助酒店达成开源、节流、增效的目的。

信息化时代的客户体验。互联网曾经对旅游行业产生了巨大的影响，消费者们纷纷涌向网上旅行社，寻找最合适的机票和酒店产品，并且阅读旅行指南来提前安排他们的行程。comScore的数据显示，移动端是最新一个冲击旅游行业的销售渠道。就全球的旅游业发展而言，互联网已然将其变化了模样，人们的出行更加频繁、便利。但从全球看中国，你会发现这一姿态表达的更加激烈，互联网与传统旅游的融合更加紧密。从　资料来源扫一扫

国内最新消息看来，互联网已经将中国旅游业进行了彻底的清洗，人们可以通过移动端看旅游攻略，可以进行旅游信息的收集，也可以通过 PC 端进行支付和与旅游网站联系。从如今的现状看来互联网已经改变了国人的吃、穿、住、行。显然，无论是移动互联网还是传统 PC 互联网如今的发展都是相当快速的，对于传统酒店业而言是一次难得契机。

"互联网＋"助力酒店获取更大收益

酒店行业的市场足够大，六大联盟体的成立，是合作、竞争、共赢，这表明了酒店业的一种自觉醒悟，它意味着酒店业已经开始思考转变自身营销体系的结构。

整个互联网生态和体系已然发生了变化，这样的变化笔者认为有两点：

1. 客人与酒店的接触方式发生了变化。以前客人是借助第三方去寻找合适的酒店，酒店与客人直接的沟通少，现在客人可以通过移动端、微信微博等多方面来获取酒店的信息，从而选择合适的酒店入住。

2. 消费者本身的消费习惯发生了变化。有互联网与没有互联网的差别，消费者获取酒店信息的渠道大有不同，特别是现在的年轻顾客，他们会更快地接触到酒店信息。

随着移动互联网的持续发展和智能手机的普及，谁能洞察消费趋势，及时满足消费者需求，谁就能赢得更多的客人和更高的客户满意度。很多营销创意、产品开发单靠经验是想不到的。

大数据营销的效果现在远还没有充分显现出来，问题之一就在于还没有足够的流量形成大数据分析的基础，互联网产品更迭很快，微博的失势，微信的兴起是一个现象，可能 3 年后又会流行其他的产品，同样的，年轻人的生活和行为方式会紧跟潮流，因此酒店也要紧跟时代潮流，不要做违背时代和历史潮流的事情。

笔者认为，在这个信息化的时代，酒店要想获得更大的收益，就应该从我们的顾客角度出发思考如何借助互联网做好跨界整合来帮助酒店提高收益。时代变了，我们的生活方式也发生着转变，酒店应该思考，如何全方位地看待此次转变。

资料来源扫一扫

模块二
CSHIS系统概述

实训一　掌握账户的相关概念及分类

1. 理解软件中所涉及的账户概念；
2. 掌握主要账户状态及账户分类情况。

实 训 内 容

打开中软酒店管理软件，对照系统当中涉及的账户概念，进行试验操作。

实 训 步 骤

一、账户的相关概念

酒店管理系统是酒店管理者对酒店经营数据进行记录并分析从而提高管理水平的平台，也是酒店开源节流的重要保障。要使管理系统发挥功效，基础数据的录入就显得格外重要。在中软酒店管理系统中是以客人为核心来进行记录和操作的，这样既提高了对客服务质量，又方便记载客人的客史，同时能更加灵活地处理客人账务。这样就引入了一个承载体——"账户"。

1. 账户

账户是酒店系统对于每位在店消费客人建立的档案，每个客人的档案都是独立的账户。该账户记录客人的基本资料，如姓名、性别、证件号码、民族、公司、个人喜好等；记录酒店对该客人的分类属性，如客源、账户类型、市场分类等；记录客人的在店消费信息，如费用、付款等；还有一些特殊的统计信息记录，如来/离店日期、特殊要求、语种等。这样一来，"账户"便成为系统操作的基本单位，几乎所有的信息录入都是在账户中完成的。账户相当于客人在酒店内部使用的身份证。

2. 账号

为了更容易识别和统计，每一个账户都有系统自动生成的唯一账号，这就相当于客人在酒店内的身份证号码（见图2.1）。在酒店内可能会入住同名同姓的客人，对酒店系统来说，并不难区分，因为系统中是通过客人账户的账号来进行验证和唯一识别的。

3. 账单

账单是指酒店系统记录账户所对应的所有消费记录，包含如各种付款和消费明细等内容，如图2.1所示。在系统中账户的账单分为主账单和辅助账单，每个账户都有唯一默认的主账单，其余的辅助账单可根据实际出现的业务灵活设立。

4. 交易代码

酒店系统将酒店内部所有收费服务项目以及能够支持的付款项目都以各自独立唯一的代码形式体现，便于操作员快捷地进行对客服务。此代码从财务角度讲，即可作为记账的明细科目代码。

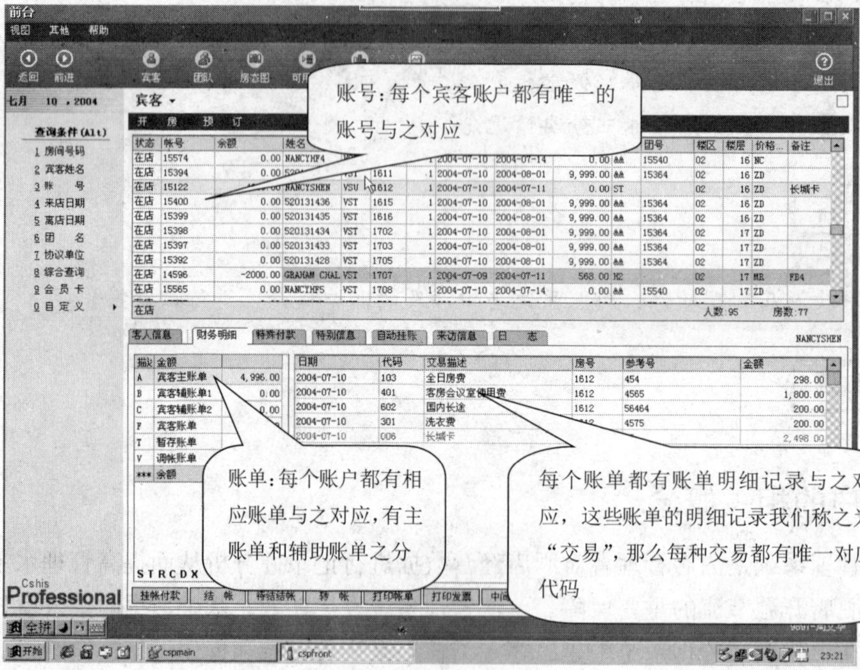

图 2.1　酒店宾客的账户类型

二、账户的分类

如图2.2所示为账户的分类情况，主要包括宾客账户和非宾客账户两大类，每个大类又包含具体的子类。

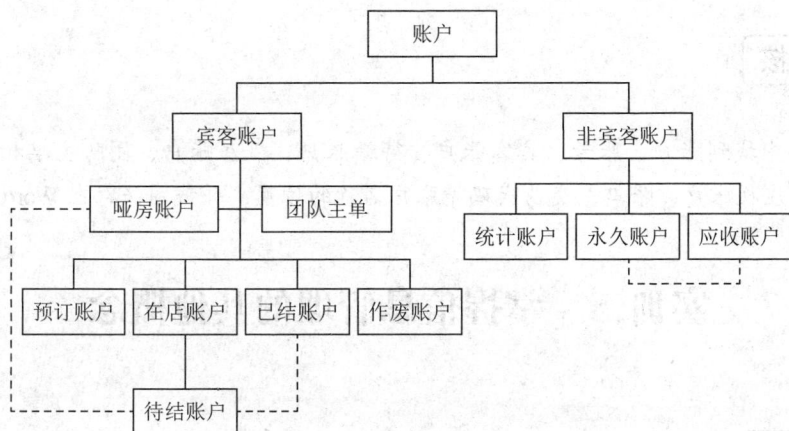

图 2.2 账户的分类及状态

1. 宾客账户

宾客账户是指为到店消费的客人开设的账户，它记载客人的所有信息，包括预订、取消、在店、已结等几种状态（见图 2.2）。

（1）待结账户

待结账户是指处理退房不结账账户时系统所自动生成的过渡账户，该账户状态属于在店状态，所以账户信息继承原离店账户的信息，并且该账户的房号是在原账户房号前加 "*" 号以区别。

（2）哑房账户和团队主单

为了能够更灵活地对宾客账务进行处理，在宾客账户中还有两类特殊的账户：哑房账户及团队主单。

哑房是指酒店实际不存在，但由系统虚拟出来的房间，其在系统操作中与正常房间一样，有空房和占用房的概念，可以做 C/I 和 C/O 的操作，但不参与出租率的计算，没有清扫的概念。一般用于酒店做一些特殊的账务处理。哑房的特殊房类代码标记为 "**"。

哑房账户是指为了完成特殊账务处理的操作而在哑房做了 C/I 操作的账户，待结账户就是一种特殊的哑房账户。

团队主单是指用作团队会议公付费用的特殊账户，随对应的团队生成，主要作为该团队的付款账户。

2. 非宾客账户

（1）统计账户：作为酒店系统中销售点统计现付款（包括现金及信用卡等）及相应费用的专属账户，一般情况下操作员无须操作。

（2）永久账户：作为酒店系统中为协议单位及公司设立的应收账户的前台过渡账户，无须操作员操作。是作为酒店系统记录其内部流程的专属账户。

（3）应收账户：作为酒店系统为协议单位在后台设立的专属账户，使用特殊的付款方式将应收账务转入对应的应收账户。前台业务员无权对账户进行操作。

实训考核

在软件中找到账户、账号、宾客账户、待结账户、哑房账户、团队主单和统计账户、永久账户、应收账户、账单、交易代码等账户名称的位置，并截图保存在 Word 文档。

实训二　掌握信息管理的其他概念

实训目的

1. 了解交易明细、特殊付款、转账、房税结构、锁房和户籍等概念；
2. 掌握房税结构的输入；
3. 掌握户籍信息的输入。

实训内容

打开软件，找到相关概念在软件中的位置，并进行假设操作。

实训步骤

一、交易明细

交易明细是指客人在酒店的消费明细以及付款明细的统称，相当于财务概念中的明细记账科目（包括消费及付款），如费用类的房费、中餐厅餐费、洗衣费等，付款类中的现金、信用卡、转应收等，为了便于操作和记忆，所有的交易都有唯一对应的代码，即"交易代码"；例如：001—现金、002—长城卡、101—房费、102—半日房费、201—西餐厅餐费等。

二、特殊付款

特殊付款是指账户之间事先定义特定的转账关系，在发生费用时，系统会按这种转账关系自动将相关费用转入对应的承付账户，多用于团队或者会议的公付账户处理。例如，在 C/I 时或者预订时已经明确乙客人相关费用由甲客人支付，就可以建立如图 2.3 所示的特殊付款的转账公式。源账户设定费用→目的账户。此时并没有发生费用，建立该处理的结果是在源账户发生设定费用时，其设定费用会自动转入目的账户中去。

三、转账

转账是指在账户之间产生费用转移或者付款操作时需要进行的账务处理。不同于特殊付款，其转账的处理是在费用或者付款发生之后进行，而特殊付款是在费用发生之前事先设定的转账关系。

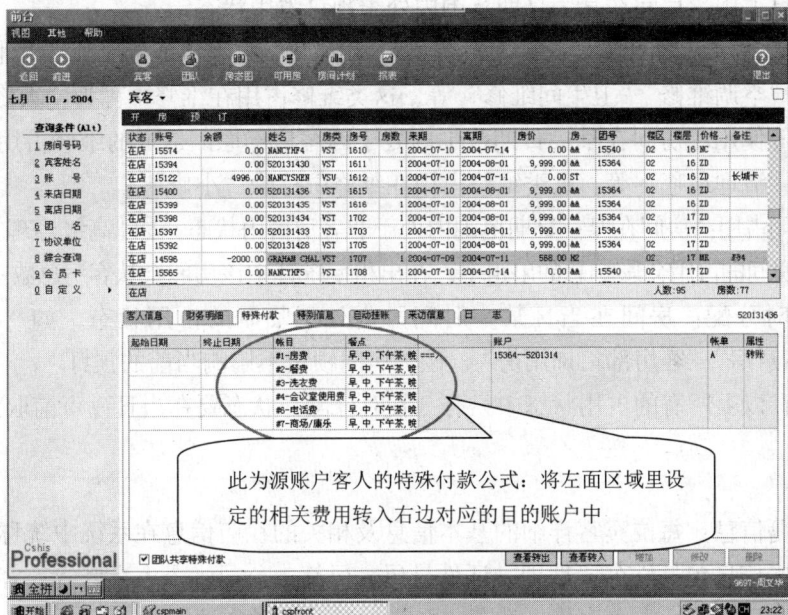

图2.3 特殊付款示意图

示例：在完成 C/I 客人入住后，乙客人的房费由甲客人支付；这时乙客人账户已经按照其房价产生当日房费 500 元；此时可根据甲、乙客人的要求将 500 元房费转入甲客人账户中去。

四、房税结构

房税结构是指房价按酒店收入统计的要求分类后的组成结构，如"房价含单早""房价含双早""房价含洗衣"等。

示例：酒店某房间销售价为 680.00 元；销售政策中允诺送一份早餐 35 元。则在系统中可事先建立如下房税结构：

房税结构代码：HZ

内容：房费：645.00 元，即（销售价 – 早餐价格）

早餐：35.00 元（包含）

依上例所示，在酒店夜审过程中，如对酒店收入进行分类统计，系统会自动在该客人账户挂入房费 645.00 元，早餐费 35.00 元，而在对客打印账单中，房费是总房价即 680.00 元，这样即满足酒店分部门统计的要求，同时又不影响对客账务的统计。

五、锁房

简单地讲，锁房就是指对房间的占用，是酒店系统对客房占用情况的分类描述。在 CSHIS 系统中房间的占用情况分为以下几类：

（1）住客占用：房间在某一日期范围内处于宾客住店占用状态。

（2）预订占用：房间在某一日期范围内处于预订占用状态。

（3）维修占用：房间在某一日期范围内处于因工程原因造成的维修占用状态，如"灯具维修""空调维修""卫生间维修"等，这类维修占用在维修中称为"大修"。

（4）暂停使用：房间在某一日期范围内处于因客房部原因造成的维修占用状态，如"客房保养""清理地毯"等，这类维修占用在维修中称为"小修"。

（5）关闭占用：房间在某一日期范围内处于非客房占用状态，如"高级经理生活用房"等，该类型房间的占用会影响总的出租率，在出租率统计中该房间会从客房总数中扣除。

（6）临时分配：房间在当日某一时间段内处于临时的占用状态，如"销售部看房""领导休息房""客房部培训用房"，该类房间锁定不影响当前的预订。

注意：在以上所有的占用状态中只有"临时分配"状态要在当日夜审前取消。

六、户籍

（1）户籍信息：每位宾客详细的基本信息及相关的在店信息在系统中统称为户籍信息。客人基本信息包括姓名、性别、证件号码、民族、公司、个人喜好等；客人在店信息包括来离店日期、房类、房价、客源、账户类型、市场分类等。

（2）户籍屏幕：输入客人户籍信息的系统界面称为户籍屏幕，CSHIS 系统针对不同状态的宾客提供四种录入户籍屏幕，包括预计录入户籍屏幕、接待录入户籍屏幕、团队录入户籍屏幕和快速修改户籍屏幕。

（3）分单（生成户籍）：是指在团队或会议预订及接待的操作过程中，系统生成每位宾客的个人信息的操作。

（4）户籍模板：宾客账户信息有时具有一定的共性，比如客人的账户类型、国籍、证件种类等，可以按照客人账户信息的共性在系统中制作不同的户籍模板，这样在新建立账户时选择对应类型的户籍模板，模板中预先输入的信息将不用再次输入，这种事先的设定可以简化操作，提高录入效率。

> **实训考核**

写出交易明细、付款、转账、房税结构、锁房和户籍等概念。

2014中国酒店信息化十大关键事件

一、"一带一路"战略吹响中国酒店业国际化号角，现有信息系统和平台面临重大变革

2014年，万达、锦江、海航、铂涛、华住、富华、中州等多家企业纷纷走出海外，开始了中国企业走出去的步伐，但企业的软件系统、信息平台，面对"十个跨越"（跨语言、跨文字、跨地区、跨时区、跨文化、跨货币结算、跨货币核算、跨税务体系、跨软件平台、跨硬件平台），还有很长的路要走。

2014年，万达、锦江、海航、铂涛、华住、富华、中州等多家企业纷纷布局海外，开始了中国企业走出去的步伐，这种走出去更多的是通过收购来作为业主方，当中国酒店试图跨国运营时，挑战凸显。在信息领域，现有系统（比如集团网站、CRS、PMS、采购平台、财务系统等）很少考虑"十个跨越"带来的一系列问题，这些系统在未来几年将面临重大挑战。比如您的官网支持多少种文字；是否支持残障人士（包括盲人）访问？如果不支持，那么很可能在某些地区因为"歧视"而违规。

盘点目前国内软件系统，除Opera、HIS（现更名为HMS）等国外系统经历了广泛而长期跨国经营的应用外，大多数国内供应商和软件系统缺少这方面的经验。

建议酒店集团在"走出去"之前，对现有系统和供应商的兼容性、抗压性、安全性进行充分的测试，同时与供应商商讨跨境服务和维护解决方案，以减少风险。

小知识：

"一带一路"是"丝绸之路经济带"和"21世纪海上丝绸之路"的简称，不仅仅是国家战略，而且是国家意志，是堪比"改革开放"和"西部大开发"的重要构想。"一带一路"覆盖的地区大多数发展阶段较为落后，未来中国游客将呈现快速增长态势。

二、"智慧旅游年"顺利完成，各地政策支持力度加大

如果将旅游发展分为"政府驱动型"和"市场推动型"的话，中国旅游业目前还属于政府驱动型的阶段，政策导向的效果非常明显。2014年是"中国智慧旅游年"，各地政府、旅游委（局）和协会在政策、制度、标准建设方面力度空前，各企业、组织举办多种活动、会议强化实施效果，这些前瞻性文件的举措将在未来持续显现，智慧旅游、智慧酒店工作将步入新阶段。

在标准建设方面，继北京市智慧旅游系列标准后，广东、江苏、四川、浙江、山东等地发布智慧酒店相关制度和标准，为智慧酒店的建设提供了基础性文件。

建设智慧酒店已不再是口号，而已转变为实际行动，以智慧作为方向的酒店集团、以智能作为卖点的特色酒店在各地大量涌向，以智慧、智能作为主题的研讨会超过30个，以智慧、智能作为方向的供应企业、解决方案越来越多，智能也好，智慧也罢，其核心和基础还是信息化，这些资源大力推动着我国酒店业信息化的发展。

三、2014金陵样板房，大智物移云新时代到来

现在越来越多的媒体客户开始关注"互联网"和"移动互联网"，但企业布局必然走在市场之前，今天在移动互联网、手机APP做得风生水起的企业，一般是多年前布局的结果。而2015年值得行业关注的趋势，将是"大智物移云"的融合生态。

2014年3月上海酒店用品博览会，金陵饭店集团"中华禅意"样板房横空出世，昭示着"大智物移云"（大数据、智能终端、物联网、移动互联网、云计算）时代的到来。金陵样板房最早采用物联网客房控制的方案，结合云技术，实现了"将酒店服务装进客人手机"的构想，"移动数字管家"在不久的将来就会登录酒店。

很多人说云计算、大数据这些词汇很"虚无缥缈"，其实用很"接地气"的表述可能是：未来酒店通过大数据的价值提取，在提供酒店服务、控制和管理的同时，使用各种智能终端和物联网设备（开关、传感器）收集顾客服务信息、客房操作信息和酒店运营信息，通过移动互联网上传至云平台，实现了酒店管理的大数据平台的雏形。"大智物移云"将成为改变酒店现有服务模式和商业模式的催化剂。

四、以信息化共享为基础的异业联合、同业联盟成为行业共识

2014年是中国酒店同业联盟、异业联合大发展的一年，铂涛、华住都将集团营销平台"第三方化"，中国智慧酒店联盟、中国智慧营销联盟等协会组织也作为发起方进行资源整合，酒店业的"天合联盟"即将出现。

2013年1月15日，中国智慧酒店联盟在福建省福州市成立；5月15日，铂涛酒店集团将"七天会"升级为"铂涛会"；8月，铂涛与港中旅维景建立会员同盟，随后和Tune建立同盟，双方不仅共享预订平台，还可享受对应的会员权益和积分政策，实现"双会籍、双积分"待遇；9月，开元与城市名人结盟，双方系统数据对接，真正做到资源共享和优势互补；10月，铂涛会强化异业第三方合作；12月15日，华住雅高牵手，共享技术平台，双会员支持，双网络预订；19日，华住推出万店联盟……

酒店同业联盟，运用信息技术，共享预订平台以及会员资源，实现资源互补，提升直销渠道，并与OTA抗衡。而酒店业与交通、金融等行业的异业联盟，更是为了客户共享，提供增量服务。

五、阿里携手石基打造酒店新生态，推出"去啊"抄OTA后路

2014年3月28日，阿里巴巴与石基信息签订《战略合作协议》，就淘宝旅行与酒店信息系统直连，淘点点与餐饮信息系统直连，支付宝与公司产品渠道推广方面达成全面战略合作共识。9月29日，携在美上市余威，阿里高调28.1亿元入股石基信息，持股15%，双方将在酒店信息系统领域进行深度合作，包括酒店系统直连、后付预订产品开发、会员服务平台接入、账单扫码支付四项合作领域。10月28日阿里巴巴宣布，将旗下航旅事业部升级为航旅事业群，"淘宝旅行"升级为全新独立品牌"去啊"。

石基作为国内酒店信息化的龙头企业，通过代理、开发和收购等，在PMS、餐饮、人力资源、会员体系形成了完善的生态，成为酒店软件的首选供应商，唯独酒店渠道和电子商务领域，畅联、乐宿客等受到OTA的挤压而业务不畅，此次携手阿里巴巴，直

接将OTA、团购网，甚至支付企业和银行"革命到底"，对比很多企业人的"象棋"思维，石基的"围棋"思维似乎更得互联网之道。

通过淘宝预订客房后，数据自动进入PMS；入住酒店后，扫描二维码进行付款……类似功能，很快就会成为国内酒店的标配，2014年5月，金陵饭店已经与淘宝对接进行线上交易。一直处于垄断地位的OTA企业，即将体会到阿里巴巴"让天下没有难做的生意"的真正含义。

六、OTA成为传统行业，收入快涨、利润暴跌现象普遍

2014年，携程收入持续增长而盈利能力暴跌，除携程外的其他OTA普遍处于亏损状态，OTA已经成为传统行业。携程2014年年报尚未公布，从已发布的数据看Q1、Q2、Q3收入同比分别增长36.2%、38%、38%，但净利润同比增长为 -12%、-36%、-71%，呈现"断崖式"下降的态势。

曾经的OTA，被认为是高大上，既体现在高技术含量，也体现在高利润，但OTA其实已经成为传统行业，原因有五：

规模大：携程、去哪儿、同城在旅游20强中分别占据第1、第5、第9位；

企业多：目前能够提供网络预订的企业多如牛毛，随便开家淘宝店都可以卖房，更不要说大量的巨型企业。

费用高：由于互联网的大发展，OTA"网络预订"这一核心竞争力已不存在，价格优势成为吸引客源的法宝，由于酒店渠道管理和价格体系的限制，各OTA只能通过"现金返利"的形式吸引客源，导致营销费用剧增。传统行业除了拼价格就是拼广告，途牛2.4亿元入驻"非诚勿扰"乃是烧钱明证。

利润低：2014年Q3对比2013年，携程收入上升38%而利润降低73%，第四季度OTA全面进入负利润时代。

挑战大：10年前很多人认为OTA代表了未来，已经将互联网与旅游的结合做到了极致，但今天在社交媒体、移动互联的时代，OTA模式已经面临颠覆，TripRebel、Gogobot、HelloTel、Top Ten Hotels、Getaroom等新模式已经郑重登场。别忘了，美国1999年登场的"逆向定价"鼻祖Priceline在国内还没有落地，它已经是OTA领域的市值第一。

七、去哪儿切客，"亏损"战略持续推进

2014年，去哪儿连续发动以"切客"活动为代表的价格战略，在获得市场成长的同时亏损加剧，已经发布的季度报Q1、Q2、Q3分别亏损1.8亿元、4.2亿元、5.6亿元，年度亏损也许会达到20亿元的规模，但与此同时市场规模，尤其是无线端的占有率高速增长（去哪儿网无线收入占总营收40.4%，位居全球领先地位）。

去哪儿实现盈利其实不难，如果聚焦于最初的垂直搜索，去哪儿早已实现了这一目标，但去哪儿的战略目标远不止于此。从盈利模式来看，垂直搜索与OTA的融合是大势所趋（去哪儿的美国原型——Kayak于2012年11月被Priceline收购），去哪儿采取的显然是逆向思维——让自己成为直销平台（TTS或者切客的本质还是直接参与竞争）。

总而言之，去哪儿的巨额亏损并非经营困境，而是经过计划的战略，其目的一方面在于打击对手获取市场份额，而更重要的目标在于培养用户习惯，其核心在于移动互联网战略，这一战略的策划者不仅仅是庄辰超，更是去哪儿的大股东——李彦宏掌舵的百度，2014 年 9 月 30 日，百度现金储备达到 513.48 亿元！

八、自助入住、手机开门、微信支付渐被支持，移动互联网生态显现

如果说 2013 年许多企业应用手机还是噱头，那么 2014 年手机所代表的移动互联网将进一步拓展为完整的生态。

1 月，"七天"推出微信支付；2 月 1 日起华住海友实现自助入住终端；5 月 8 日金陵饭店与"淘宝旅行"达成全国首家集团战略合作伙伴，首期上线的基于支付宝的酒店后付费产品，可以实现客人入住时免收押金、0 延时离店；5 月 30 日，如家推行二维码开门；自 11 月 5 日起，喜达屋酒店旗下的 W 酒店、雅乐轩酒店和 Element 酒店的客人可以享受无钥匙体验。

简单地看，目前的客户尚不需要这些功能，但如果将各集团的方法串联起来，则会出现新玩法：预订酒店后，把钱交给支付宝并办理入住，远程获取开门方式，智能手表（iWatch）直接进入客房，如有各种服务直接 Siri 并自动转接，最后，直接离店、好评并确认付款（差评则……）。总之，开门只是尝试，看看喜达屋的说明吧：除了积极推进无钥匙服务之外，喜达屋酒店还对 SPG APP 的升级进行了创新探索，将支持并强化SPG 无钥匙服务。此次更新目的不仅在于使得客人能够通过移动设备控制入住酒店的各个方面，还能利用这个工具继续为客人随时提供喜达屋酒店的个性化服务，而不用局限于酒店前台。

九、院校信息化改革提速，发展方式呈现多样性

据不完全统计，目前国内院校超过一半开设了信息化课程，200 余家院校依托行业系统开设 PMS 课程，除 PMS 外，POS、采购与成本系统、收益管理等课程开始进入院校课程体系，智慧酒店样板工程在院校开始建立。

6 月，智慧旅游体验中心在浙江旅游职业学院揭幕；9 月，青岛酒店管理学院建成了数字酒店实验室，希尔顿、万豪与国内院校开展深入合作。院校专业改革和课程改革呈现多样性趋势，为酒店信息化发展提供持续动力。

十、深圳瑞吉客房控制遭黑客入侵，凸显数据安全

互联网时代信息爆炸带来的不仅是便捷和高效，还有日益脆弱的私密空间与信息安全。

2014 年 6 月，来自西班牙的安全研究员 Jesus Molina 轻松攻破深圳瑞吉酒店的客房控制系统，并且在 8 月 5 日拉斯维加斯举办的 Black Hat 安全会议上公布这一事件。黑客可以控制任意房间内的设置，包括灯光、电视、窗帘，当然，Molina 并没有这么做。

在互联网高度发达的时代，智能终端可以控制一切，但一切必须在保证安全措施的前提下进行，否则科技的"双刃剑"带来的就不只是便捷和服务了。

资料来源扫一扫

模块三

酒店管理信息系统客户端程序安装、启动及退出

实训一　酒店管理信息系统的安装与卸载

实训目的

掌握酒店管理信息系统的安装过程。

实训内容

对酒店管理信息系统进行安装和登录。

实训步骤

CSHIS 系统的安装过程如下：

（1）在工作站 C：盘建立目录，目录名：CSHIS。

（2）插入安装光盘，将光盘 CsBackOffice\Client\Bpl 文件夹中的所有 BPL 文件复制到 C:\CSHIS 文件中。

（3）将光盘 CsBackOffice\Client\Program&Resouce 下的所有文件复制到 C:\CSHIS 文件夹中。

（4）将光盘 CsBackOffice\Udl 文件夹下的所有内容拷贝到 C:\CSHIS 文件夹中。

（5）在资源管理器里打开 C:\CSHIS 文件夹，找到 C:\CSHIS\CS2000.UDL，双击打开。正确输入服务器地址、用户名称、密码，正确选择数据库，然后点击【测试连接】按键，在出现如图 3.1 所示的"测试连接成功"提示后点【确定】并保存。如果没有出现"测试连接成功"提示，则需要检查各项输入是否正确，然后重试。

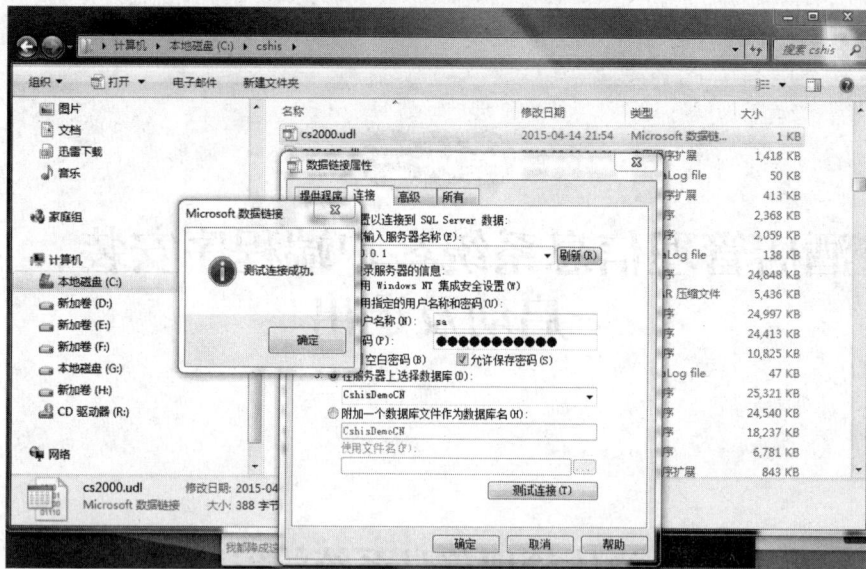

图 3.1 连接数据库设置

（6）进入系统安装文件夹 CsBackOffice\Client\Crystal，运行水晶报表安装程序 CshisReport.exe，出现界面如图 3.2 所示。安装水晶报表前必须安装 Microsoft Office。

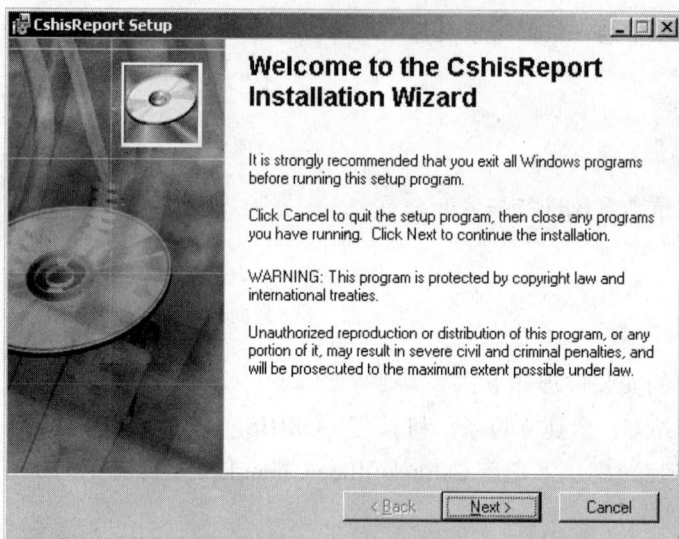

图 3.2 水晶报表程序安装界面

（7）点击图 3.2 中的【Next】按钮，出现图 3.3 所示的选择安装目录界面，可以保留缺省设置，进一步点击【Next】按钮，出现图 3.4 所示确认安装界面。

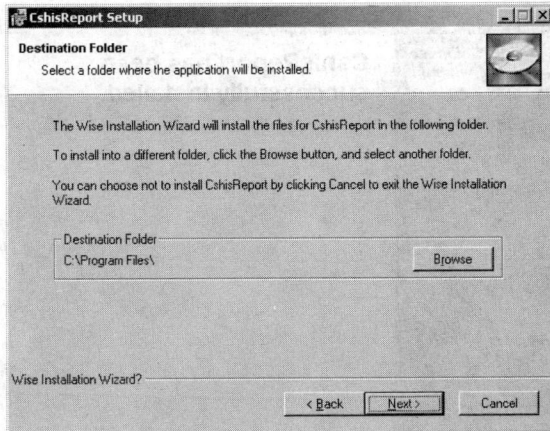

图 3.3　选择安装目录

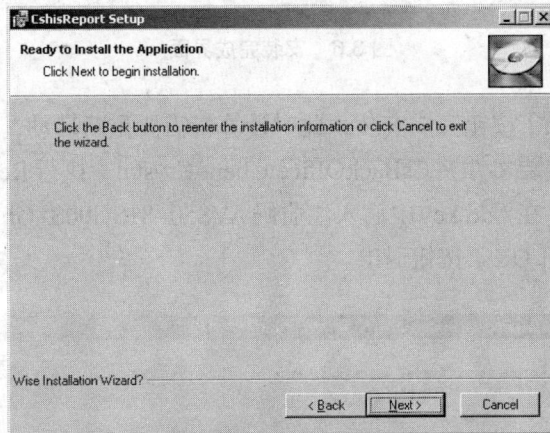

图 3.4　确认安装界面

（8）点击【Next】按钮，确认进行安装，出现图 3.5 所示安装进度界面，等待直至安装完成，出现图 3.6 所示安装完成界面。

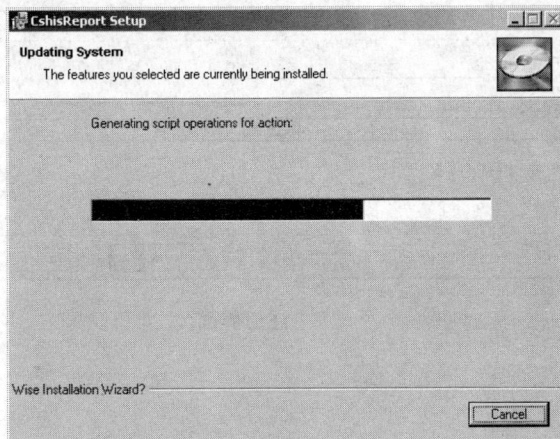

图 3.5　安装进度界面

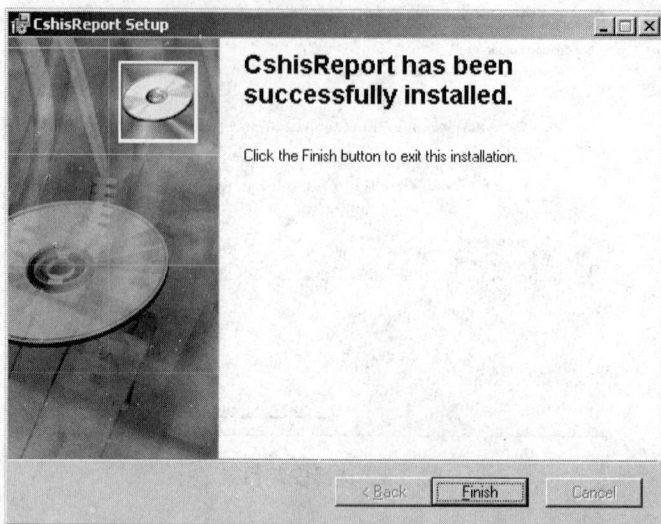

图 3.6　安装完成界面

（9）点击【Finish】按钮完成安装，此时计算机需要重新启动，按提示操作即可。

（10）进入系统安装文件夹 CsBackOffice\Client\Crystal，执行 Reg.exe 报表注册文件，弹出图 3.7 所示界面。在 Add key 中输入注册码 AVS50–81SG00S–G61002U，点击【Add】按钮完成注册，点击【OK】按钮退出。

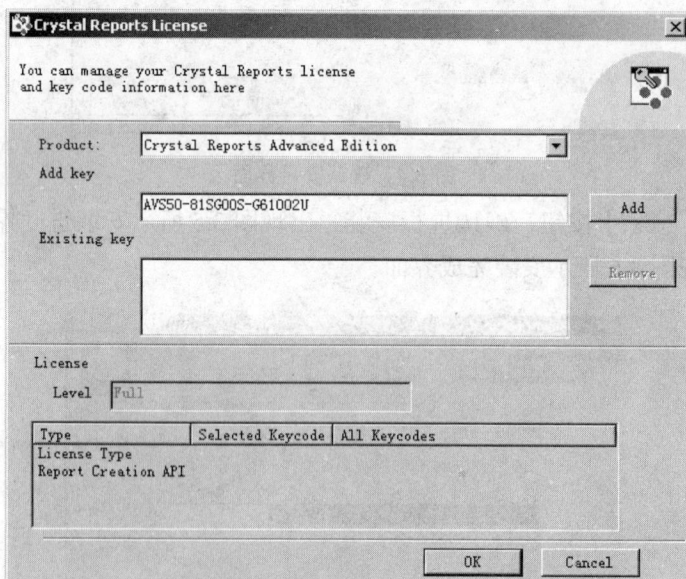

图 3.7　注册界面

（11）安装水晶报表补丁，找到文件夹 CsBackOffice\Client\Crystal 中的 cr90devwin_en.zip 文件，解压并运行。在此过程请直接一路点击【Next】按钮，直到最后点击【Finish】即可。

（12）注册工作站。在安装好中软系统的工作站上，以管理员身份登录中软系统，登录界面如图 3.8 所示。

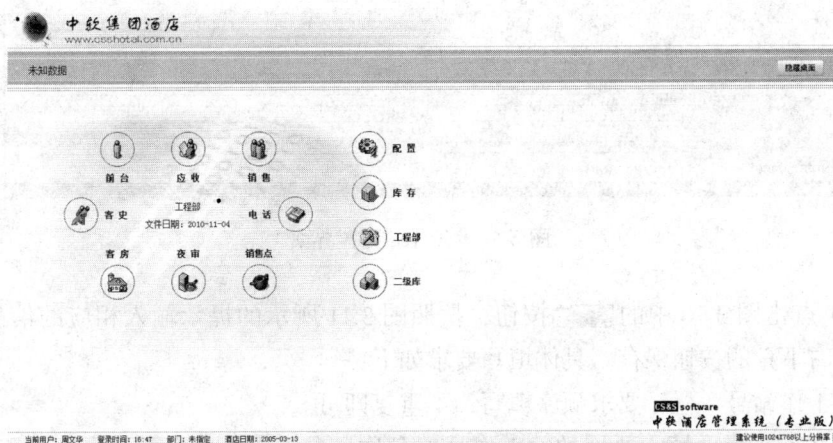

图 3.8 中软系统登录界面

（13）点击图 3.8 中的 ⊛ 配置 按钮，进入系统配置界面，如图 3.9 所示。

图 3.9 系统配置界面

（14）点选图 3.9 中的 8 系统信息配置 ▸ ，在弹出菜单中点选 工作站配置 ，出现如图 3.10 所示的界面。

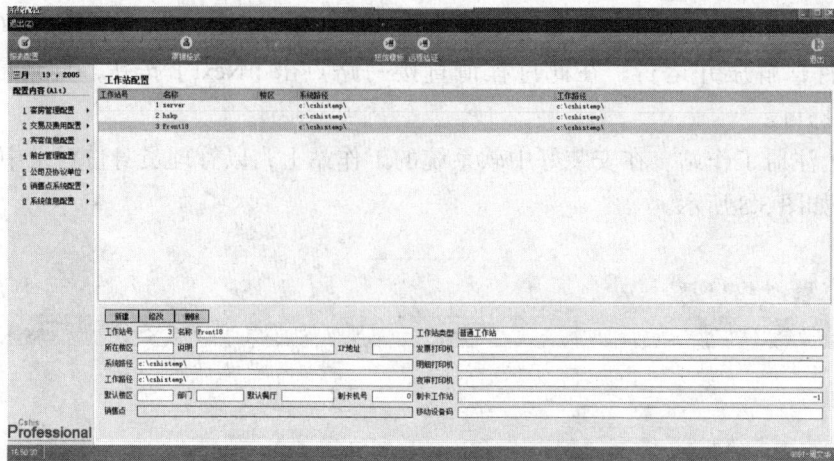

图 3.10　工作站配置界面

（15）点击图 3.10 中的 新建 按钮，按照图 3.11 所示的提示输入相应的信息，最后点击界面右下角的按钮保存。具体填写要求如下：

1）"工作站号"栏：要求顺序填写，不重复即可。

2）"名称"栏：填入要增加的工作站的名称。在工作站的桌面，右击"我的电脑"图标 ，选择"属性"可以查看工作站的名称，如图 3.12 所示。

3）填入这台工作站的楼层位置、所属部门等，例如"前厅部左一"。

4）"系统路径"栏和"工作路径"栏：填入服务器上的工作目录路径。例如，工作目录在服务器 192.168.0.1 上，目录名为 CSTEMP。那么此处应填入 \\192.168.0.1\CSTEMP\。注意此处的反斜杠。

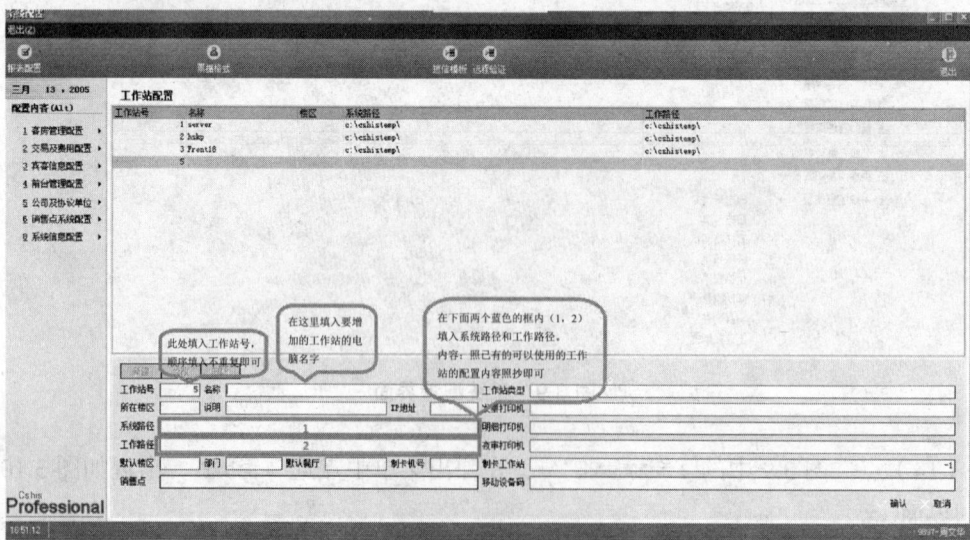

图 3.11　工作站配置参考

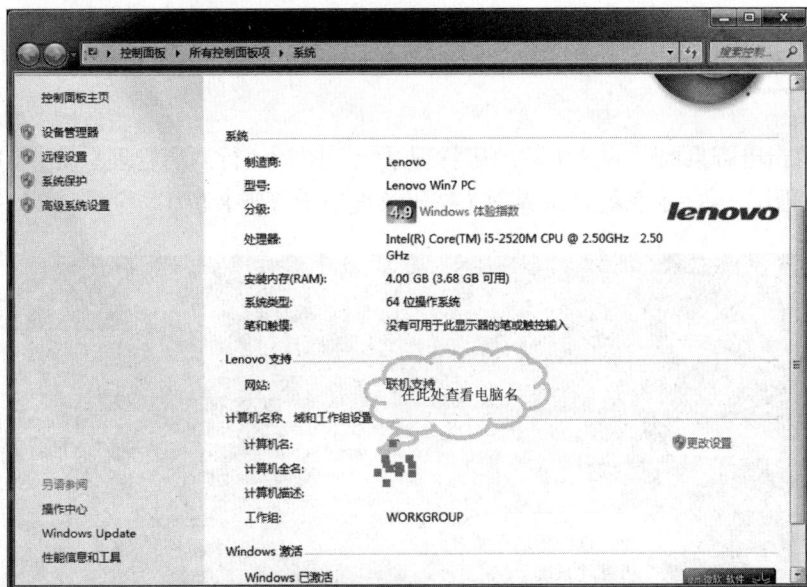

图 3.12　查看工作站名称

（16）最后，将 C:\CSHIS\CSPMAIN.EXE 发送到桌面快捷方式。

实训考核

进行中软酒店管理信息系统的安装。

实训二　酒店管理信息系统的登录与退出

实训目的

1. 掌握酒店管理信息系统的启动；
2. 掌握酒店管理信息系统的退出。

实训内容

打开中软酒店管理软件，进行酒店管理信息系统的登录和退出。

实训步骤

（1）双击电脑桌面上的"中软酒店管理系统"图标运行酒店管理系统，如图 3.13 所示。显示如图 3.14 所示系统登录界面（密码长度小于等于 8 位）。

图 3.13　运行中软酒店管理系统

图 3.14　中软酒店管理系统登录界面

（2）在图 3.14 所示用户登录框中输入用户名和密码后，点击【登录】按钮，进入图 3.15 所示中软酒店管理系统的主界面。

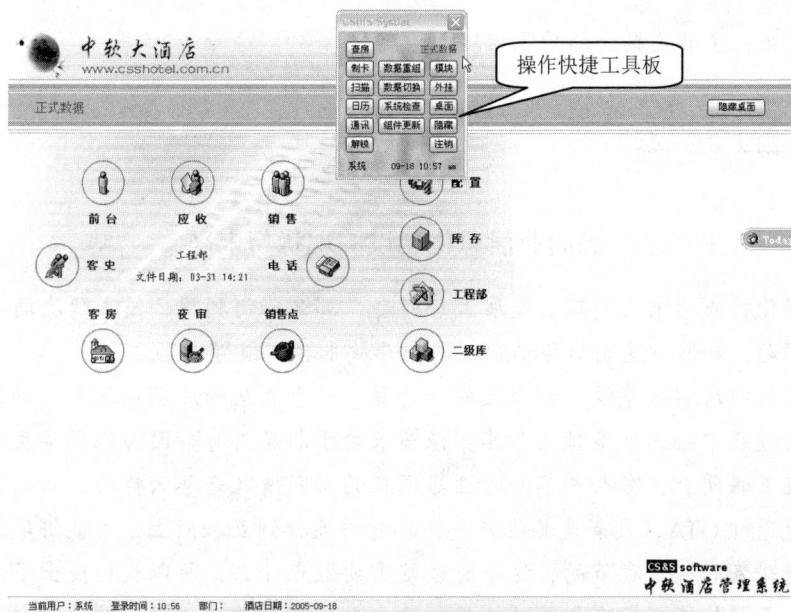

图 3.15 中软酒店管理系统主界面

（3）在系统中，进行操作时可以使用主界面上的功能按钮，或者使用快捷工具板上的【模块】按钮，如图 3.16 所示。

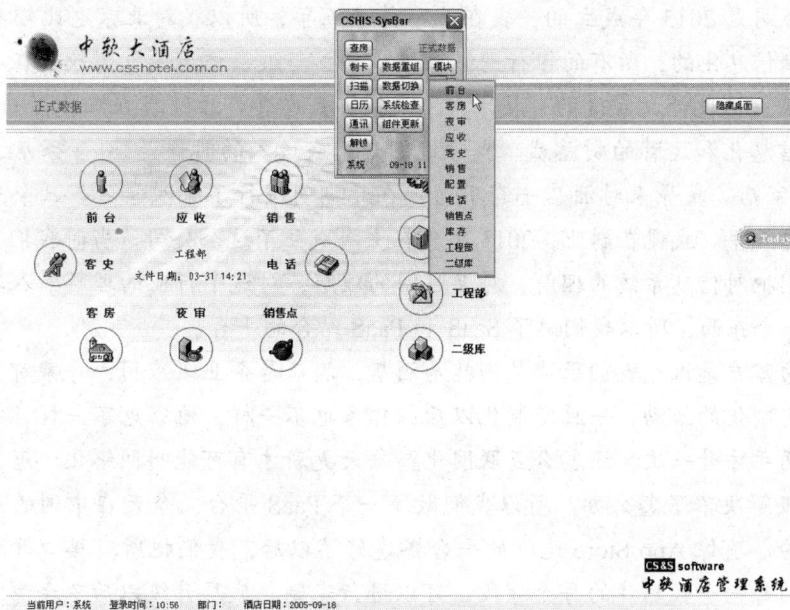

图 3.16 系统操作

实训考核

登录系统，了解主界面的功能模块。

知识链接

酒店业信息化建设的现状与未来

互联网化将成为未来酒店业发展大势所趋，那么如何利用云技术解决酒店信息化成本过高的问题，如何打造酒店移动互联网全开放平台？值得深思。

从早期的酒店 HIS 系统，到今天的云计算，整个酒店的底层应该怎么动呢？为什么酒店在销售过程中碰到很多挑战？其实很多来自于酒店自身。因为在现实生活中酒店有房间，但在互联网上，客人并不知道酒店现在的房间情况是怎么样的，必须通过一些渠道，比如说通过 OTA，或者是其他渠道，才能够连接到互联网上，才能够实现销售。整体上，酒店跟互联网是脱节的，这个时候就需要做点什么，所以我们提出了酒店互联网开放平台，希望把酒店所有相关的软件，比如人力资源软件、财务软件等，都连接在一起。比如，输入凭证，就自动进到财务系统，而不用很多手动转换。还有硬件，如门锁、智能设备的总控、电话交换机等，都能接入这个开放平台。还有服务，比如刚才提到的 OTA、GPS 等，我们全部接好了，这个时候大家用就可以了。

一、业界唯一的 SaaS 和 PaaS 相结合的 PMS 系统

我们公司是 2013 年成立的，我在北京待了五年，所以我对北京也比较熟悉。我早年是做金融信息化的，所有的银行网络系统我也参与过。之后进入微软，在微软待了五年，主要做价格设计，常说的"技术控"，其实我也算。后续我在汉庭酒店待了五年，我是负责信息化和运营的副总裁。我管过酒店，我进入的时候是 20 多家店，离开的时候有 1000 家店。我原来对酒店一窍不通，在此期间进行了深入学习。三个五年，每个职业生涯是五年。我现在创业，2013 年我在上海成立了这个公司。当时我们全部都在做开发，我们把对信息系统的理解，对互联网的理解，对这个行业的理解融入其中，我们一定要做一个东西，所以我们做了 SaaS 和 PaaS 结合的平台。

我们的客户是谁？我们很清楚，就是酒店，酒店是企业级应用，每家都有定制化的需求，要定制化的活动，一旦定制化以后，你家也不一样，他家也不一样，将来不能升级。如果两年才升一次，还怎么互联网化？每天更新才有可能叫网络化。怎么办？企业级应用升级解决不了怎么办？所以我们做了一个 PaaS 平台，今天在中国的业界，我们是独此一份。有像 App Store 这样的平台搭建好了以后，我们把所有接口开放出来，开放到酒店的每一个数据库的每个字段，可以进行定制。底层升级以后不会影响到个人的使用，就像苹果的 iOS 升级，不会对我们有影响，所以我们做了是这么一个事情，希望在互联网时代，用这样的方式来解决企业级的问题。2014 年，我们与微信合作，是

微信在酒店业的唯一的战略合作伙伴，我们的公司非常小，但是很快就引起了他们的关注，包括今天我们跟微信团队经常在沟通，我们去年跟他们提起一个处理智慧生活酒店的解决方案，以我们为蓝本提出的解决方案。同时，我们在2015年刚刚完成了一轮融资，我们的技术架构体系，包括对酒店的理解，都是很有价值的。目前为止，公司有将近1000多家酒店，包括现在跟2000家酒店已经签约了，并且我们系统的上线非常快，不需要像传统酒店一样做很多的培训。有一家酒店集团，旗下有300家酒店，我们派了一个人去，三个月全部上线，就是一个人去现场，300家酒店三个多月全部上线了。

我们的客户，包括星级酒店、连锁酒店、精品酒店。我们的系统是没有边界和瓶颈的，系统上跑10万家酒店是很轻松的，没有任何问题。我们想用最先进和互联网的精神，对酒店进行服务，希望和酒店成为很好的合作伙伴。

二、酒店行业现状：互联网化已经成为时代潮流

酒店行业的互联网化是势在必行的，互联网化这个问题绕不过去，因为这是时代的潮流。酒店本身要变革，但是互联网企业要想满足酒店变革需求必须做到：第一，让酒店赚钱，要让酒店有收益。第二，提高客户的体验，客户体验和连贯性是衡量体验质量的新的指标，所以智慧化势在必行，需要涵盖销售、信息、工程和酒店的全流程。同时，也不是说有了智能设备就是智慧化了，而是能够给酒店带来价值，能够增加客户体验。比如，来了一位客人，一到前台，酒店就知道这个客人是否会用微信服务。还比如，有一位客人出差，经常8点入住，那么6点的时候就不用打电话"骚扰"他，因为他每次都是8点来。这才是智慧化的概念，就是大数据分析来实现的，只有这样才有价值。

酒店业也有很多的痛点：

（1）酒店业的三大成本增长。员工成本以4%的速度在增长，房价却并没有以4%的速度在增长。所以，员工成本问题是一个痛点。

（2）扩张导致信息化成本过高。现在大家都在搞信息化，但信息化的成本越来越高，比较大的数据中心，电费成本就已上百万元。

（3）智慧化跨度大。行业的痛点，智慧化是一个关键，要往服务转，而不是投入硬件。乔布斯说我们做什么东西的时候，不要一下子跨度太大。我们的宗旨是比别人好一点，不要好得太多，好太多就不赚钱了。做什么事情都比别人好一点，但是要持续地进步，方圆3千米之内比别人都好一点，你肯定有生意，如果好得太多，硬件好太多，成本太高，那也就不赚钱了，如果不赚钱就没法玩儿了，活不下去了。

以前做酒店，大家都主要挑地段，因为酒店的三个法则，第一、第二个法则就是地段、地段。但互联网来了以后，实体商店的生意不好了，地段很好的酒店现在也很难受。因为需要借助别人做生意，结果利润被抢了，比如订房的是从OTA来的，就必须给OTA分成。现在酒店的地段即使差一点，只要流量上做得好，生意可能会更好。移动互联网来了以后，时间很重要，入口不那么太重要了，为什么呢？

有媒体做了一个统计，中国移动用户平均每周接触移动端互联网的时间是5.8个小时，阅读报纸、收听电台、看电视，一共加起来是102分钟，使用手机是104分钟，使用电脑的大概是100分钟。大家看看，是不是感觉回家看电视越来越少了？你们自己家

的电视是不是也不怎么开了？这说明什么事情？说明整个社会都在网络化、移动互联化，因此酒店也必须网络化、移动互联化，否则你将难以在更有效的渠道影响你的用户，结果是不会有人订你的房了。如果你的 PMS 还没有移动化，如果你的酒店在微信上还不能订，你的生意怎么会好呢？因为你客户的时间被微信抢走了，这么等，是等不来人的，所以放弃这个梦想吧。很多 OTA、在线机构，以及很多软件和互联网公司，他们都在做移动应用，他们目标就是把客户的时间抢走。而我们正是看到了这个关键、这个机会，所以要把大家连接起来，使得大家都有机会，这是我们的梦想。大家常谈酒店业少了 20 亿元、30 亿元，OTA 多了 30 亿元，他们是怎么抢的？就是这么抢的。

这里，我再分析一下"减法"法则。当我们把酒店产品做出来后，就需要将其卖掉，这样才能实现价值。卖掉产品、传递价值的过程很重要，传递价值中又包括信息流、资金流和物流三个环节。而目前这三个环节却很烦琐，中间环节很多，比如资金流，现在有些酒店的支付还很落后，不方便，如果用信用卡，还得给 POS 机，还得输密码，现在要方便，就只能采用减去这些中间步骤的方法。我们的系统则全部采用微信支付，付账的时候，微信一扫就付了。还有的酒店公司移动端不能支付，必须从官网上去订。可是说实话，各位可以回家自己试一试，官网预订是不是会方便，你会不会订？因此说，传递价值过程很重要，很多时候，产品做得很好，但产品传递给客人的环节常常出现问题。

酒店的前景，从领导到总监执行层，到操作层，到门店的 PMS、CRS、ERP，组成了一个生态，有很多的系统，从市场销售、预订、提供服务，到财务备份，需要很多系统，按照传统的做法，显然满足不了时代的要求。为此，我们提出一个概念叫作互联网开放平台，我们做了一个像苹果商店的 PaaS 平台，把 PMS 放在上面，可以非常方便定制化，把移动平台放上去，可以配制智能酒店。同时我们倡导：一是酒店接入互联网，现在酒店管理信息系统都是封闭的，我们希望这个平台把你直接拉到互联网上去，让客户可以直接通过微信进行预订，跟你直接发生关系，而不再需要其他的中间渠道。这样信息化的成本将大大降低。

智慧酒店处理方案：形成从预订、支付、退房、客户反馈到营销等环节的闭环。所有的操作都通过微信端实现。比如，自助选房，我们认为自助设备是根本不需要的，移动互联时代，在手机上能实现的事情，还需要设备肯定是不行的。而且设备很贵，有的 5 万元，有的 10 万元，根本不需要。再比如，微信开门，就是将门锁通过微信联网，打通入住环节，这样很方便，效率很高，客户反馈也很好。这是我们做的一个案子，做得非常好，整个入住是一个全自助、智慧化流程。

未来之路，我认为，第一，酒店业要自己建立数据中心，一定要建云平台，这是一个趋势。第二，定制化软件，要迁移到 PaaS 和 SaaS 的模式。第三，封闭的管理系统一定要互联网化和移动互联化，要开放出来。第四，业务要外包，只做好酒店自己的事情。第五，要建立自己的移动营销平台。第六，要关注移动端跟智能家居的结合。

资料来源扫一扫

第二篇　操作运营篇

酒店管理信息系统查询

实训一 宾客查询

实训目的

1. 掌握酒店管理信息系统不同的查询方式;
2. 熟悉查询的使用,准确地查询宾客信息。

实训内容

通过不同的查询方式,如简单查询、自定义查询、高级查询,对宾客信息进行查询。操作不同的简单查询条件,了解某一类型客户的信息。

实训步骤

一、宾客查询界面

"宾客查询"是酒店管理系统最基本的操作之一,基本上所有的操作都要先查找到宾客账户,才能继续。宾客查询主要是在宾客列表内完成的(见图4.1)。

二、宾客简单查询

查询是【宾客列表】模块的最基本功能,操作方法是:

登录系统→宾客列表→选择屏幕上方的查询条件

查询条件(在【宾客】界面内选择)有:房间号、宾客姓名、账号、来店日期、离店日期、团名、协议单位、预订号、房价等。

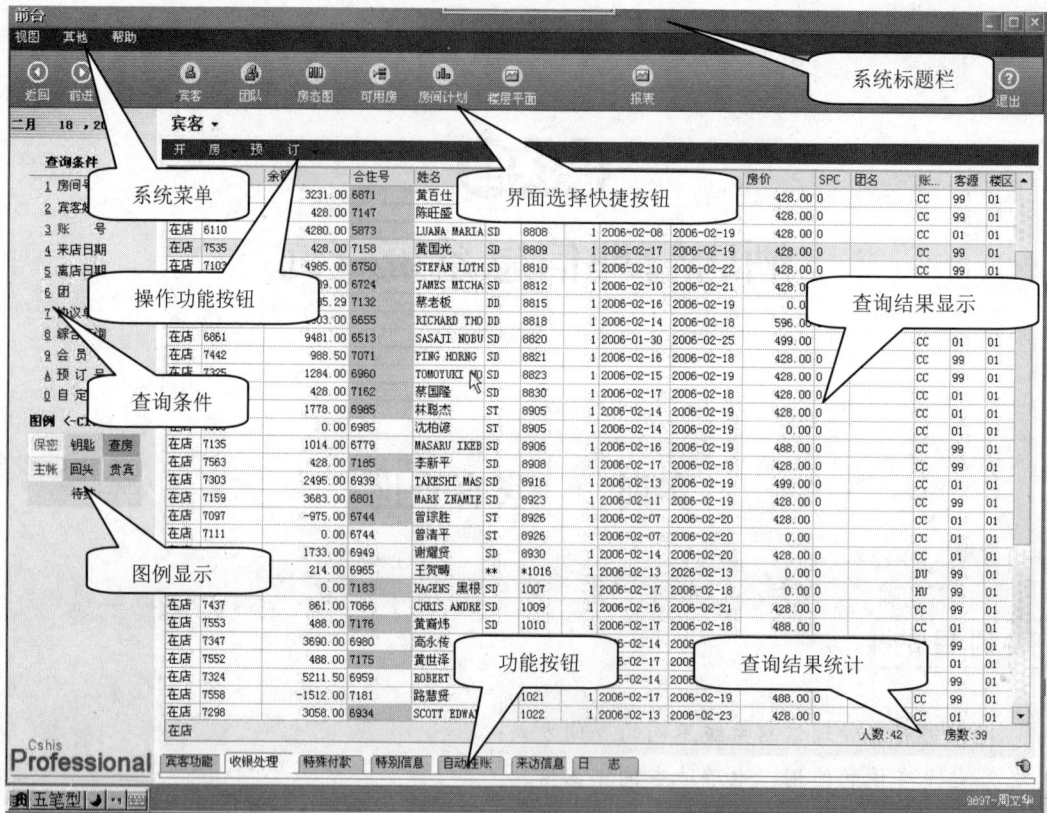

图 4.1　宾客列表界面

查询客人的时候需要选择待查宾客状态、查询条件，并输入查询的内容后点击"查找"按钮进行查找，如图 4.2 所示为查询栏。

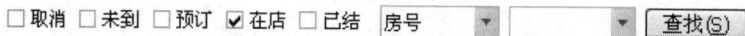

图 4.2　宾客简单查询栏

可选宾客状态有：取消（预订取消）、未到（预订未到）、预订、在店、已结，查询时必须至少选择其中一项。在使用账号查询时，查找结果与查询选择的状态无关，即按账号查询客人信息时不需要选择状态。

查询内容需要操作员自行输入，在查询条件是宾客姓名、团名、公司名、协议单位等名称的时候，可以使用模糊查询，方法如下：

方法一：查询以"××"文字开头的名称时，只需输入"××"文字，进行查询即可。例如，需要查找以"北京"开头的公司，可输入"北京"进行查询，查找结果将显示所有以"北京"为开头的公司。

方法二：查询包含"××"文字的名称时，需要输入"%××"，即在需要查找的文字前加"%"，然后进行查询。例如，需要查找的公司名称中含有"有限"，则查找时可以输入"% 有限",查找结果将显示所有名称中含"有限"两个字的公司。

> **提示:**
> - 在选择了查询状态、查询条件,输入了查询内容后,可以点击 查找(S) 按钮完成查找,或者直接按【Enter】键完成查找。
> - 模糊查询需要使用"%",这个功能适用于中软酒店管理系统中任何按照名称或描述查询的情况,以后不再注明。

三、宾客自定义查询

中软酒店管理系统除提供简单查询功能之外,还提供了高级查询功能,包括自定义查询和综合查询。对应的查询方法是左键单击【宾客】界面左侧的"自定义"或"综合查询",如图 4.3 所示。

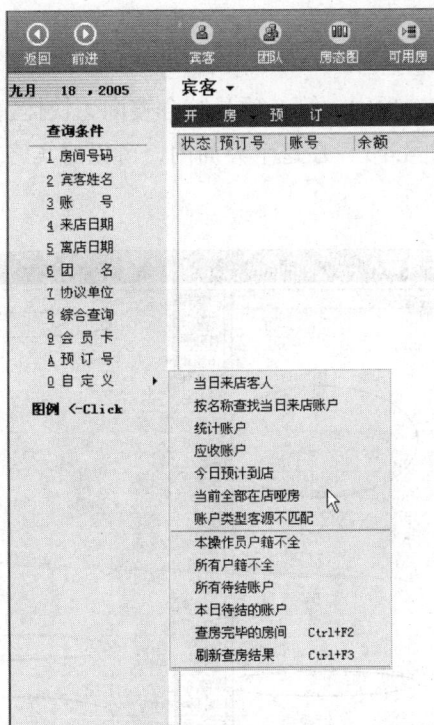

图 4.3 宾客自定义查询

自定义查询选项由系统管理员在系统配置中增加,使用时直接点击即可。例如,查找当日来店的客人,可点击"当日来店客人",【宾客】界面将显示当日所有来店客人。

> 📖 提示：
>
> ● 通过设定自定义查询，可以将酒店日常需要大量重复的查询操作设置
>   为自定义查询选项，使用时直接点击即可，使用更方便，可以减少操
>   作步骤和节省操作时间。
>
> ● 在后文的介绍中，系统中的常用功能都有快捷键操作方法，熟练使用
>   快捷键是提高操作速度、提高工作效率的有效方法。

四、宾客常用查询

在图 4.3 左侧所示"查询条件"栏目中，除"综合查询"选项外，其他选项都属于系统内置查询选项，点击其中任何一个选项，【宾客】界面将直接显示查询结果。

查询选项的后面的按键名对应的是该选项的快捷键，如在【宾客】界面同时按下【Ctrl】+【F2】组合键，【宾客】界面会直接显示"查房完毕房间"的结果。

五、宾客综合查询

图 4.3 左侧显示的查询选项中，第 8 项是综合查询（快捷键为【Alt】+【8】），点击后进入综合查询界面（见图 4.4）。在这个界面内，可以对宾客做各种复杂的查询，完成简单查询不能实现的查询操作。

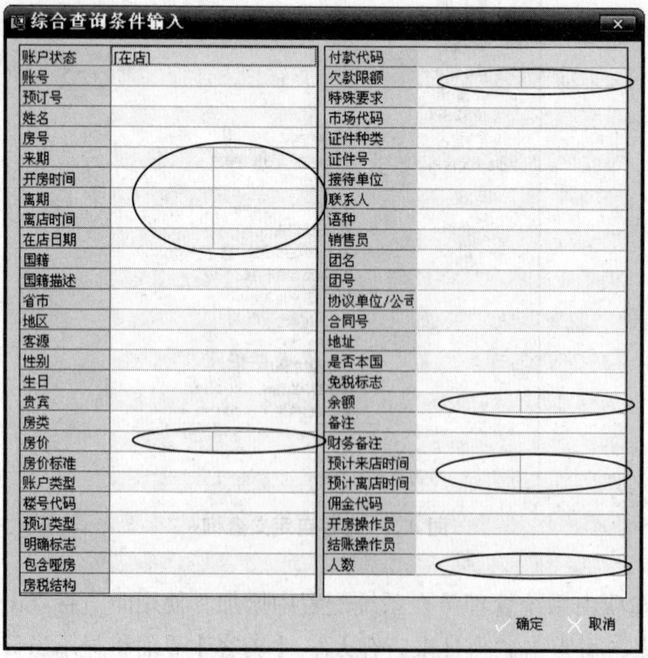

图 4.4　综合查询界面

首先，综合查询包含的账户状态比简单查询多，包括：未到、预订、在店、已结、预订作废、被删除账户、WaitList 客人、永久账户、团队主单、已结团队主单、统计账户和等待取消。

其次，综合查询的查询条件要比简单查询多，具体可以用于查询的条件如图 4.4 所示，具体如姓名、来期、房号、离期、生日等。

最后，如图 4.4 所示的分栏查询条件（红圈所示），需要输入两个数值构成一个查询区间。例如，要查询房价大于 300 元而小于 400 元的客人时，简单查询是做不到的，在综合查询中，只需要在"房价"输入框中输入 300 和 400，就会得到查询结果。

本节介绍了【宾客】界面的查询操作，这是所有其他操作的基础，只有按要求找到需要操作的客人后才可以进行【宾客】界面的其他操作。

六、宾客列表图例

图 4.1 右侧主界面所示为宾客列表，列表内的颜色分别有不同的含义，黄色代表当前选定的行；其他颜色在单击图例时可以看到提示（见图 4.5）。通过图例就能详细了解列表内所有颜色所代表的属性。

图 4.5 图例

实训考核

1. 利用房号、宾客姓名、账号、来店日期、离店日期、团队代码、团队名称、协议单位、预订号、房价等条件进行查询，并输出查询结果；

2. 利用综合查询进行未到、预订、在店、已结、预订作废、被删除账户、WaitList客人、永久账户、团队主单、已结团队主单、统计账户和等待取消查询，并输出查询结果。

实训二　团队查询

实训目的

1. 掌握团队查询的不同方式；
2. 熟练操作团队查询功能。

实训内容

通过不同的查询方式，如简单查询、常用查询和高级查询，查询团队信息，并根据不同的匹配方式进行简单查询和高级查询。

实训步骤

一、团队查询界面

在需要查询团队的时候可进入"团队列表"界面（见图 4.6），这个界面分为三部分，查询操作区、团队列表显示区、团队详细信息区。团队详细信息区又分成了三个部分，分别显示选中团队的订房信息、锁房信息和备注信息。

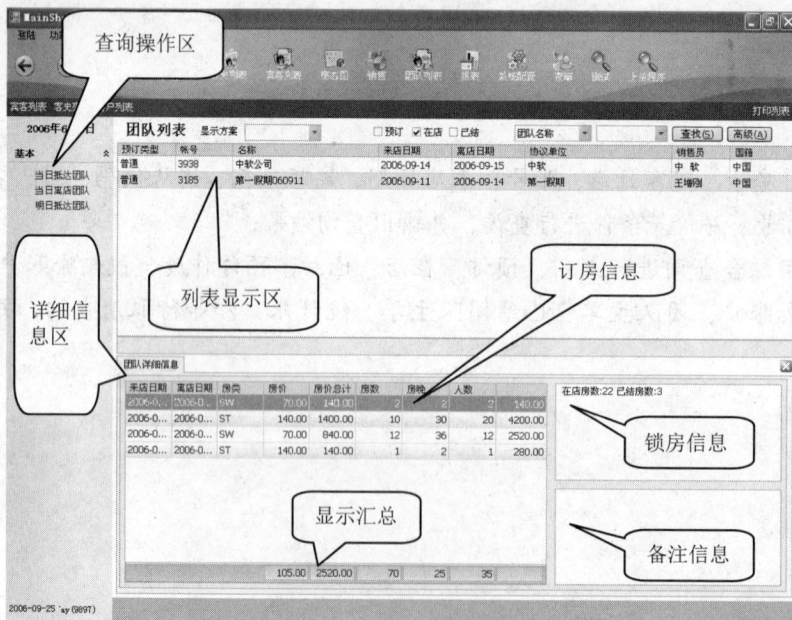

图 4.6　团队列表界面

团队的查询方法和宾客查询方法基本一样，有简单查询、常用查询和高级查询三种方法。

二、团队简单查询

简单查询需要首先在查询操作区中选择待查询团队的状态，这里不能复选，只能选择一种团队状态；然后在列表显示区上方选择输入查询条件，之后点击 [查找(S)] 按键就可以找到需要查询的团队信息。在这里可以选择的查找条件有：团队名称、来期、离期、团队代码、协议单位、主单账号和预订号，其具体意义如表 4.1 所示。

表 4.1　团队查询条件及具体操作

查询条件	具体操作
团队名称	按照团队的名称查询指定的数据，用户需要手动输入查询的团队名称。
来期	按照团队的入住日期查询指定的数据，用户需要在下拉菜单中选择日期。
离期	按照团队的离店日期查询指定的数据，用户需要在下拉菜单中选择日期
团队代码	按照团队的代码查询指定的数据，用户需要手动输入代码数据。
协议单位	按照协议单位的名称查询指定的数据，用户需要手动输入单位名称。
主单账号	按照团队的主单账号（一般是付款的账号）查询指定的数据，用户需要手动输入代码数据。
预订号	按照团队的预订号查询指定的数据，用户需要手动输入预订号。

三、团队常用快速查询

在进行团队信息快速查询时，点击系统左侧的查询选项，就会在团队列表区中显示符合条件的团队。包含的查询选项有三个，分别是：

（1）当日抵达团队：是指在查询当天需要入住的团队。

（2）当日离店团队：是指在查询当天需要离店结账的团队。

（3）明日抵达团队：是指在第二天需要入住的团队。

四、团队高级查询

点击界面右上角的"高级"按钮，即会弹出"团队综合查询"界面，如图 4.7 所示。其使用方法和宾客模块中的高级查询完全一样，可将查找条件逐一输入在对应的查询选项框中，然后点击 [确定(Y)] 按钮就会获得需要查找的团队信息。

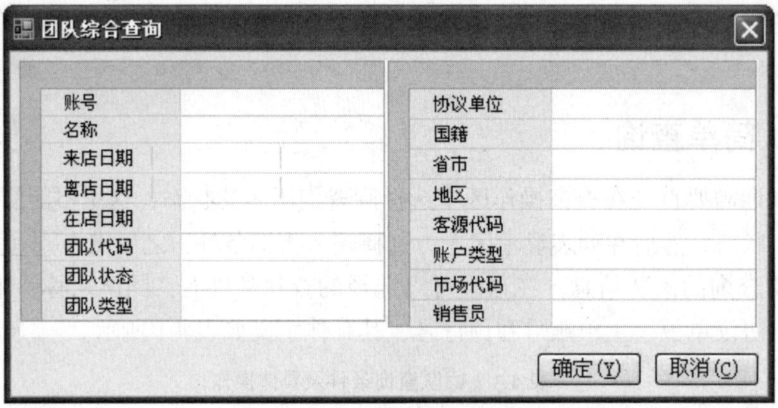

图 4.7　团队综合查询界面

实训考核

　　根据团队名称、来期、离期、团队代码、协议单位、主单账号和预订号来查询团队信息。

实训三　房态查询

实训目的

　　1. 了解房态图界面中房态查询界面的主要功能；

　　2. 掌握房间房态的各种查询方法；

　　3. 掌握 19 种房态的英文缩写和中文含义。

实训内容

　　了解房态图中房态的显示信息，使用不同的查询条件及条件组合，对房间房态的信息进行查询操作。

实训步骤

一、房态界面

　　房态可由两种方式显示，一是房态图，二是房间列表。房态图能够直观地反映酒店房间的运行情况，并且可以在房态图中直接对房间进行前台、客房等功能的操作。房间列表则用列表的方式显示每一间房的使用情况和详细信息，如图4.8所示。房态界面的进入方法为：

登录系统→房态图

二、房态查询

如图4.8右上角所示为房态查询的六个查询条件，其具体操作如表4.2所示。输入多个查询条件可以进行综合查询，房态图上将会显示查询结果。

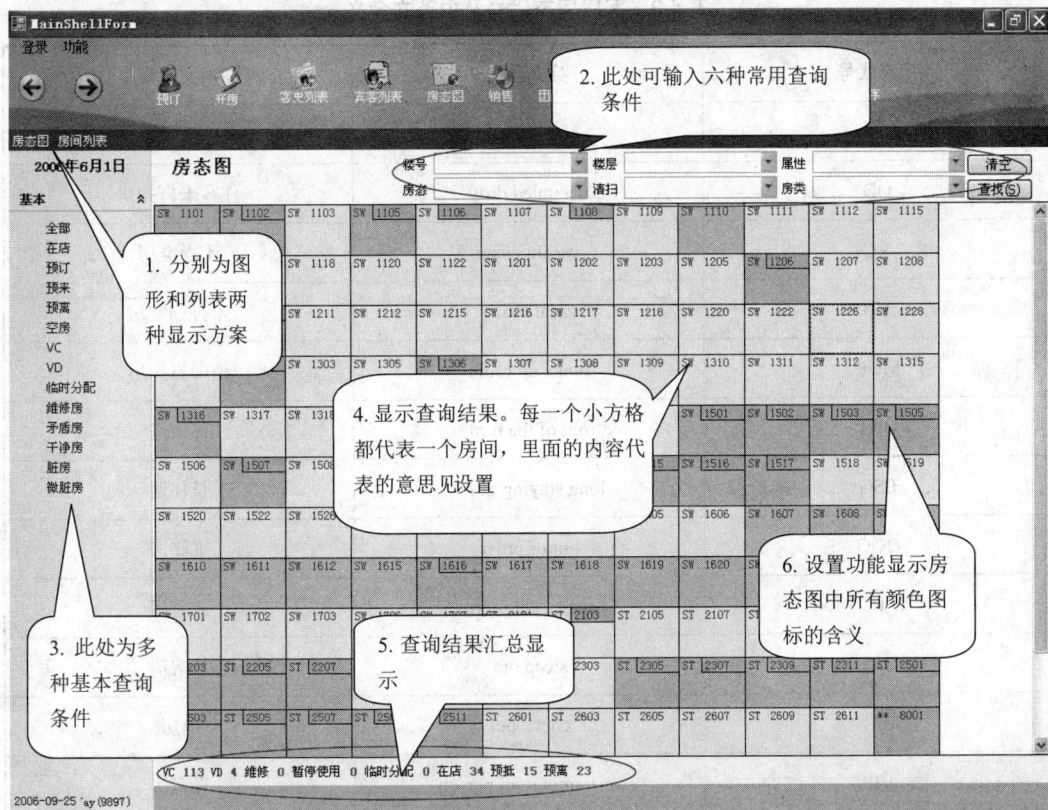

图4.8 房态界面

表4.2 房态的六个查询条件

功能	项目	说明
查询	楼号	可以按楼区查询显示房间的房态
	楼层	可以按楼层查询显示房间的房态
	房态	可以根据房态查询显示房间
	清扫	可以按照清扫状态来进行房间查询

续表

功能	项目	说明
查询	属性	可以按照房间属性来进行房间查询
	房类	可以按照房间的类型来进行房间查询

三、房态代号

如表 4.3 所示为客房房态代号及对应中英文含义表示。

表 4.3　客房房态代号及中英文含义

房态代号	英文含义	中文含义
OC	occupied clean	住客已打扫房
OD	occupied dirty	住客未打扫房
VC	vacant clean	干净空房
VD	vacant dirty	未打扫空房
MUR	make up room	请即打扫房
OOT	out of the turn	保留房
LSG	long staying guest	长住房
OOO	out of order	维修房
R	requested room	急需房
S/O	sleep out	外宿房
C/O	check out	退房
VIP	very important person	贵宾房
DLR	double locked room	双锁房
N/B	no baggage	无行李房
L/B	light baggage	轻便行李房
E/D	expected departure	预离房
E	extra bed	加床
DND	do not disturb	请勿打扰房
GRS	guest refuse service	拒绝打扫房

实 训 考 核

1. 分别根据楼号、楼层、房态、清扫、属性和房类或者组合进行房态查询；
2. 根据界面左侧的快捷键进行房态查询操作；
3. 复述房态代号和中英文含义。

知 识 链 接

这是谁的责任？

佳节刚过，南方某宾馆的迎宾楼，没有了往日的喧哗、繁闹，寂静的大厅，半天也看不到一位来宾的身影。客房管理员 A 紧锁着眉头，考虑着节后的工作安排。突然她喜上眉梢，拿着电话筒与管理员 B 通话：目前客源较少，何不趁此机会安排员工休息。管理员 B 说："刚休了 7 天，再连着休，会不会太接近，而以后的 20 几天没休息日，员工会不会太辛苦。"管理员 A 说："没关系，反正现在客源少，闲着也是闲着。"俩人商定后，就着手安排各楼层员工轮休。

不到中旬，轮休的员工陆续到岗，紧接着客源渐好，会议一个接着一个，整个迎宾楼又恢复了昔日的热闹，员工们为南来北往的宾客提供着优质的服务。

紧张的工作夜以继日，这样过了十几天，此时管理员 A 正为自己的"英明决策"感到沾沾自喜。下午四点服务员小陈突然胃痛；晚上交接班时，小李的母亲心绞痛住院；小黄的腿在装开水时不慎烫伤。面对接二连三突然出现的问题，管理员 A 顿时乱了方寸。怎么办？姜到底是老的辣，管理员 A 以这个月的休息日已全部休息完毕为由，规定病事假都要扣相应的工资和奖金，所扣的工资、奖金是一笔可观的数目。面对这样的规定，小黄请了病假，小陈、小李只好克服各自的困难，仍然坚持上班。

第二天中午，管理员 B 接到客人的口头投诉：被投诉的是三楼的小李及四楼的小陈，原因均是：面无笑容，对客不热情。管理员 B 在与管理员 A 交接班时，转达了客人对小李、小陈的投诉，管理员 A 听后，陷入沉思……

点评：

美国有个著名管理学家叫戴明，在分析客人投诉时，他有一条理论，称为："85—15"模式。意思是说，客人的一般投诉中，真正造成投诉的原因，员工责任往往只占 15% ~ 20%，其余 80% 以上多是程序上、管理上、或其他的原因，换言之，大部分原因在于酒店的管理。从上述事例看出，被投诉的虽然是小陈、小李，但实际问题出在管理上，因为在月初，客源转差的情况下，管理员把员工整个月的休息日，统统在月初就安排完毕，大半个月中，在客源好、工作繁忙、没有休息日的情况下，员工要连续工作10 多天，就是铁打的汉子，也有累倒的时候。而该宾馆的管理者，从自身方便管理的角度出发，不是科学、合理地安排员工休息，使员工工作、休息张弛有度，致使当员工需要休息时，没有休息日，而勉强上班，造成客人投诉，影响了服务质量。

　　一个酒店的员工能不能向客人提供优质服务，这在很大程度上取决于他们的工作环境和个人的身体、精神及情绪等方面的情况。只有当酒店在经营管理中突出"人本"思想，关心重视员工，使员工心情舒畅，员工才会更加敬业爱岗，视客人为上帝，尽心竭力服务好，让客人满意。如果管理员 A 在考虑员工的工作、休息时，能从员工的角度出发，适当地安排休息日，而不是一次性休息完毕，这样员工在遇到身体不适，家中有事时能适时休息，调节好身心，当他们再次投入工作时将不会取得与管理员 A 安排所造成的后果，形成相反的结果，所以在管理上倡导：必须先有了满意的员工，才会有满意的客人。

　　一个管理者遇到客人投诉时，首先头脑要冷静，要找出症结之所在，如果问题是出在管理方面的，应该改变管理方案，重新制订出一套既有利于工作，又有利于员工休息的切实可行的办法。在淡季的时候不一定在同一时间段全部安排员工休息，可以多重安排：(1) 搞计划卫生，平时没有时间搞的，比较容易忽视的地方；(2) 安排岗位练兵；(3) 业务培训；(4) 组织外出参观、旅游等。这样既可解决淡季没事干养成懒散的问题，又可为旺季来临之时养精蓄锐，不至于因休息日不均，影响员工情绪，造成服务不到位。

　　综上所述，管理者在制订管理方案时，应多从员工的角度考虑，为员工创造一个轻松、愉悦的工作环境，使我们的服务能最大限度地满足客人需求，为宾馆创造出更好的业绩。

资料来源扫一扫

模块五
前台接待

实训一　前台接待操作界面

实训目的

1. 了解前台操作界面的基本功能；

2. 掌握前台操作界面的系统菜单、操作按钮、基本查询条件、常用查询条件的具体含义和功能操作。

实训内容

登录系统，打开前台接待操作界面，依次点击打开系统菜单、操作按钮、基本查询条件、常用查询条件，并查看打开后的界面结果。

实训步骤

中软酒店管理系统 ASP.NET 版前台操作界面如图 5.1 所示。

中软酒店管理系统是基于 ASP.NET 的 Web 程序，界面的最上方是标题栏；标题栏下面紧接着的是系统操作的菜单栏；在菜单栏下面是常用功能的快捷按钮；再下面是中软酒店管理系统的主要功能界面，包括：查询条件区、界面选择快捷按钮区、查询的结果显示区以及查询结果的简单统计区。

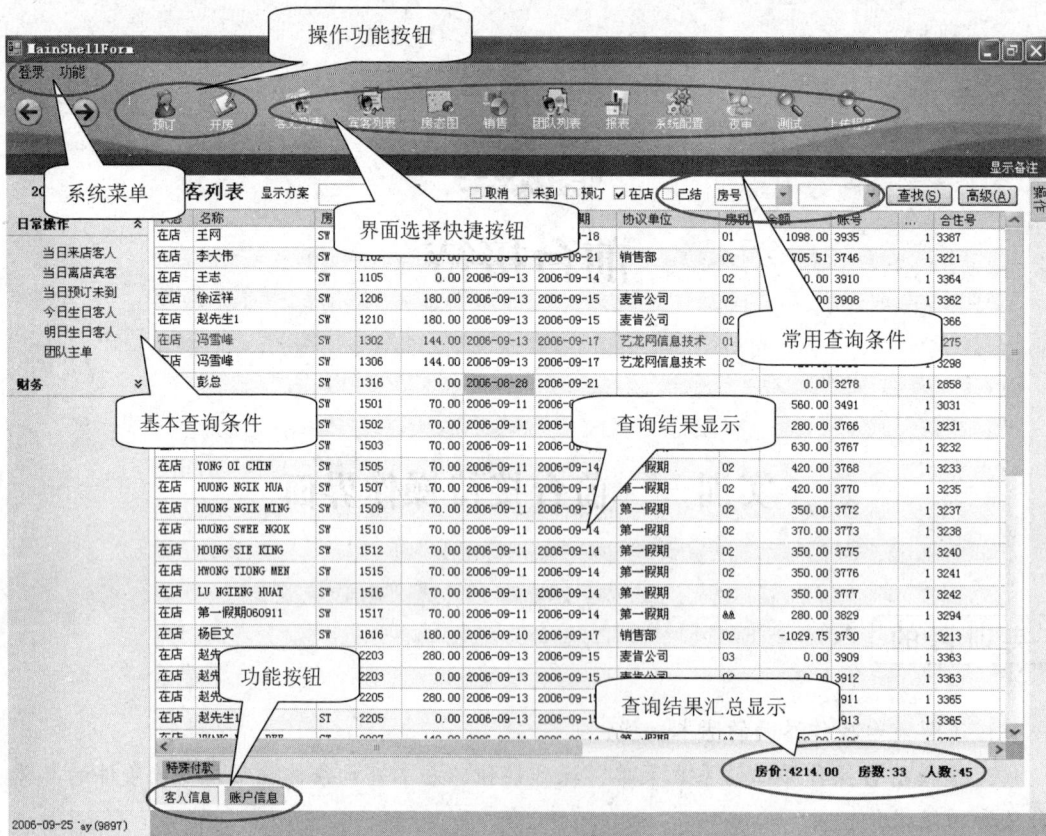

图 5.1　前台操作界面

【宾客列表】界面主要按照列表的形式显示宾客相关信息，按照不同条件查询的结果和大部分对宾客的操作也是显示在宾客列表里。宾客列表显示的内容和查看方法：

● 宾客列表如图5.1所示，列表中每一行代表每一个账户，每一行中的一个项目显示了该账户的一项属性（如姓名、房号等），具体每个项目的名称在标题行上提示。

● 通过点击某一标题行项目，可以对房间列表内已经显示的查询结果按照该项目的值升序或降序重新排序。再次点击该标题行项目，可以按之前的排序反方向排序。

● 左右拖动任意一个标题行项目，可以临时改变列表内显示项目的先后顺序，再次进入系统时则恢复默认项目顺序。默认的项目顺序可以通过系统配置设置。

● 房间列表中的某些项目会显示出不同的颜色，每种颜色都有特殊的含义。各种颜色具体代表的状态可以通过主界面的图例来查看。

选择宾客的操作方法，在房间列表内用鼠标单击需要选中的客人，此时整行都显示淡黄色，代表当前操作员选定了这行所显示的客人账户。选中后就可以对这个客人进行进一步的操作了。

实训考核

1. 使用基本查询条件查询所有客人的相关信息，并输出统计结果；
2. 使用常用查询条件查询所有客人的相关信息，并输出统计结果。

实训二　散客预订

实训目的

1. 了解酒店管理信息系统的散客预订界面的主要功能；
2. 掌握酒店管理信息系统的散客预订流程；
3. 掌握酒店管理信息系统的普通散客预订、回头客预订和协议散客预订的方法；
4. 掌握酒店管理信息系统不同预订方法的客史档案信息录入。

实训内容

打开散客预订界面，熟悉酒店管理信息系统的散客预订流程，并针对不同类型散客的预订按照流程要求进行预订操作，并进行客史档案信息录入。根据实训考核要求和试题进行本次实训的考核。

实训步骤

一、散客预订的流程

进入散客预订界面的方法为：

登录系统→点击

散客预订可以细分为普通散客预订、回头客预订、协议散客预订和酒店会员预订。不同类型的散客在预订时操作方法不尽相同，具体流程见图 5.2。

二、普通散客预订

普通散客指的是首次来店的散客，这种客人在酒店没有任何信息记录，也不是酒店协议客户的客人。按照通常情况，这种客人只能享受门市价格入住。

散客预订流程

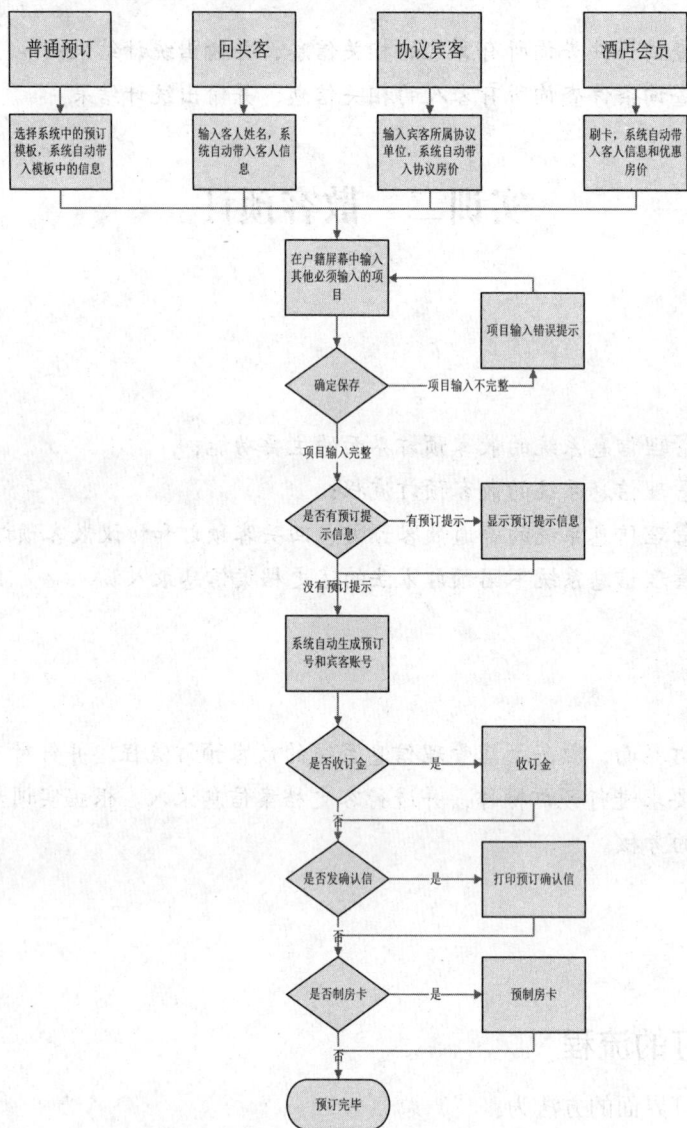

图 5.2　散客预订流程

　　散客在预订客户时必须提供：宾客姓名、账户类型、预订类型、来店日期、离店日期、房间类型、房间数量和人数，同时要确认房价、房税结构及付款方式。此外，对于外籍及港澳台宾客等，还需要确认国籍或客源属性。

　　进行散客预订操作的方法有两种：

　　（1）单击 [图标]，可以直接进入散客预订界面——【户籍屏幕】（见图 5.3），进行下一步的预订操作。

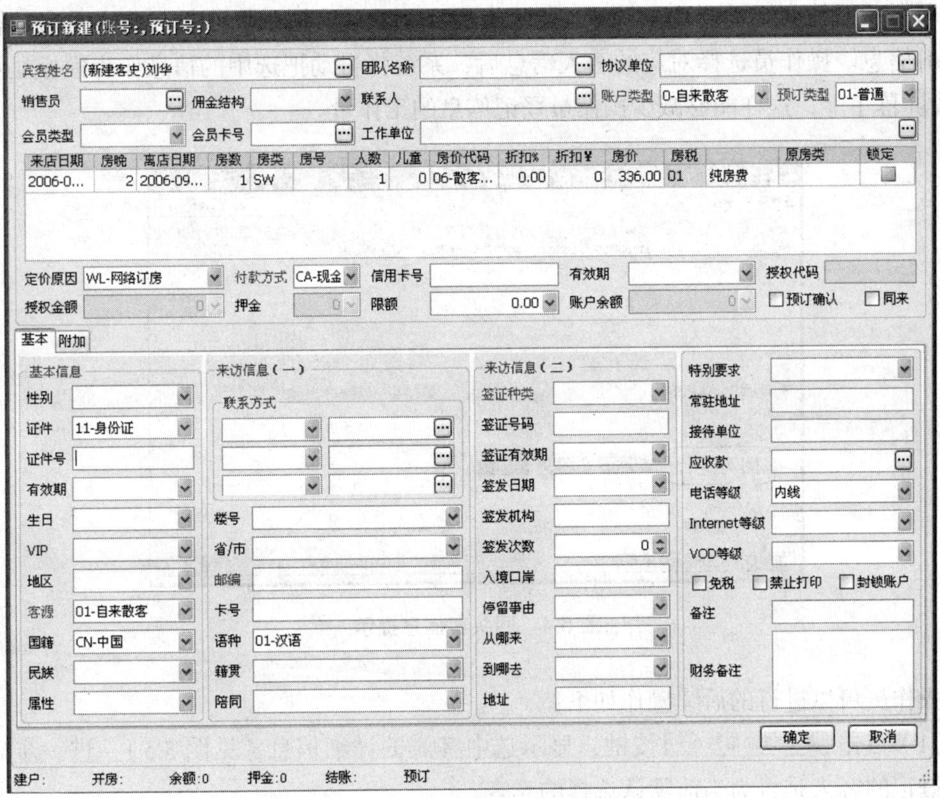

图 5.3 散客预订界面

（2）单击 ![预订] 右侧的下拉菜单，将弹出模板菜单，选择模板菜单中的任意一项同样可以进入【户籍屏幕】（见图 5.3）进行下一步的预订操作。

采用上述的两种方法都会进入到【户籍屏幕】，不同的是选择直接进入【户籍屏幕】时，户籍屏幕内的大部分必填项目都是空白的，操作员需要逐项输入。而选择模板进入【户籍屏幕】时，系统会显示模板中已经存在的项目，这样能减少操作员的输入量。因此建议更多使用模板进行预订，能够提高工作效率，减少操作失误，同时增加报表的准确性。

三、回头客预订

回头客指的是在本次预订之前这个客人已经入住过本酒店，酒店有该宾客的详细登记信息。在进行预订操作的时候，操作员可以选用客人上次登记的信息为模板，减少信息录入。

回头客在预订客户时也必须提供：宾客姓名、预订类型、来店日期、离店日期、房间类型、房间数量和人数，同时要确认房价、账户类型、付款方式。此外，对于外籍及港澳台宾客等，还需要确认国籍或客源属性。

进行回头客预订的操作方法同散客预订一样，在【户籍屏幕】（见图 5.3）中输入宾客姓名后，系统会自动弹出如图 5.4 所示的提示。系统会提示操作员与此人重名的客人的资料信息。操作员选择对应的客人信息后，系统将自动把选中的信息作为模板显示在【户籍屏幕】上，这样能够减少操作员登记信息的工作量。

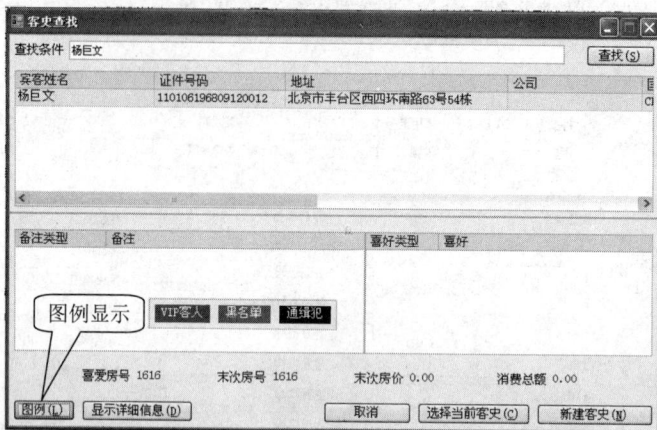

图 5.4　回头客信息提示

操作员可以进行的后续操作如下：

（1）点击 显示详细信息(D) 按键，显示选中客人的详细信息（见图 5.5），进一步确定正在登记的客人是否为当前默认选择的宾客。

图 5.5　客人详细信息

（2）点击 选择当前客史(C) 按钮，可以用选中的客史信息预订房间，客史中的信息将自动填入到【户籍屏幕】中。

（3）点击 新建客史(N) 按钮，放弃使用客史信息，为当前客人重新建立一个账户。

四、协议散客预订

协议散客指的是酒店协议客户的客人，这类客人的公司已经跟酒店签订了合同，客人在入住的时候可以享受该公司合同上规定的协议房价。

协议散客在预订客户时必须提供：宾客姓名、所属协议单位、预订类型、来店日期、离店日期、房间类型、房间数量和人数，同时确认房价、账户类型、付款方式。此外，对于外籍及港澳台宾客等，还需要确认国籍或客源属性。

协议散客预订的操作方法同散客预订一样，只是在登记时必须填写"协议单位"项目。填写完协议单位，输入来店时间、离店时间、房间类型后，系统会在"房价代码"选项中自动增加出该协议单位签订的协议价格供操作员选择。

"协议单位"在【户籍屏幕】中是个选择项，输入时必须查询使用，在"协议单位"框内输入"中国"后，点击▦按钮，会出现协议单位查找窗口（见图5.6），并自动显示以"中国"开头的所有协议单位。

协议单位查找窗口各个项目的具体含义如表5.1所示。相关按钮的具体说明如下：

表 5.1 协议单位查找窗口各项目的使用方法

窗口项目	说明
客户名称	要查找的协议单位的名称，模糊匹配模式
客户账号	要查找的协议单位的账号
签单人	要查找的协议单位的有效签单人的名字
参考号	建立协议单位时酒店内部的参考号
客户等级	要查找的协议单位的等级
客户分类	要查找的协议单位的分类

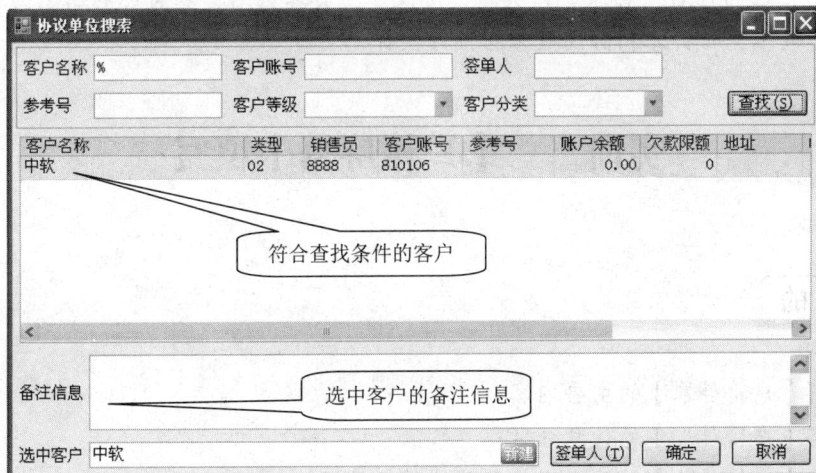

图 5.6 协议单位查找窗口

（1）如图 5.6 所示各查找项目输入完成后，单击 [查找(S)] 按钮就可以找到所需客户。

（2）选中查询结果中的客户后，单击 [签单人(T)] 按钮可以查看选中客户的有效签单人的笔迹和照片。

（3）选中查询结果中的客户后，单击 [确定] 按钮可以选择当前客户。

（4）任何时候，单击 [取消] 按钮都可以退出协议单位查找窗口。

（5）当依据输入条件无法查询到要找的客户时，可以点击 [新建] 按钮，打开"新建客户"对话框，输入当前客户的部分资料新建一个潜在类型的协议客户，如图 5.7 所示。注意：此时新建的协议客户并不享受优惠房价，此功能只是为销售部登记潜在客户。

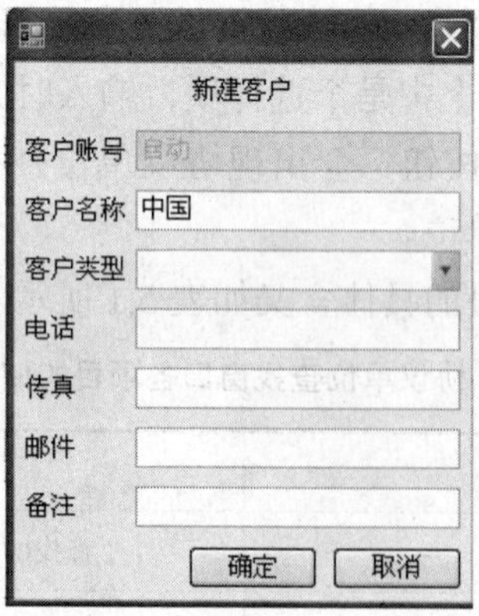

图 5.7 新建客户对话框

实训考核

1. 普通散客、回头客和协议散客的含义；

2. 以"自己的姓名＋普通、回头客、协议"为宾客姓名，以自己的信息为内容，分别进行普通散客、回头客和协议散客的预订操作。

实训三 【户籍屏幕】填写

实训目的

1. 了解【户籍屏幕】的主要内容；

2. 了解【户籍屏幕】的信息分区；

3. 掌握【户籍屏幕】的重点项目和其他项目的输入；

4. 掌握一位客人预订多种房类房间的方法；

5. 掌握【户籍屏幕】操作要点；

6. 掌握【户籍屏幕】操作保存提示信息的含义。

实训内容

打开【户籍屏幕】界面，了解其中的主要设置和界面，进行宾客姓名、销售员、账户类型、房间类型和房间号码等重点项目的录入，并进行其他项目的录入。进行一位客人预订多种房类房间的操作，掌握【户籍屏幕】操作要点以提高录入速度。最后对信息进行核对、保存，保存提示信息，并对信息进行相应的完善和修改。

实训步骤

一、【户籍屏幕】界面

各种类型的散客预订最后都需要在【户籍屏幕】界面（见图5.8）完成操作。对于不同类型的散客，在进入【户籍屏幕】界面后，会选定不同的选项内容。例如，由免费

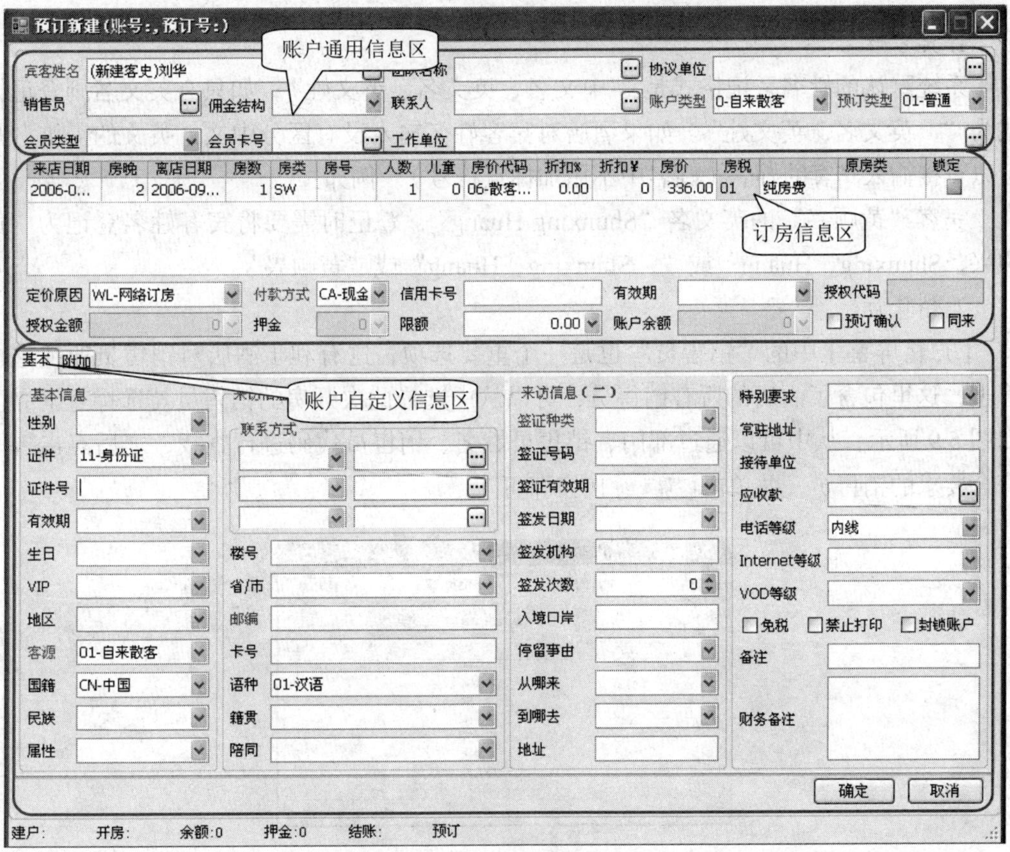

图 5.8 【户籍屏幕】界面

宾客模板进入【户籍屏幕】界面时，显示的宾客账户类型是"免费"，房价是"0"；由默认预订功能进入【户籍屏幕】时，宾客的账户类型是"散客"、房价是"全价"；由会员卡预订功能进入到【户籍屏幕】时，宾客的房价是无法直接选取的优惠政策中规定的房价。

下面，具体介绍客房预订时户籍屏幕的操作方法。

二、【户籍屏幕】分区

如图 5.8 所示【户籍屏幕】界面可以分为以下几个信息区：

（1）账户通用信息区：显示、填写客人的必要信息，格式布局固定，用户不能自己修改。

（2）订房信息区：显示客人订房信息，格式布局固定，用户不能自己修改。

（3）账户自定义信息区：显示、填写客人的其他信息，项目、布局均可以由用户定义。

在【户籍屏幕】中显示为红色的项目是必填项目，显示为黑色的项目是选填项目。除此之外在预订过程中，订房信息中的来店日期、房晚数、离店日期、房数、房类、人数、房价代码、房价和房税结构也是必填项。

三、【户籍屏幕】中的重点填写项目

1. 宾客姓名

系统默认的姓名登记格式是："中文名，英文名，英文姓"；如只有英文名则登记格式为"，英文名，英文姓"。如果酒店对宾客姓名输入没有区分中文、英文的需求，则可以直接输入宾客的姓名（姓名中不用加标点符号）。例如：

宾客"黄顺兴"的英文名"Shunxing Huang"，登记时需要将宾客姓名登记为"黄顺兴，Shunxing，Huang"或"，Shunxing，Huang"或"黄顺兴"。

2. 销售员

【户籍屏幕】中的"销售员"也是一个重要选项，这有利于酒店对销售员业绩进行管理，这里包含了酒店的所有销售员，可以从中选择此次开房的销售员。选择查询界面如图 5.9 所示，从中可以通过部门、销售员姓名、销售员代码进行查找，之后点击选中符合要求的销售员，并单击 确定 按钮即可。

图 5.9　销售员查询界面

通过【户籍屏幕】输入销售员后，在系统夜审时可生成若干反映销售员业绩的报表。

3. 账户类型

宾客类型有自来散客、长包、团队、会议、免费、自用等选项，此项目非常重要，输入一定要准确，夜审时系统会按此分类统计生成若干报表。酒店可根据自身情况在系统中配置，或请中软工程师协同配置。

4. 房间类型

输入房间类型时，单击输入框内的■按钮，可以弹出房间类型选择界面（见图 5.10），用鼠标双击需要选择的房类，可以将选定的房类填入到房间类型输入框中。

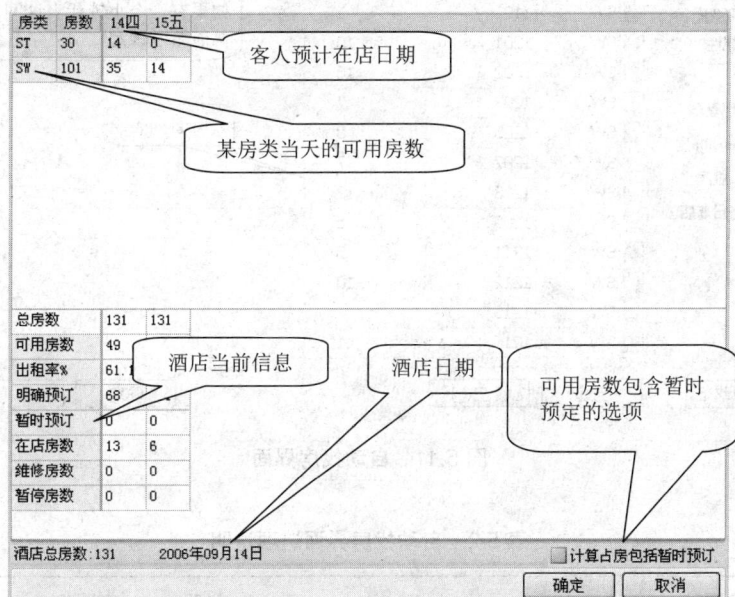

图 5.10　房间类型选择界面

5. 房间号码

选择了房间类型后，单击房号输入框内的■按钮，可以弹出自动找房界面（见图 5.11），界面中房间列表显示的房间全部是可以分配给客人的房间。宾客预订时，【户籍屏幕】中的房间号码可以用权限控制能否输入。

图 5.11 所示的自动找房界面的选项说明如表 5.2 所示。

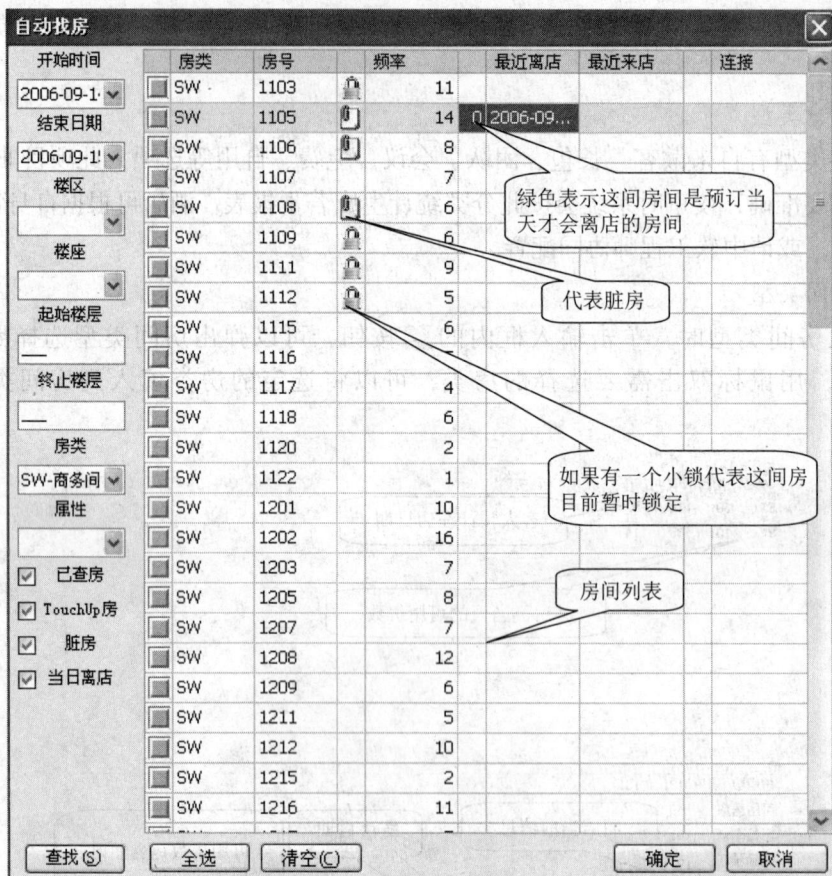

图 5.11　自动找房界面

表 5.2　自动找房界面选项说明

选项	说明
开始日期	找房时间段的开始日期
终止日期	找房时间段的结束日期
楼区	要找房的楼区选项
楼座	要找房的楼座选项
起始楼层	要找房的最低楼层
终止楼层	要找房的最高楼层
房类	要找房的房类选项
属性	要找房的属性
已查房、TouchUP房、脏房、当日离店房	要找的房是否包括已查房、TouchUP房、脏房和该客人来店当日离店房

在自动找房界面，各选项选择输入完毕后，点击以下不同按钮可以完成不同的功能：

（1）[查找(S)]按钮，按照选项中的条件查找空房。

（2）[全选]按钮，选中所有找到的符合条件的房间。

（3）[清空(C)]按钮，清除已经选定的房间信息。

（4）[确定]按钮，将选好的房间号码添入【户籍屏幕】。

（5）[取消]按钮，取消本次选房。

自动找房界面的房间列表是以数字表格形式显示的，这里数字和颜色也有特定的含义：

（1）第一列对应选择区，单击□之后，会变成☑，表示该房间已经选定。

（2）第二列对应房间类型，显示每一个房间的类型。

（3）第三列对应房间号码。

（4）第四列对应房间的清扫和锁定状态。出现📖图标，表示这间房目前是脏房；出现🔒图标，表示这间房目前被暂时锁定。

（5）第五列对应频率，表示该房间的间夜数。

（6）第六列对应闲置天数，是根据这间房目前住店和预订的情况计算的，当前预订宾客的来店日期与上一位已经预订或入住该房间的客人离店日期之间的天数。（预订后该房间在预订宾客来之前闲置的天数。）

（7）第七列对应最近离店日期，是根据目前住店和预订的情况计算的，当前预订宾客之前最后一位客人的预计离店日期。

（8）第八列对应最近到店日期，是根据目前住店和预订的情况计算的，当前预订宾客离店之后第一位客人的预计来店日期。

（9）第九列也对应闲置天数，是根据目前住店和预订的情况计算的，当前预订客人的离店日期与下一位已经预订这个房间的客人的来店日期之间的天数。（预订后该房间在预订宾客走之后闲置的天数。）

（10）第十列显示的是与该房间连通的房间的号码。

四、【户籍屏幕】中的其他输入项目

如表 5.3 所示为前文未提及的【户籍屏幕】中的其他输入项目及具体说明。

表 5.3 【户籍屏幕】中的其他输入项目

分类	项目名称	说明	重要性
通用信息——宾客户籍中的常用信息，影响酒店的客房管理和经营分析数据			★★★★
通用信息	团队名称	散客不需要输入，散客转化为团员时，可以选择相应的团队	★★
通用信息	协议单位	与酒店有协议的单位，记录信息并统计协议单位的业绩	★★★
通用信息	佣金结构	协议单位的返佣方法，选项	★★

续表

分类	项目名称	说明	重要性
通用信息	联系人	宾客的联系人（在此处可以新建），选项	★★
通用信息	预订类型	预订类型如普通/押金，选项	★★★
通用信息	会员类型	客人所持的会员卡类型	★★
通用信息	会员卡号	客人所持的会员卡号码	★★
通用信息	工作单位	记录客人的工作单位	★★
通用信息	来店日期	宾客预计来店日期，选项	★★★★
通用信息	房晚	宾客预计住店天数，影响离店日期，输入项	★★★★
通用信息	离店日期	宾客预计离店日期，影响房晚数，选项	★★★★
通用信息	房数	宾客预订的房间数量，输入项	★★★★
通用信息	人数	宾客人数，必须大于等于房数，输入项	★★★★
通用信息	儿童	宾客中儿童数量，输入项	★
通用信息	房价代码	宾客入住使用的房价类型，如全价/八折价，选项	★★★★
通用信息	折扣%	在选定房价类型基础上的百分比折扣，输入项	★
通用信息	折扣￥	在选定房价类型基础上的金额折扣，输入项	★
通用信息	房价	在选择自定义价时输入房价，输入项	★★★★
通用信息	房税	宾客在店期间的房税结构	★★★★
通用信息	原房类	当房间升级时，此处写入原房类	★★
通用信息	锁定	锁房后选择此项不可以再换房，选项	★★
通用信息	定价原因	宾客房价的定价原因，选项	★★★★
通用信息	付款方式	客人的付款方式，与欠款限额有联系，选项 （现金==限额为0）	★★★★
通用信息	信用卡号	预授权的信用卡卡号	★★
通用信息	有效期	预授权的信用卡有效期	★★
通用信息	授权代码	显示预授权的信用卡的授权代码	★★
通用信息	授权金额	显示预授权的信用卡的授权金额	★★★
通用信息	押金	显示押金金额	★★★
通用信息	限额	宾客在押金不足情况下的消费限额，输入项	★★★★
通用信息	账户余额	显示账户余额	★★★★
通用信息	预订确认	预订宾客再次确认能够到店	★★

续表

分类	项目名称	说明	重要性
通用信息	同来	同来人标志，只有一条预订记录时无效，同时预订的多个人是否是同来人的选项	★★★
基本–基本信息——记载客人的基本信息，便于酒店上传户籍			★★★★
基本–基本信息	性别	宾客的性别，选项	
基本–基本信息	证件	宾客的证件种类，选项	
基本–基本信息	证件号	宾客的证件号码，输入项	
基本–基本信息	有效期	宾客的证件有效期，输入项	
基本–基本信息	生日	宾客的生日，正确输入身份证号码后自动填写	
基本–基本信息	VIP	VIP及保密客人类型，选项	
基本–基本信息	地区	宾客的地区，正确输入身份证号码后自动填写	
基本–基本信息	客源	宾客的客源选项	
基本–基本信息	国籍	宾客的国籍，选择后可以自动确定语种	
基本–基本信息	民族	宾客的民族，重点民族有自动提示信息，见系统配置	
基本–基本信息	属性		
基本–来访信息（一）——主要记载客人的联系方式，便于酒店与客人取得联系			★★
基本–来访信息（一）	联系方式	可配选项，记载客人的各种联系方式，如固定电话、移动电话、传真、电子邮件等	
基本–来访信息（一）	楼号	显示宾客入住房间所在的楼号	
基本–来访信息（一）	省/市	宾客省市，正确输入身份证号码后自动填写，重点省市有自动提示信息，见系统配置	
基本–来访信息（一）	邮编	宾客邮编，输入项	
基本–来访信息（一）	卡号		
基本–来访信息（一）	语种	记录客人使用语言	
基本–来访信息（一）	籍贯	记录客人籍贯	
基本–来访信息（一）	陪同	记录陪同人	
基本–来访信息（二）——记载客人的签证信息及往来地点，便于酒店上传户籍			★

续表

分类	项目名称	说明	重要性
基本–来访信息（二）	签证种类	外籍宾客的签证种类，选项	
基本–来访信息（二）	签证号码	签证号码，输入项	
基本–来访信息（二）	签证有效期	签证有效期，输入项	
基本–来访信息（二）	签发日期	签证签发日期，输入项	
基本–来访信息（二）	签发机构	宾客证件的签发机构，选项	
基本–来访信息（二）	签发次数	签证的签发次数	
基本–来访信息（二）	入境口岸	外籍宾客入境口岸，输入项	
基本–来访信息（二）	停留事由	宾客停留事由，输入项	
基本–来访信息（二）	从哪来	宾客往来地点，选项	
基本–来访信息（二）	到哪去	宾客往来地点，选项	
基本–来访信息（二）	地址	宾客地址，正确输入身份证号码后自动填写部分地址，输入项	
基本–特别信息——记载对客人服务的重要信息			★★★
基本–特别信息	特别要求	宾客的特殊要求，选项	
基本–特别信息	常驻地址	宾客的常驻地址，输入项	
基本–特别信息	接待单位	宾客的接待单位，输入项	
基本–特别信息	应收款	宾客的应收款单位，选项	
基本–特别信息	电话等级	宾客入住后电话自动开通等级，选项	
基本–特别信息	Internet等级	宾客入住后宽带网自动开通等级，选项	
基本–特别信息	VOD等级	宾客入住后VOD自动开通等级，选项	
基本–特别信息	免税	免收房税结构中有免费标志的项目（见房税结构配置），选项	
基本–特别信息	禁止打印	打印账单时不打印房费，选项	

续表

分类	项目名称	说明	重要性
基本–特别信息	封锁账户	禁止宾客在各销售点挂账消费，选项	
基本–特别信息	备注	宾客的备注，输入项，可以选择常用备注短语	
基本–特别信息	财务备注	宾客的财务备注，输入项，财务人员可见	
附加–房间信息——为客房部提供客人来店的具体时间和相关信息			★
附加–房间信息	预计来店时间	宾客来店的具体时间，一般用于重要宾客的接待	
附加–房间信息	预计离店时间	宾客离店的具体时间，一般用于重要宾客的接待	
附加–房间信息	称谓	先生，女士等可选项	
附加–房间信息	敬称	输入敬称可以方便对客服务	
附加–房间信息	楼座	显示宾客入住房间所在的楼号	
附加–房间信息	楼层	显示宾客入住房间所在的楼层	
附加–房间信息	入境口岸	显示宾客入境的口岸	
附加–房间信息	入境日期	显示宾客入境的日期	
附加–显示信息——记载客人照片、笔迹等信息			★★
附加–显示信息	应收订金	记录客人的订金	
附加–显示信息	应收订金截止日期	记录客人的订金截止日期	
附加–显示信息	预订取消原因	记录客人的预订取消原因	
附加–显示信息	欢迎词	记录对VIP、客人服务的欢迎词	
附加–显示信息	照片	记录证件扫描生成的客人的照片	
附加–显示信息	签字	记录客人的签单字样	
附加–航班信息——记载客人起飞和到达的航班信息，方便酒店接机和送机			★

五、一位客人预订多种房类的房间

如果一位客人同时预订多种房类的房间，操作时并不需要给这个客人建立多次预订，可以一次性在【户籍屏幕】内完成预订操作。具体方法是在房间信息区内点击鼠标右键，弹出如图 5.12 所示菜单，选择"添加"选项即可为该客人增加预订，然后根据要求修改"房类"等相应选项即可，如图 5.13 所示。

添加
删除
分单
定义日房价
自定义房税

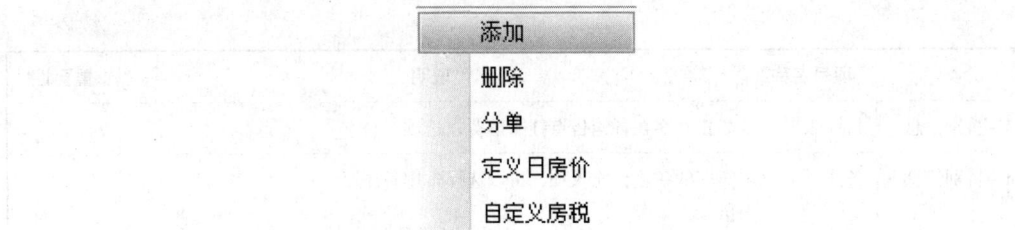

图 5.12　为客人增加预订菜单

来店日期	房晚	离店日期	房数	房类	房号	人数	儿童	房价代码	折扣%	折扣¥	房价	房税	原房类	锁定
2006-0...	1	2006-09...	1	SW		1	0	06-散客...	0.00	0	336.00	01	纯房费		
2006-0...	1	2006-09...	1	ST		1	0		0.00	0	0.00	01	纯房费		

图 5.13　为客人增加预订举例

同理，如果一位客人预订多间房类相同、时间不同的房间时，也可以采用该办法增加新房间的预订，只需修改来离期即可，而不用再次重复预订操作。

选择"删除"选项（见图 5.12），就可以删除当前订房记录。

六、户籍屏幕操作要点

在预订操作过程中，我们会发现【户籍屏幕】有些输入项之间是存在关系的，比如只有选择了来离期才可以选择房间类型，选择了房间类型和账户类型后才可以选择房价代码，输入了身份证号码后，性别、生日、省市、地址都可以自动填入到相应位置，等等。因此，填写【户籍屏幕】时要注意填写顺序，这样能提高操作速度。在这方面，中软酒店管理系统已经合理安排了填写顺序，操作员只要按照由左到右、由上到下的顺序填写，就可以保证顺序的正确。

另外，在中软酒店管理系统中进行操作时，还需要熟悉以下操作要点，任何一个界面内：

- 表格中的大部分选项均支持直接输入候选项目，不一定非要用鼠标点选。
- 使用【Tab】键可以在当前输入表格中的各个选项中依次切换。
- 使用【Shift】+【Tab】键可以在当前输入表格中的各个选项中依次反向切换。
- 在【户籍屏幕】中的房间信息区使用【Enter】键进行选项切换。
- 使用【F2】键可以达到单击"确定"按钮的目的。
- 使用【Esc】键可以达到取消/退出的目的。
- 熟练地掌握快捷键的使用，可以大大提高输入速度。

七、预订提示信息

在【户籍屏幕】（见图 5.8）填写完成后，点击 确定 按钮即完成预订。填写过程中任何时候点击 取消 按钮即取消本次预订操作。

当点击 确定 按钮后有可能会出现以下几种错误提示：

● 必须输入的项目没有输入时点击 ✓确认 ，系统会自动提示。图5.14就是在证件号码没有输入时系统给出的提示信息。

● 选择的房价类型和账户类型不匹配，系统也会自动提示。图5.15就是在自定义房价时没有正确输入房间的房价，系统给出的提示。

● 付款方式选择不正确，系统也将给出提示，如图5.16所示。

图 5.14　信息输入不完整提示

图 5.15　没有正确输入房价提示

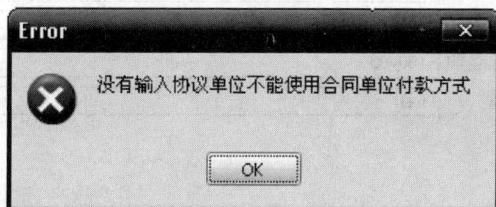

图 5.16　付款方式选择不正确提示

总之，当【户籍屏幕】填写不正确的时候，系统会给出明确的提示，这时按照系统的提示，修改【户籍屏幕】内的选项就可以顺利完成开房操作。当预订顺利保存后，系统会自动分配预订号和账号（见图 5.17）。

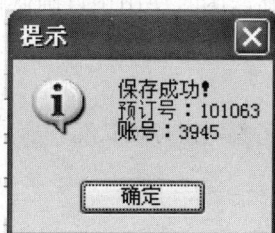

图 5.17　预订成功提示

八、收订金

按照酒店经营的实际情况，需要收取客人预订的订金时使用的功能，并不是每次预订都必须操作。

进入收订金的界面的方法：

选中预订宾客→收银处理→更多→订金处理→收订金

订金处理由收订金、作废订金、订金转出组成。

订金处理收取预订客人缴纳的订金时使用，订金将挂入客人账户的押金类型的账单。操作界面如图 5.18 所示。

预订类型：客人的预订类型，必须选择配置好的需要收订金的预订类型。

订金交易代码：选择酒店中订金的代码。

交易参考号：输入这次收订金的参考号，一般是收据号码。

应收订金金额：系统配置中根据预订类型不同而设置的金额，可以手工更该。

交易注释：备注信息。

作废订金在取消订金时使用，使用后订金自动作废。

订金转出在客人开房时自动执行，将客人的订金转成押金。

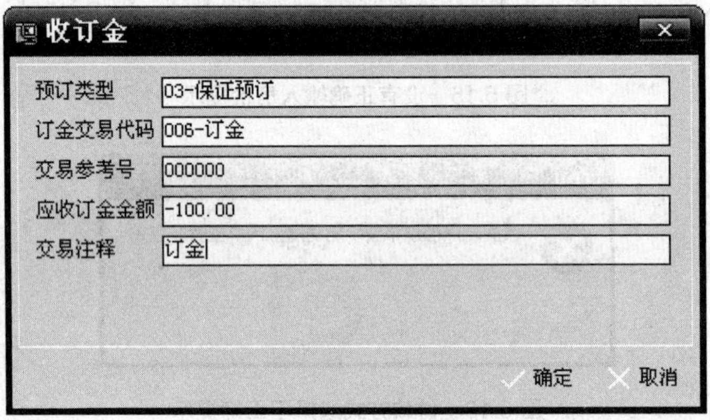

图 5.18　收订金

九、打印预订确认信

当预订后酒店需要提供预订确认函时使用预订确认信功能，打印出一封格式由酒店自定义的预订确认函。

打印预订确认信的方法：

选中预订宾客→宾客功能→更多→预订确认信

十、预订制房卡

当客人需要提前预制门卡的时候，操作员可以选择宾客制卡功能为已经做好预订并锁房的客人制作房间钥匙卡。

进入宾客制卡界面的方法：

选中预订宾客→宾客功能→宾客制卡

使用宾客制卡功能后，系统出现制卡界面（见图5.19）。

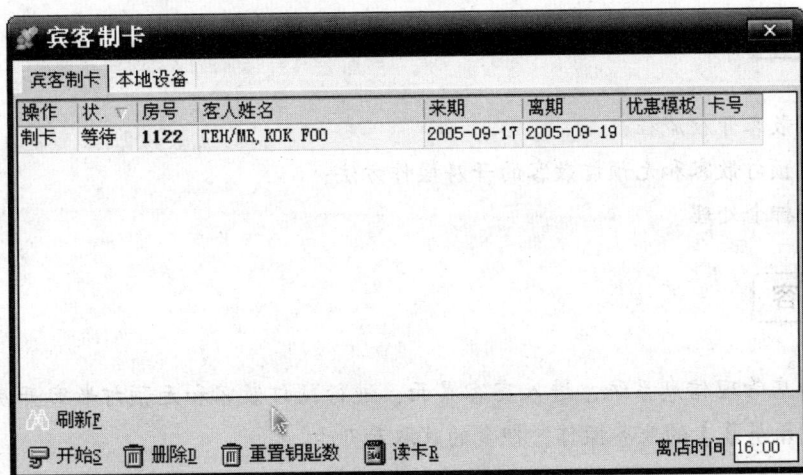

图5.19　制卡界面

图中列表内显示等待制卡的任务队列，每行显示了一位客人的信息。

如果要给某位客人制卡，选中这位客人点击 开始S 按钮即可。

点击 删除D 按钮删除当前选中的制卡任务。

点击 刷新F 按钮刷新制卡任务列表的显示。

点击 重置钥匙数 重置系统中门锁卡的已制钥匙数量。

点击 读卡R 按钮可以读出一张卡片的信息。

实训考核

1. 以自己的信息为例，进行商务标准间预订的【户籍屏幕】信息录入并保存；

2. 以自己的信息为例，进行商务标准间和豪华套房预订的【户籍屏幕】信息录入并保存。

实训四　散客开房

实训目的

1. 了解散客开放流程；
2. 掌握预订散客和无预订散客的开房操作方法；
3. 掌握押金处理。

实训内容

打开酒店管理信息系统，进入宾客界面，进行预订散客和无预订散客开房的操作，并进行【户籍屏幕】的业务操作，押金的收取和开卡。

实训步骤

一、散客开房流程

散客开房可以细分为有预订散客开房和无预订散客开房，具体流程见图5.20。

二、无预订散客开房

1. 打开无预订散客开房模块

操作步骤为：登录系统→进入前台模块→选择宾客界面→点击

无预订散客和预订散客一样可以分做 Walk In、回头客、协议宾客、酒店会员四类，其开房的操作方法同预订的操作方法基本一样。只是在开房时需要登记客人的详细资料信息，比如证件类型、证件号码、地址等。

2. 开房操作

直接点击或扫描证件完毕后，进入【户籍屏幕】界面（见图5.21）。在【户籍屏幕】中输入必需的信息后就可以完成开房操作。具体 Walk In、回头客、协议宾客、酒店会员的开房操作方法与对应情形的预订操作方法一样，这里就不再详细介绍。

需要注意的是，开房和预订时必须输入的项目是不同的：

- 预订时必须输入："预订类型"；
- 开房时必须输入："房号、证件种类、证件号码"。

散客开房流程

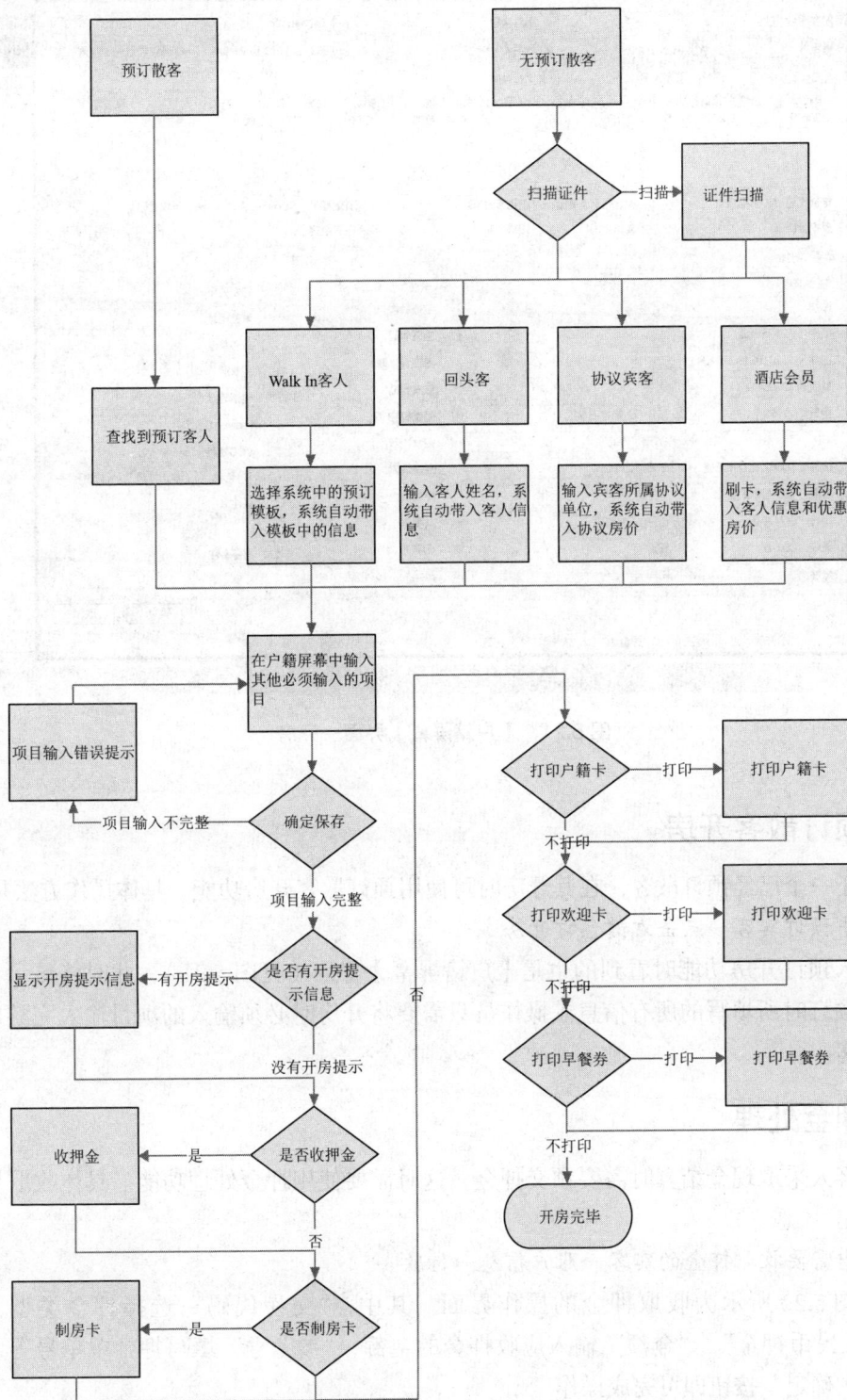

图 5.20 散客开房流程

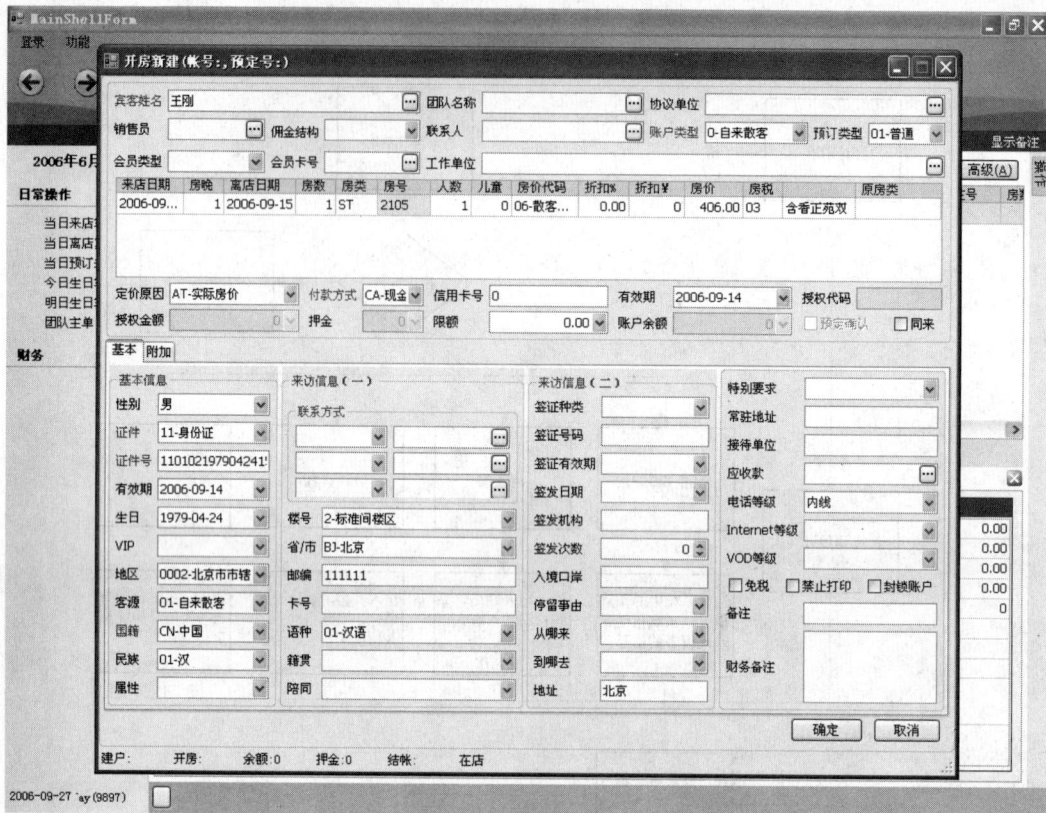

图 5.21 【户籍屏幕】界面—开房

三、预订散客开房

对于一个已经预订散客，在其开房时可使用预订散客开房功能。具体操作方法是：

选中预订宾客→点击右键预订开房

进入预订开房功能时看到的也是【户籍屏幕】界面（见图 5.21），此时将显示预订宾客在预订时所填写的所有信息。操作员只需要将开房时必须输入的项目输入完整即可完成开房。

四、押金处理

在客人采取现金结算时需要预交押金，这时需要使用押金处理功能。具体收取押金的方法是：

选中需要收取押金的宾客→账户信息→付款

如图 5.22 所示为收取押金的操作界面。其中，"交易代码"选择押金类型，如"013– 人民币押金"，"金额"输入应收押金的金额，"参考号"填写押金单单号等，之后点击"确定"按钮即可完成操作。

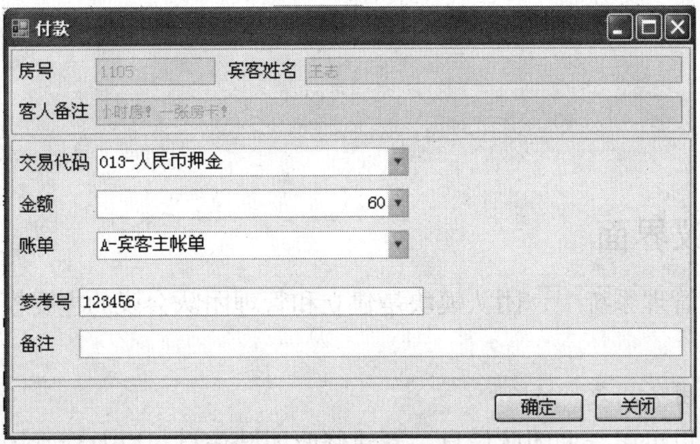

图 5.22 收取押金操作

注意：预订时交过订金的客人，在入住后订金自动转成押金，不需要任何操作。

五、宾客制卡

该功能可以为客人制作房间钥匙卡，操作方法与预订制房卡完全一样。

实训考核

1. 以【自己姓名＋无预订】为宾客姓名进行无预订散客开房操作，房类：商务大床房，时间：一晚，其他按照自己的真实信息填写；

2. 以【自己姓名】为宾客姓名进行预订散客开房操作。

实训五 团队会议

实训目的

1. 了解团队会议的结构和酒店团队会议界面的基本功能；

2. 掌握酒店管理信息系统团队会议的流程；

3. 掌握酒店管理信息系统团队会议的主单建立、团队订房、设置特殊付款、团队锁房、团队钥匙制作、团队开房和快速修改户籍的操作。

实训内容

打开团队会议操作界面，在系统中依次模拟团队会议的主单建立、团队订房、设置特殊付款、团队锁房、团队钥匙制作、团队开房和快速修改户籍的操作。

> **实训步骤**

一、团队会议界面

在中软酒店管理系统中，团队模块是建立和管理团队会议的主要模块。进入团队模块的方法是：

登录系统→团队列表

在团队模块里可以查询团队信息、新建修改团队信息，以及建立团队的会议。这个模块的界面（见图 5.23）分为三部分：查询操作区、团队列表显示区和详细信息区。详细信息区又分成了四部分，分别显示选中团队的订房信息、锁房信息、销售点预订信息和备注信息。

如图 5.24 所示为建立团队会议的主要流程，包括：建立主单、预订房间、设置特殊付款、开房等步骤。

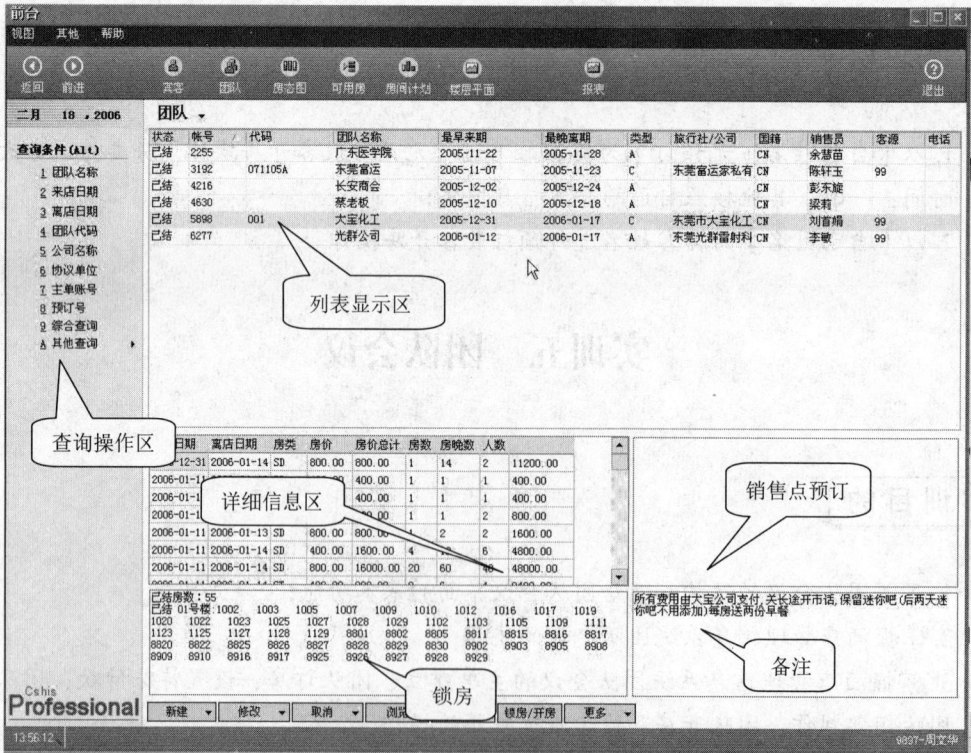

图 5.23　团队模块操作界面

团队会议流程

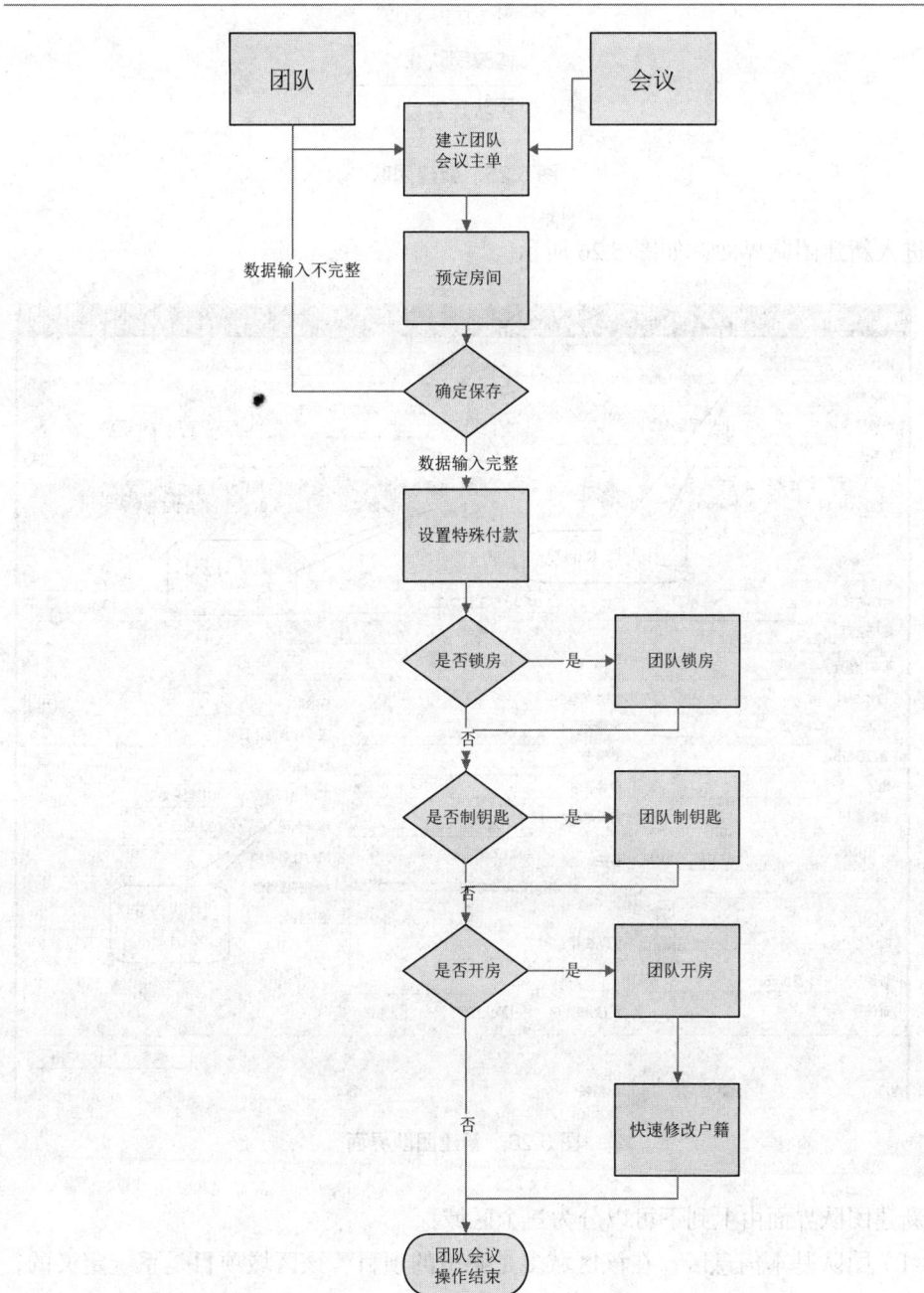

图 5.24　团队会议操作流程

二、建立团队主单

新登记团队预订时，需要建立团队主单，操作方法是：

登录系统→团队列表→右键选择新建团队。如图 5.25 所示。

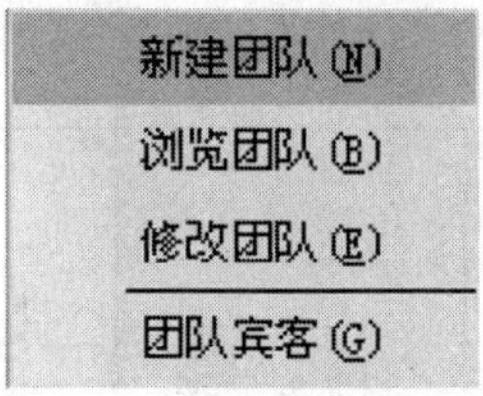

图 5.25 新建团队

进入新建团队界面，如图 5.26 所示。

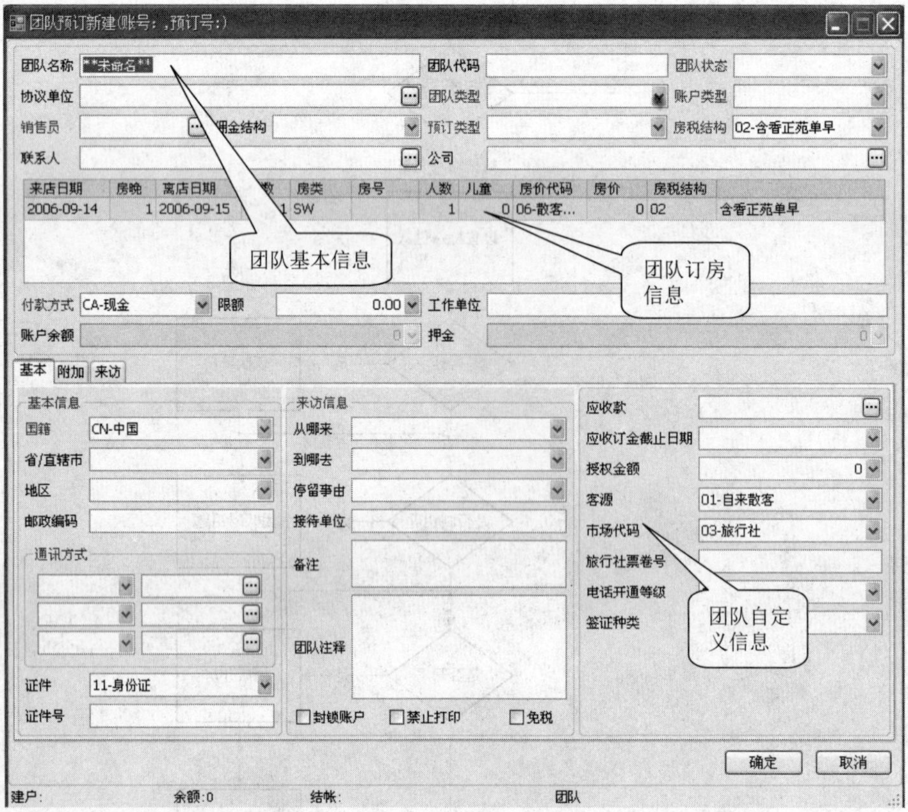

图 5.26 新建团队界面

新建团队界面由上到下可以分为三个区域：

（1）团队基本信息区：在该区域多是必填的项目。该区域项目是系统定义的，用户不能更改。

（2）团队订房信息区：该区域包括团队预订的房间信息，记录用房的时间、数量、人数、房价等信息，同散客预订一样，可以通过鼠标右键添加记录。

（3）团队自定义信息区：该区域主要包括预订团队的其他信息，用户可以自定义项目，设定排列顺序以及确定是否必须输入。

新建团队界面的大部分输入项目与散客预订的【户籍屏幕】内的项目一致。个别项目有所区别，可见表 5.4。

表 5.4　新建团队界面特别项目说明

窗口项目	说明
团队名称	团队的标识，系统中所有的团队不可以重名，输入项
团队代码	酒店给团队的编号，非必输项
团队状态	开放、明确状态可以锁房，暂时、意向状态不可以锁房
团队类型	酒店对团队的分类，如普通团、会议团、旅行团

三、团队订房

团队订房操作同散客预订操作一样，可以通过鼠标右键添加多条记录。在房间信息里的房税结构选项比普通散客多了一个"&&"选项，这个选项表示该行房间的客人使用的房税结构与团队基本信息里选定的房税结构相同。

另外新建团队预订时，要把一个团队的所有房间分组，所有来期、离期、房类、房价完全相同的房间分成一组。将同一组的房间在房间信息区内填写在同一行记录上。例如一个团队订房如下：

SW 房 3 间，房价 300 元，14—16 日在店；

ST 房 1 间，房价 300 元，15—16 日在店；

SW 房 2 间，房价 300 元，15—18 日在店。

按照上述方法，我们要把这个团的房间分成三组，填入新建团队的房间信息里，如图 5.27 所示。

来店日期	房晚	离店日期	房数	房类	房号	人数	儿童	房价代码	房价	房税结构	
2006-09-14	2	2006-09-16	3	SW		6	0	ZD-自定...	300	&&	共享团队主单房税结构
2006-09-15	1	2006-09-16	1	ST		2	0	ZD-自定...	300	&&	共享团队主单房税结构
2006-09-15	3	2006-09-18	2	SW		4	0	ZD-自定...	300	&&	共享团队主单房税结构

图 5.27　团房分组

将整个新建团队界面内的所有必须输入的项目填写完毕后，点击 ✓确认 按钮完成团队预订的操作。弹出如图 5.28 所示提示框。填写过程中任何时候点击 ✗取消 按钮即取消本次团队预订操作。

提示

保存成功！
预订号：101064

确定

图 5.28　操作完成提示框

四、设置特殊付款

特殊付款是团队和散客操作的主要区别之一，几乎所有团队都会有公付账务，所以这是新建团队必须设置的。进入方法是：

选中团队→更多→特殊付款

特殊付款的操作界面如图 5.29 所示，操作方法同散客的特殊付款一样，默认的目的账户是选中团队的团队主单，一般不需要改动，只需要选择公付项目即可。在这里操作后，选中团队的所有宾客的特殊付款会发生改变。

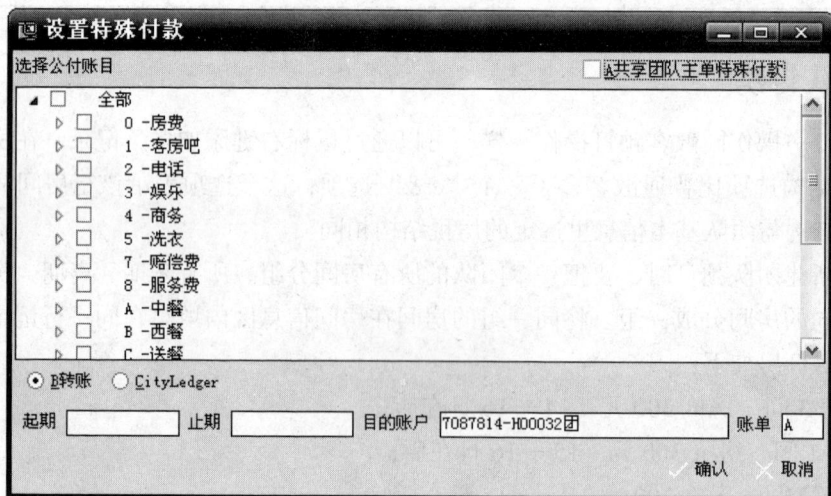

图 5.29　设置特殊付款界面

五、团队锁房

团队锁房是为团队的团员排房号的操作过程，进入团队锁房 / 开房界面的方法是：

选中团队→锁房 / 开房

锁房 / 开房界面如图 5.30 所示，在这个界面里排房操作分为以下几步：

第一步：查找，如果通过右键菜单进入，不需要查找。

第二步：分单，如果预订房数大于 1，就必须分单，将一个账户分成若干个账户，并在后面的操作中为每一个账户分配一个房号。操作方法：选中一个房数大于 1 的账户（在账户的前面空格中单击，显示 ☑ 表示选中），在分单区内输入每房人数后，点击 分单 按钮。

第三步：找房，在找房分房区内操作，操作方法与散客预订分房类似。

第四步：分房，在待锁房账户显示区选中所有等待分房的账户，在可用房显示区选中所有可以分给客人的房间后，单击 分房 按钮。此时也可以手动为每一个账户输入房号。

第五步：锁房，在待锁房账户显示区内选中所有分完房的账户，确认无误点击

⬛锁房 按钮。

至此，锁房完毕，可以退出界面。

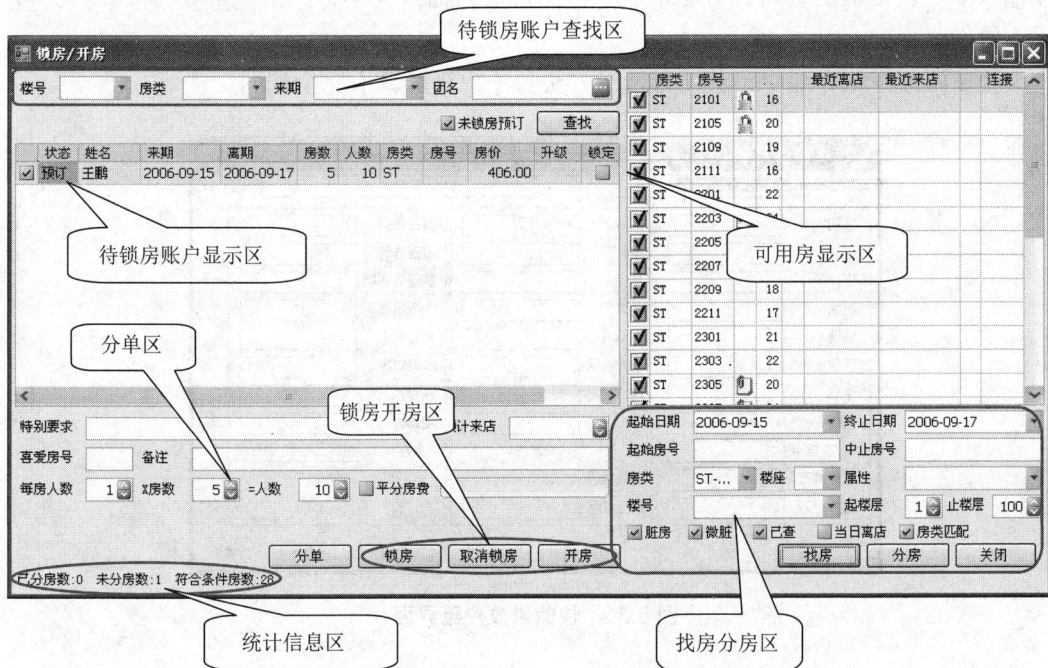

图 5.30 锁房 / 开房界面

六、团队制钥匙

团队制钥匙是指为团队批量制作房卡，进入团队制卡操作界面的方法是：

鼠标双击选中团队→显示全部团员→按住 Ctrl 键或 Shift 键复选团队宾客→鼠标右键宾客制卡

制卡操作界面完全与散客相同，这里不再详细描述。

七、团队开房

团队开房是指为已经锁房的团队开房，进入团队开房界面的方法是：

选中团队→锁房开房

团队开房界面与团队锁房界面相同（见图 5.30），选中需要开房的宾客，点击⬛开房 按钮即完成开房操作。

八、快速修改户籍

快速修改户籍功能主要用来登记已经开房的团队团员的详细资料，进入快速修改户籍界面的方法是：

双击选中团队→显示全部团员→点击宾客按钮→快速修改户籍

快速修改户籍界面如图 5.31 所示，输入一位团员的资料后点击 下一个 ，即可以继续输入下一位团员的资料，直至最后一位团员资料输入完毕，点击 保存 完成团员资料录入操作。

快速修改户籍界面中，各项目填写方法与【户籍屏幕】完全相同。

图 5.31　快速修改户籍界面

实训考核

1. 团队（团队名称自拟）订房操作。

SW 房 3 间，房价 300 元，14—16 日在店；

ST 房 1 间，房价 200 元，15—16 日在店；

SW 房 2 间，房价 300 元，15—18 日在店。

2. 设置特殊付款和团队开房。

实训六　前台接待——浏览和修改

实训目的

1. 了解前台接待中的浏览和修改功能；

2. 掌握前台接待账户信息浏览、修改来店日期和离店日期的操作。

实训内容

实操酒店管理信息系统中前台接待账户信息浏览、修改来店日期和离店日期等业务。

实训步骤

一、账户信息浏览

浏览功能用于查看账户的信息，进入浏览界面的方法是：

选中宾客→操作→浏览

浏览界面显示的仍然是【户籍屏幕】（见图 5.32），但是这个界面内的所有项目都无法修改。

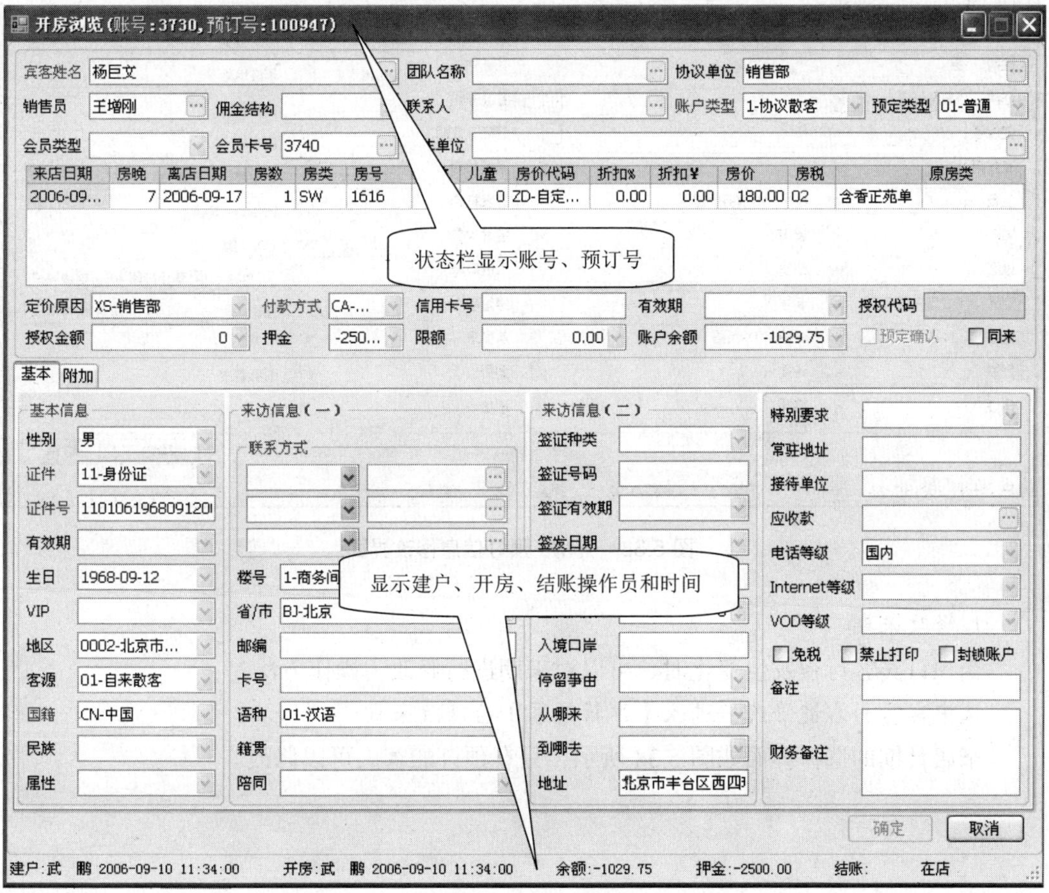

图 5.32 浏览界面

二、修改开房 / 预订信息

可以对开房 / 预订时输入的信息进行修改，进入开房 / 预订信息修改界面的方法是：

选中宾客→操作→修改

开房 / 预订信息修改界面仍然显示【户籍屏幕】，如图 5.33 所示，具体操作与预订操作一样，可以修改预订时所有输入的选项。

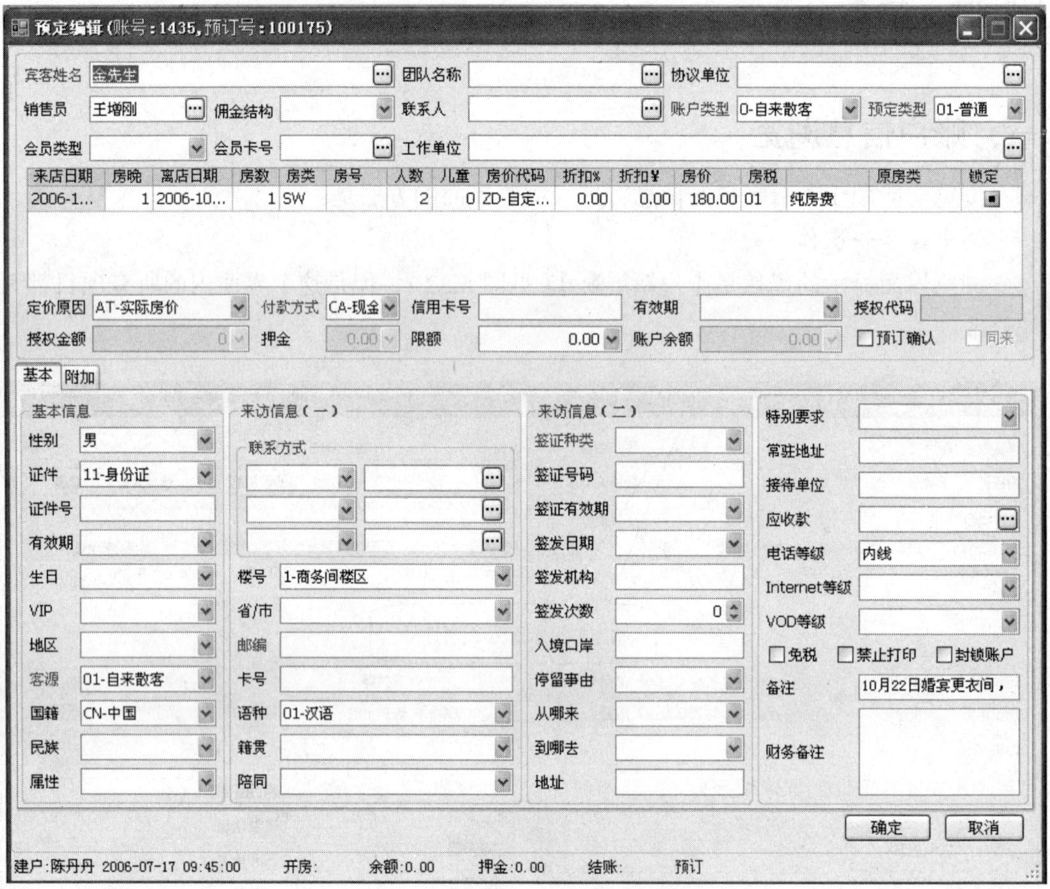

图 5.33　开房 / 预订信息修改界面

1. 修改来期

当预订宾客行程发生变化时，可以对来期进行修改，操作方法是：

选中宾客→右键修改→进入【户籍屏幕】后修改来期

来店日期的选择界面如图 5.34 所示，只有预订的客人可以修改。

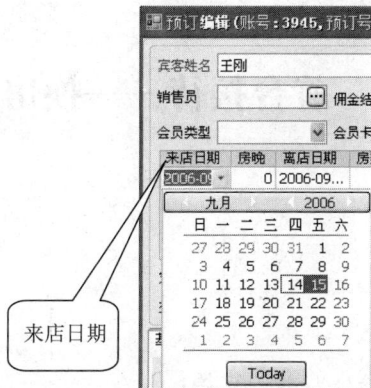

图 5.34 来店日期选择界面

2. 修改离期

当宾客行程发生变化时，可以对离期进行修改，操作方法是：

选中宾客→右键修改→进入【户籍屏幕】后修改离期

离店日期的选择界面如图 5.35 所示。

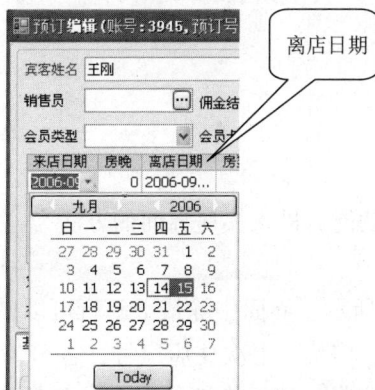

图 5.35 离店日期选择界面

实 训 考 核

查找系统中的预订团队，选择其中一个团队，进行来店日期、离店日期和其他信息的修改。

实训七　前台接待——换房和合住

实训目的

1. 掌握宾客换房操作；
2. 掌握在店客人和预订客人的复制合住；
3. 掌握合住一人付费、平分房费、加入合住和打破合住的操作。

实训内容

打开酒店管理信息系统中的前台接待界面，进行宾客换房、在店客人和预订客人的复制合住，进行合住一人付费、平分房费、加入合住和打破合住的操作。

实训步骤

一、宾客换房

宾客需要换房时使用此功能，进入换房界面的方法为：

选中宾客→操作→换房

换房功能界面如图 5.36 所示。界面中除最下一行可以操作外，其余部分都是显示信息，包括客人的姓名、房号、房价、上次住店房号、客房备注、特别爱好等。

输入或者选择一个新的房号，选择换房的原因，在备注框中输入具体的备注事项后点击 确定 按钮即完成换房操作。

操作时，选项 ☑全选 的功能是选中房间内的所有宾客进行换房操作。取消这个选项后换房将只对选中宾客有效。

二、复制合住

复制合住用于安排多人进行合住。使用此功能，可快速在选中客人的房间内加入一位客人，其状态与选中客人的状态相同。在店和预订客人都可使用此功能。

1. 在店客人——复制合住

针对在店客人使用复制合住功能时，将快速在选中在店客人的房间内加入另一位在店客人，新加入的客人与原先的客人基本信息完全相同，但新加入客人的房价为 0，可以通过修改登记操作成为另外一位客人。具体操作方法为：

选中在店宾客→操作→复制合住

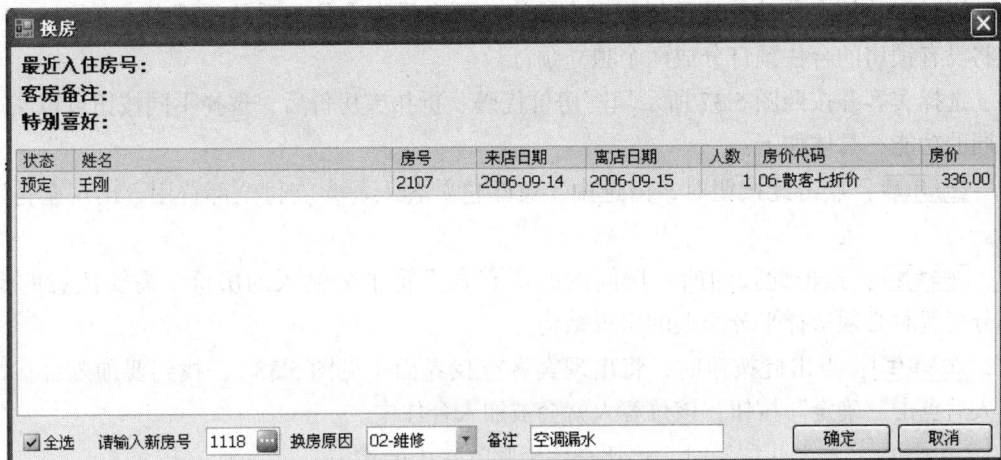

图 5.36　换房界面

2. 预订客人—复制合住

针对预订客人使用复制合住功能时，操作方法和结果与在店客人—复制合住相同，不同的是选定的客人是预订客人，新增加到房间里的这个客人也是预订客人。具体操作方法为：

选中预订宾客→操作→复制合住

三、合住处理

如果房间有两位或两位以上宾客，可以通过这个功能确定房价以及每个人的房费。但如果房间里只有一位宾客，这个功能就是修改客人房价的功能。合住处理界面如图5.37 所示，进入该界面的方法为：

选中宾客→宾客功能→合住处理

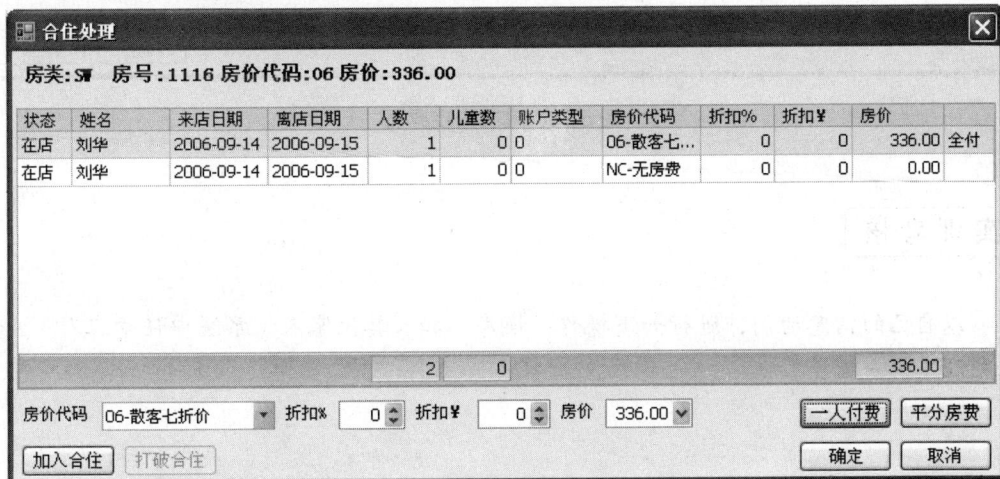

图 5.37　合住处理

同时，使用合住功能还可以将没有锁房的两个没有合住关系的预订变成合住，也可以将没有锁房的合住预订分成两个独立预订。

选择宾客并按照图 5.37 所示填写房价代码、折扣、房价后，选择不同按钮可以实现不同的功能，具体如下：

一人付费：点击此按钮时，由选中（黄颜色）客人一人支付全部费用，出现全付字样。

平分房费：点击此按钮时，房间内的所有客人将平分输入的房价。需要注意的是：平分房费时必须选择平分类型的房税结构。

加入合住：点击此按钮时，将出现宾客查找界面（见图 5.38），找到要加入合住的客人后点击"确定"按钮，该位客人就会被加入合住中。

B打破合住：点击此按钮时，将从合住中删除选中的客人。

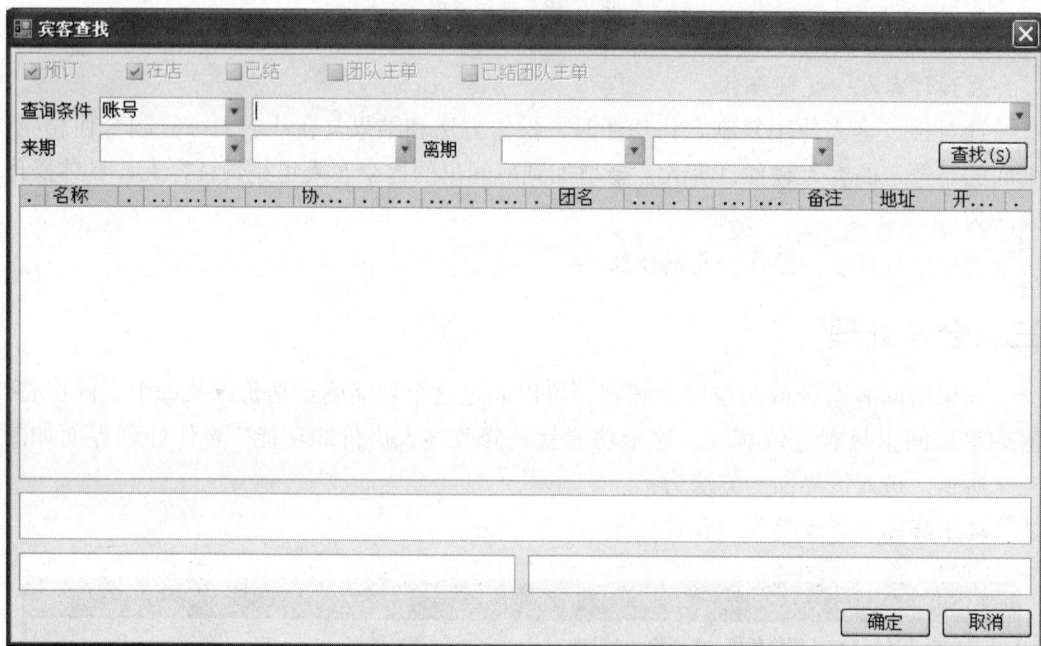

图 5.38　宾客查找界面

实训考核

以自己的信息为例，进行如下操作：换房，加入其他客人（系统中任意客人），合住处理（平分房费）。

实训八 前台接待——预订相关

实训目的

1. 掌握复制预订的操作方法；
2. 掌握复制开房的操作方法；
3. 掌握预订的取消、删除和恢复操作方法；
4. 掌握设置未到、撤销开房和重新入住的操作方法。

实训内容

进行在店客人和预订客人的复制预订操作，复制开房操作，预订的取消、删除和恢复操作，设置未到、撤销开房和重新入住操作。

实训步骤

一、复制预订客人信息

使用此功能将快速在选中客人的房间内加入一位客人，加入后其基本信息将与选中的客人完全相同，最后可以通过修改操作将其更改登记成为另外一位客人。使用该功能的方法是：

选中宾客→宾客功能→复制→复制合住

1. 在店客人—复制预订

使用此功能将快速增加预订一位新客人，新增加的客人将与选中的在店客人的基本信息完全相同，最后可以通过修改操作将其登记成为新客人。使用该功能的方法是：

选中在店宾客→操作→复制预订

2. 预订客人—复制预订

该功能的操作方法和结果与"在店客人—复制预订"基本相同，不同的是选定的客人是预订客人。使用该功能的方法是：

选中预订宾客→操作→复制预订

二、复制开房

使用此功能将快速给新客人办理好入住，新入住的客人将与选中的客人的基本信息完全相同，之后可以根据需要修改信息。

1. 在店客人—复制开房

使用此功能可快速根据在店客人为新客人办理入住，新入住的客人将与选中在店客人基本信息完全相同，最后可以通过修改操作将其登记为新入住的客人。使用该功能的方法是：

选中在店宾客→操作→复制开房

2. 预订客人—复制开房

该功能的操作方法和结果与"在店客人—复制开房"基本相同，不同的是选定的客人是预订客人。使用该功能的方法是：

选中预订宾客→操作→复制开房

三、预订取消

预订取消功能主要用来取消一个已经建好的预订，其使用方法是：

选中宾客→宾客功能→预订取消

"预订取消"对话框如图 5.39 所示，选择或输入取消的原因以及详细的备注后点击"确认"按钮即可取消选中的预订。

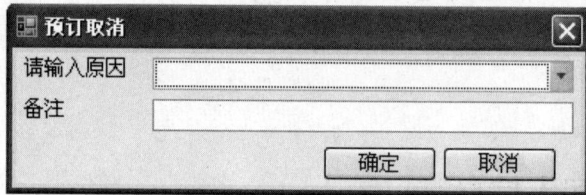

图 5.39　预订取消对话框

四、预订删除

预订删除功能用于手动设置某宾客的状态为预订删除。使用该功能的方法是：

选中宾客→操作→预订删除

五、预订恢复

预订恢复功能用于将预订客人的状态由预订删除改为预订恢复。将预订取消的客人恢复成正常预订，使用该功能的方法是：

选中预订删除的宾客→操作→预订恢复

六、设置未到

设置未到功能用于手动设置预订客人的状态为预订未到。使用该功能的方法是：

选中宾客→操作→设置未到

"设置未到"对话框如图 5.40 所示。

图 5.40 设置未到对话框

七、撤销开房

撤销开房功能用于将当天入住的且未发生任何账务的客人取消入住。此操作一般用来取消因操作失误入住的房间。

八、重新入住

重新入住功能有两种用途:(1)当日离店宾客若又重新入住,为了简便操作,用此功能来实现重新入住。(2)对于因操作错误导致的已经结账的宾客,可以通过该功能将已结宾客恢复成为在店宾客。此功能只能在该宾客结账当天使用,使用方法为:

选中已结宾客→操作→重新入住

实 训 考 核

1.查找预订客人,并进行复制预订、复制开房操作;

2.查找住店客人,并进行复制预订、复制开房操作;

3.对预订客人进行预订取消、预订删除、设置未到操作;

4.对未发生任何账务的客人进行撤销开房操作;

5.对当日离店客人进行重新入住操作。

实训九 前台接待——其他功能

实 训 目 的

1.掌握前台接待中的宾客留言、通知和去向操作;

2.掌握前台接待中的宾客叫早操作;

3.掌握前台接待中的日志查看操作;

4.掌握前台接待中的财务信息备注和签单控制操作。

实训内容

　　打开酒店管理信息系统中的前厅接待界面，进行宾客留言、通知和去向操作，宾客叫早操作，日志查看操作，财务信息备注和签单控制操作。

实训步骤

一、宾客留言

　　预订或入住的宾客通过酒店管理系统可以进行留言，操作方法为：

　　选中宾客→操作→留言→新建

　　宾客留言界面如图 5.41 所示。

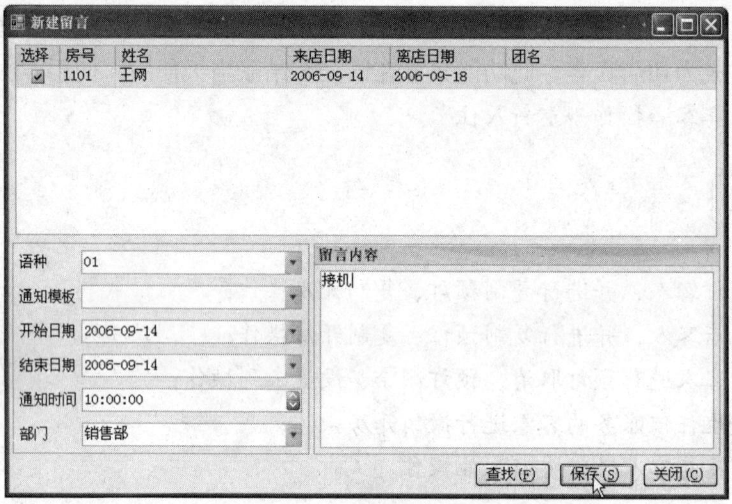

图 5.41　宾客留言界面

二、宾客通知

　　使用宾客通知功能，可以通知酒店各个部门做好预订或入住宾客的接待事宜。其使用方法是：

　　选中宾客→操作→通知→新建

　　新建通知界面如图 5.42 所示。

三、宾客去向

　　去向功能用于记载客人的去向，可方便客人朋友的查询。具体操作方法是：

　　选中宾客→操作→去向→新建

去向界面如图 5.43 所示。

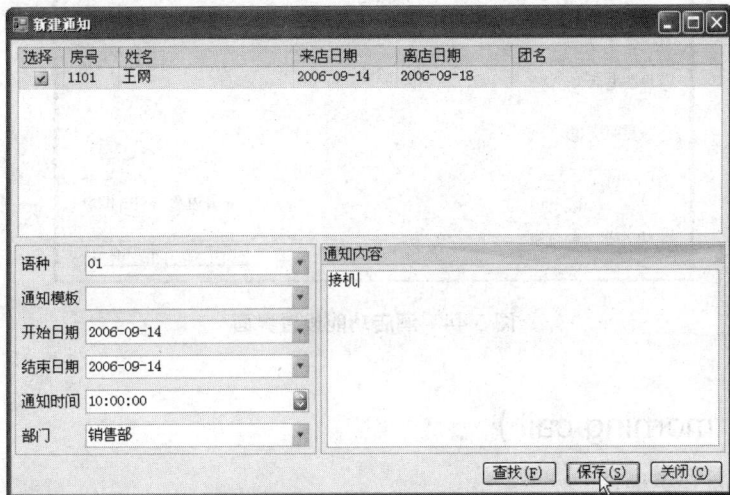

图 5.42　新建通知界面

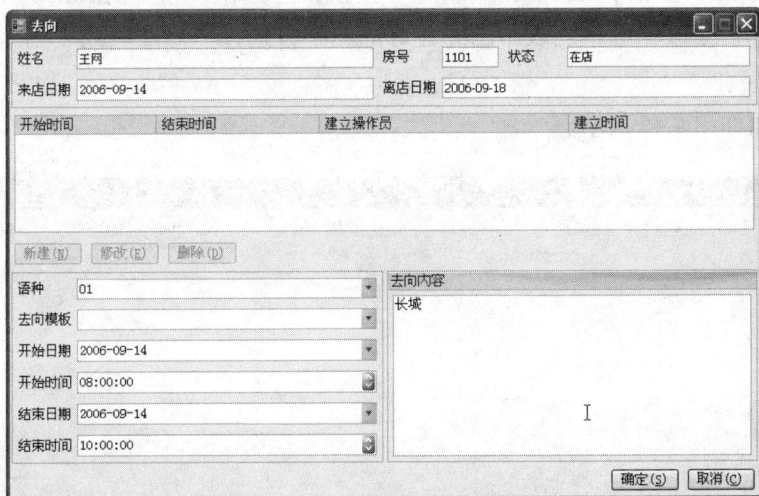

图 5.43　去向界面

四、酒店功能

该功能用于设置酒店房间为客人提供的相关服务功能，如电话、网络、VOD 等，酒店功能设置界面如图 5.44 所示，进入方法是：

选中宾客→操作→酒店功能

设置酒店功能的方法为：在酒店功能设置界面选择或输入团名、房号和级别，并选择提供的相应服务，然后选择"开通"或"关闭"，最后点击"确认"按钮即可。设置结果可以在相关报表中查询。

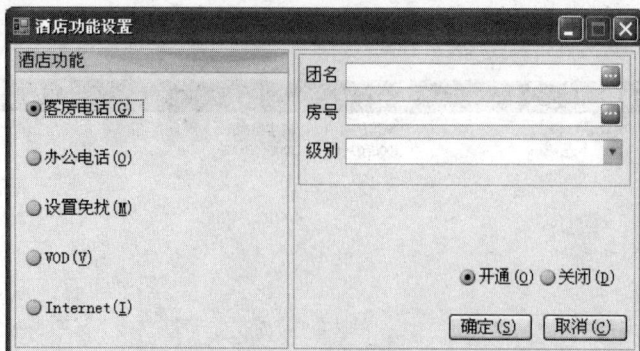

图 5.44 酒店功能设置界面

五、叫早（morning call）

设置叫早的方法是：

选中宾客→操作→叫早

在叫早界面，选中客人，点击"新建"按钮，选择输入叫早的日期、叫早的时间，确认即可。如需修改，选中列表中已经建好的叫早，选择"修改"或"删除"，进行相应操作即可。

叫早界面如图 5.45 所示。

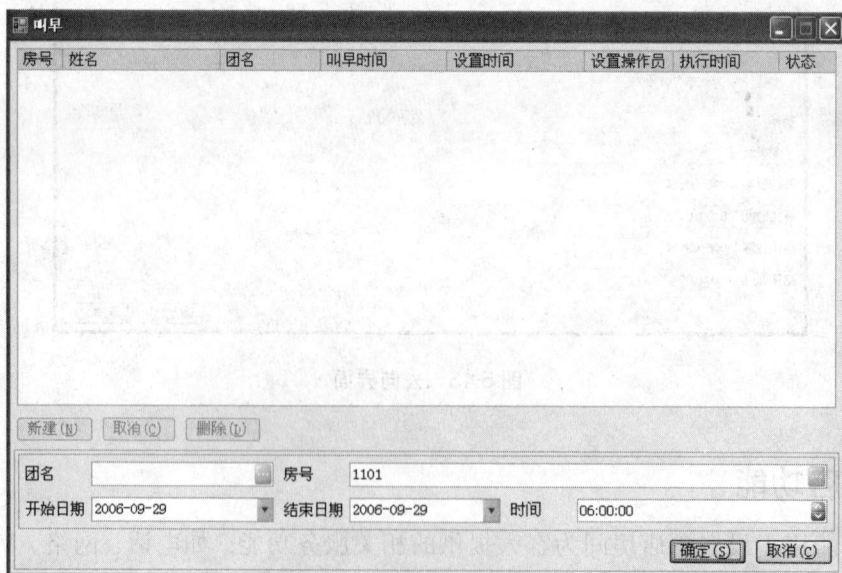

图 5.45 叫早界面

六、日志（log）

日志主要用来记录操作员对选中账户进行的相关操作，日志界面如图 5.46 所示。

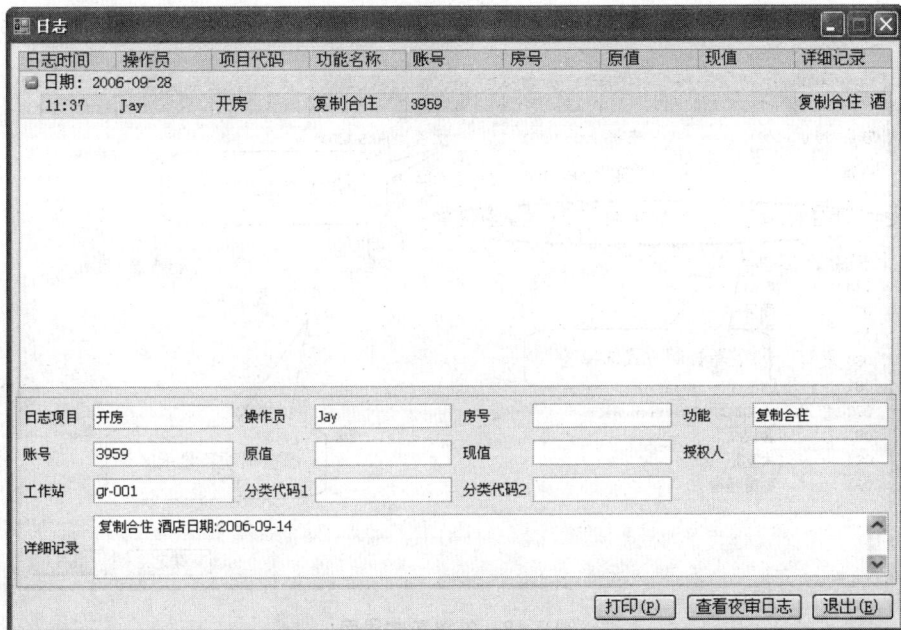

图 5.46 日志界面

七、财务信息

财务信息功能一般用于记录财务的一些备注信息，包括财务专用备注、是否免税、是否在账单上打印房费、是否打印发票、客人付款方式、客人最多的欠款限额等，财务信息界面如图 5.47 所示，进入方法是：

选中宾客→操作→财务信息

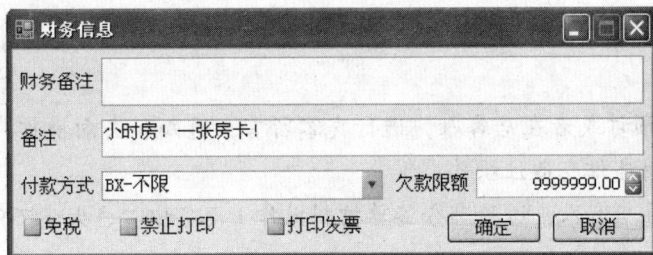

图 5.47 财务信息界面

八、签单控制

签单控制是指控制客人在酒店内部销售点消费是否可以将费用转入房间，并统一由前台结账的功能。签单控制有三种方式：（1）没有签单控制——可以把任何销售点的费用转入房间；（2）完全封锁——不可以把任何销售点的费用转入房间；（3）部分签单控制——由操作员选择不可以把费用转入房间的销售点。签单控制界面如图 5.48 所示。

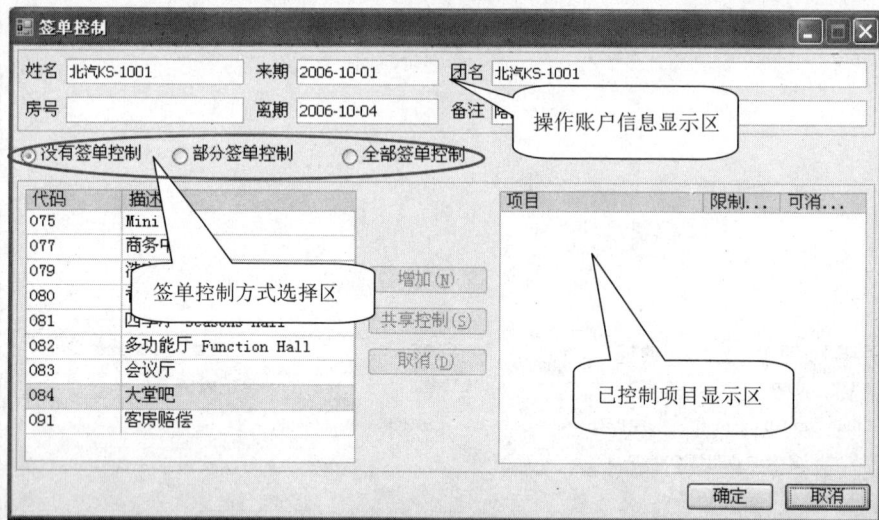

图 5.48　签单控制界面

当选择了"部分签单控制"时，在未控制项目中选中要控制的销售点名称，点击 增加(N) 或 共享控制(S) 按钮即将销售点移入已控制项目中，然后输入限制金额和限制消费的金额，即完成签单控制操作。

要取消一个已经控制的销售点，则在已控制项目中选中该销售点，然后点击 取消(D) 按钮，即取消一个销售点的签单控制。

"共享控制"是指如果两个销售点共享总消费金额。非共享控制就只控制一个销售点。

实训考核

1. 选定任意预订或者在店客人，进行宾客留言、通知和去向操作，宾客叫早操作，日志查看操作，财务信息备注操作；

2. 选定任意在店客人，进行部分签单控制操作（商务中心、大堂不能进行签单）。

知识链接

一字之差惹麻烦

一年一度的中国国际高新技术成果交易会隆重开幕了，此次盛会不但吸引了大批国内企业参加，也引起了国外一些大型知名企业的兴趣。一位英国著名企业的负责人 AIan FIether 先生决定参加。由于中国国际高新技术成果交易会期间酒店客房十分紧俏，为防止到时候没有房间，他特意事先通过某订房公司在某五星级酒店订了一间标准房。但当他抵达酒店办理手续时却被告知没有他的预订，客人闻听着了慌，这意味着他今晚将"无家可归"。于是他立即致电订房公司查询，订房公司查底单，确定有向酒店订房，并且有酒店的预订确认单，于是致电酒店经理，一圈周折下来，发现原来是订房公司将 Mr AIan Flether 写成 Mr AIan Fiether，以致酒店工作人员查不到客人的名字。问题最终解决，但客人却高兴不起来。他闷闷不乐地走向房间，祈祷此次中国之行不要再有什么麻烦了。

点评：

"差之毫厘，谬以千里。"本案例中，订房公司误将客人名字中的字母"I"写成了"i"，使得酒店查不到客人的订房记录，差点让客人无房可住。尽管问题最终得以解决，但却无疑为客人这次中国之行留下了难以抹去的阴影。这既充分印证了"服务无小事"的基本理念，也显示了小事对于做好服务工作，保证服务质量的极端重要性。在酒店服务中，客人记录出错主要发生在两个方面：一是客人的名字，二是客人的房号。对于任何一位客人来讲，将其名字弄错，如"玮"变成了"伟"，"余"变成了"于"等，都是不可接受的。同样，把房号弄混，如把 1819 房间客人的消费记在了 819 房间客人的账单上，麻烦就会更大。所以，凡是遇到相关事项，酒店的服务人员一定要非常细心，以免造成客人的不满和投诉，使酒店形象受损。

资料来源扫一扫

前台收银

实训一　挂账付款

1. 了解前台收银界面的结构和基本功能；
2. 掌握前台收银的基本流程；
3. 掌握前台收银的挂账付款相关操作。

打开前台收银界面，熟悉界面结构，掌握前台收银流程，操作显示交易注释、挂账付款业务。

一、了解前台收银界面和收银流程

进行前台收银浏览和客人账务操作的主要界面是"宾客—收银处理"功能区，如图 6.1 所示，左侧为汇总显示区，右侧为明细显示区。

汇总显示区分类显示：在汇总显示区内点击右键可以在"按账单、按楼号、按费用"三种分类模式中切换，其中按楼号、按费用分类方式还可以通过鼠标右键选择包含在暂存账单中的费用。选项菜单如图 6.2 所示。

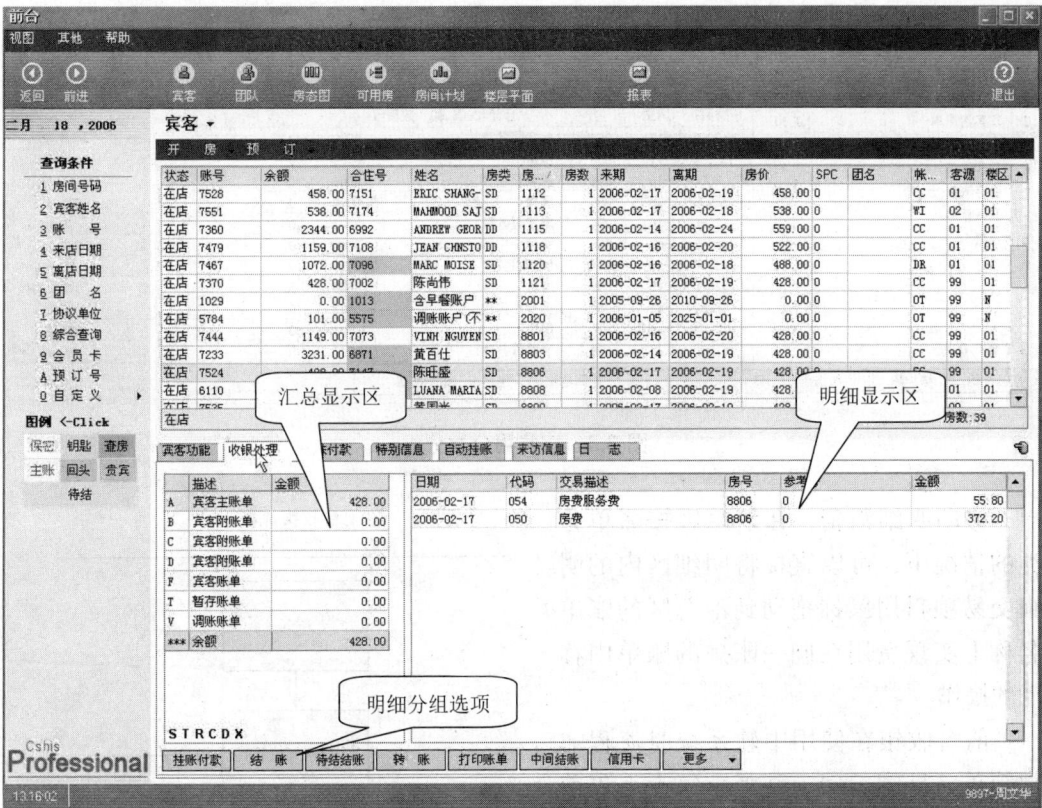

图 6.1　宾客—收银处理

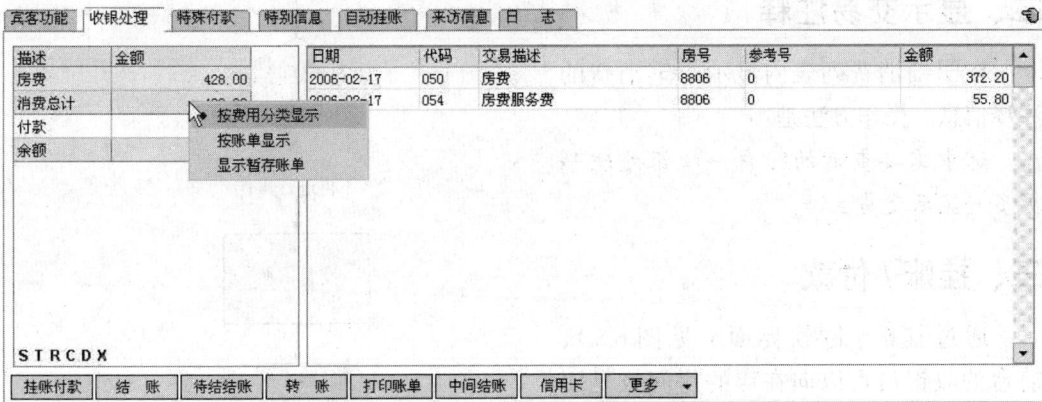

图 6.2　汇总显示区分类显示

明细显示区分类显示：在明细显示区可以通过单击五个分组选项，按照费用分类、日期、房号、代码、转账号分组显示，如图 6.3 所示为按费用分类分组。

| | 宾客功能 | 收银处理 | 特殊付款 | 特别信息 | 自动挂账 | 来访信息 | 日　志 | |

	描述	金额
A	宾客主账单	3,231.00
B	宾客附账单	0.00
C	宾客附账单	0.00
D	宾客附账单	0.00
F	宾客账单	0.00
T	暂存账单	0.00
V	调账账单	0.00
***	余额	3,231.00

S T R C D X

日期	代码	交易描述	房号	参考号	金额
□ 科目：餐费		合计=235.00，数量=1			
2006-02-17	317	中餐一楼	8803	0 0000006139	235.00
□ 科目：房费		合计=2996.00，数量=14			
2006-02-17	054	房费服务费	8803	0	55.80
2006-02-17	050	房费	8803	0	372.20
2006-02-16	054	房费服务费	8806	0	55.80
2006-02-16	050	房费	8806	0	372.20
2006-02-16	054	房费服务费	8803	0	55.80
2006-02-16	050	房费	8803	0	372.20
2006-02-15	054	房费服务费	8806	0	55.80
2006-02-15	050	房费	8806	0	372.20
2006-02-15	054	房费服务费	8803	0	55.80
2006-02-15	050	房费	8803	0	372.20
2006-02-14	054	房费服务费	8817	0	55.80

| 挂账付款 | 结　账 | 待结账单 | 转　账 | 打印账单 | 中间结账 | 信用卡 | 更多 ▾ |

图 6.3　按费用分类分组

移动明细消费：在汇总区按账单分类的情况下，可以直接将明细区内的明细交易项目用鼠标拖动到汇总区的账单名称上实现费用在同一账户的账单内移动的操作。

前台收银在使用中软系统时流程非常简单（见图 6.4），注意：每天下班前一定要进行自我审核。

下面介绍一下收银各项操作的用法。

二、显示交易注释

在明细消费列表内显示每笔消费的注释信息。操作方法是：

选中需要查看的账户→收银处理→更多→显示交易注释

三、挂账 / 付款

通过挂账 / 付款界面（见图 6.5），前台的收银员可以向在店的房间或是团队主单内挂入费用。进入界面的方法是：

选中需要挂账的宾客→"收银处理"→"挂账 / 付款"

前台收银流程

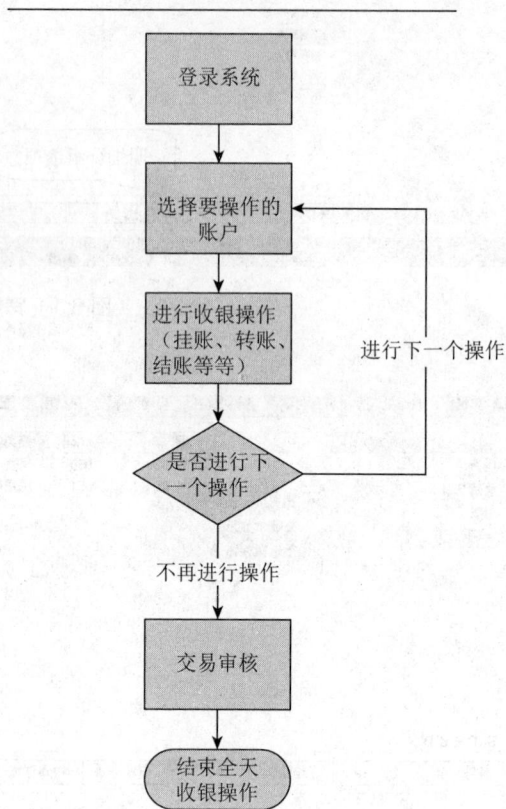

登录系统

选择要操作的账户

进行收银操作（挂账、转账、结账等等）

是否进行下一个操作

进行下一个操作

不再进行操作

交易审核

结束全天收银操作

图 6.4　前台收银流程

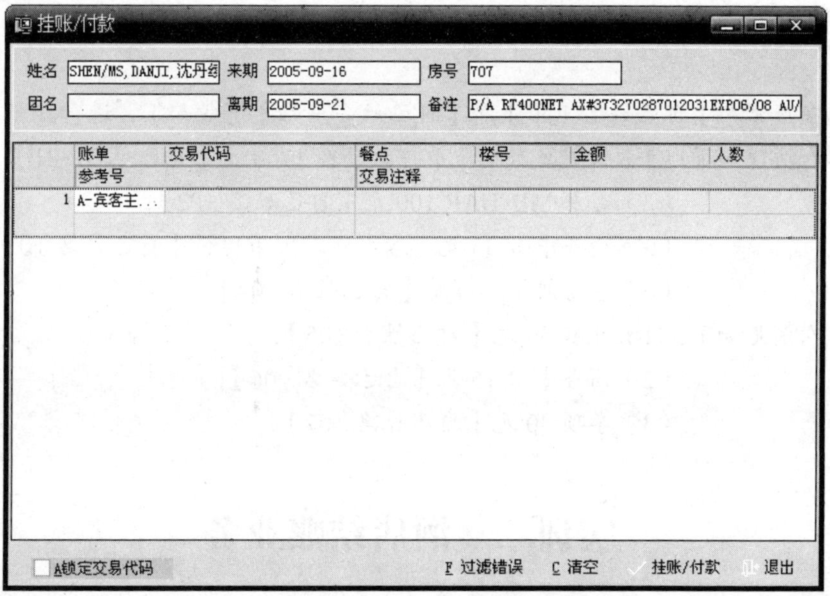

图 6.5 挂账／付款界面

将要挂入的费用填写在表内后完成挂账。当光标处于交易注释项目内时，按【Enter】键可以在窗口内增加新的一行挂账选项行。具体项目见表 6.1。

表 6.1 挂账选项

项目	说明
账单	每个账户拥有多个账单，选择将账目挂入那个账单的选项，默认 A，必输
交易代码	酒店的所有交易项目全部顺序编号，在这里输入需要挂账的交易的编号，必输
餐点	如果需要按时间段统计（主要是餐费）。在这里选择时间段，选输
楼号	酒店有多个楼的情况下，选择费用发生楼号的地方，有默认内容，必输
金额	交易的金额，付款用负数表示，必输
人数	交易的人数，如需统计则输入，选输
参考号	交易参考号码，对账使用（如手工账单号），必输
交易注释	这笔交易的其他备注信息，选输

在窗口的下面还有几个选项，它们是：

□ A 锁定交易代码，选中时可同时向不同的房间里挂入相同的费用项目，此时新增加行自动填写同上一行相同的交易代码。

F 过滤错误 点完挂账后，将提示有错误的行删除。

C 清空 清空窗口内已经填写的信息。

挂账/付款 确认挂账。

退出 操作完成，退出窗口。

实训考核

两位在店客人【自己姓名＋甲】和【自己姓名＋乙】消费如下，进行挂账处理。

甲客人消费如下：（1）收甲客人人民币押金金额 1700 元【自己姓名 +01】；

（2）客房 MINBAR 100 元【自己姓名 +02】；

（3）商务中心 35 元，客人用人民币现付【自己姓名 +03】；

（4）客房赔偿 100 元【自己姓名 +04】。

乙客人消费如下：（1）洗衣 50 元【自己姓名 +05】；

（2）商务中心 15 元【自己姓名 +06】；

（3）杂项 30 元【自己姓名 +07】。

实训二　酒店结账业务

实训目的

1. 掌握团队 / 同来人结账和散客结账的流程；
2. 掌握团队 / 同来人待结结账、快速结账、结账、打印团单的操作；
3. 掌握散客结账、待结结账、转账、中间结账、自动转账、提前结账的操作。

实训内容

打开前台收银界面，操作团队 / 同来人的待结结账、快速结账、结账、打印团单业务；操作散客结账、待结结账业务，操作转账、中间结账、自动转账和提前结账等业务。

实训步骤

一、团队 / 同来人结账

团队或有同来人的客人结账时，点击"结账"后出现如图 6.6 所示界面，系统自动提醒操作员有附加账户是否同时结账。在左边选中需要同时结账的账户，移动到右边的窗口内，然后选择结账方法。

1. 待结结账

使用该功能，系统自动开一间哑房，如图 6.7 所示，房号是"* 客人房号"，把选中客人的账全部转入到新开的哑房，并且将真实房间结账。等待客人之后回到前台再结哑房内的账目。如果在酒店需要加收房费的时间段结账，加收项目列表内将有加收项目选择，需要加收时选中即可。

2. 快速结账

使用该功能，将实现选中宾客的统一付款，统一结账，界面如图 6.8 所示。

3. 结账

使用该功能，将实现选中准备结账的账户的结账。

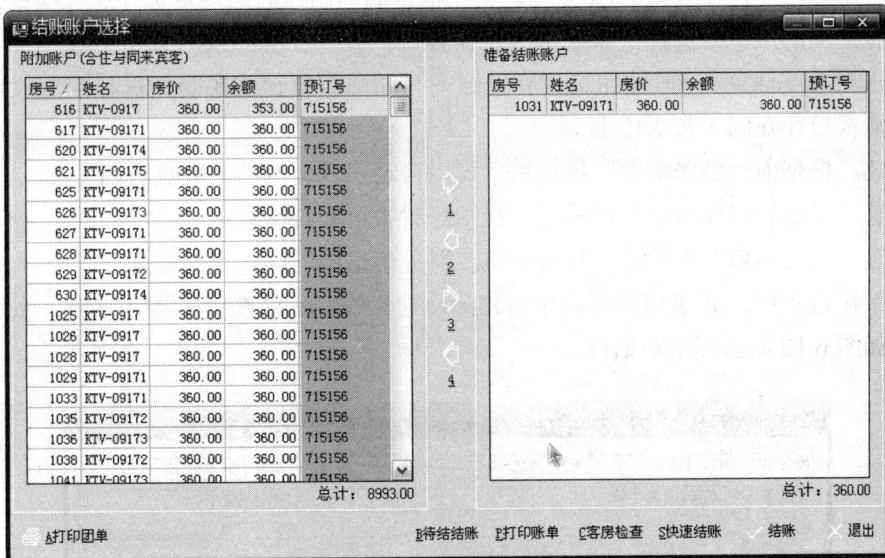

图 6.6 选择附加账户

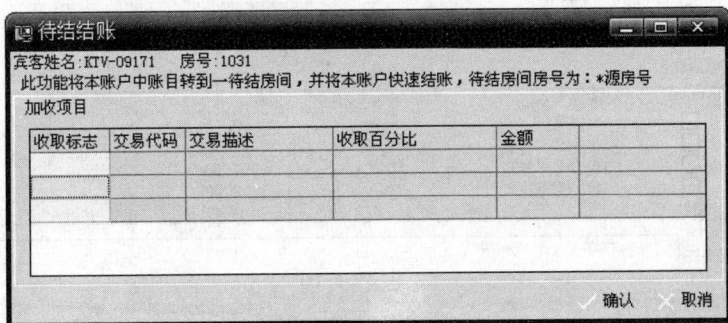

图 6.7 待结结账

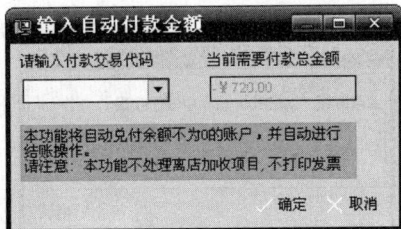

图 6.8 快速结账界面

4. 打印团单

选择结账账户，点击图 6.6 中的 `A打印团单` 按钮，可以将团队的所有房间的账单打印在一张表格上。

二、散客结账

散客结账时（操作界面见图 6.9），首先根据酒店结账时的规定选择加收项目，然后在每张有余额的账单后选择这张账单的付款方式，最后点击 `确认` 按钮结账。

点击 `打印账单(含加收项目)` 按钮可以在结账前打印账单，该账单会把选择的加收项目与产生的消费打印在同一张账单上。

勾选"根据前台结账尾数"选项后，可以自动实现金额的小数点后四舍五入。

勾选"结账后打印账单"选项后，在结账时将自动打印账单。

勾选"已打发票"选项后，将自动更改财务信息中的已打发票标志。

在结账过程中，如遇到宾客有租赁物品、遗失物品、结账提示等信息时，系统会自动弹出如图 6.10 所示提示对话框。

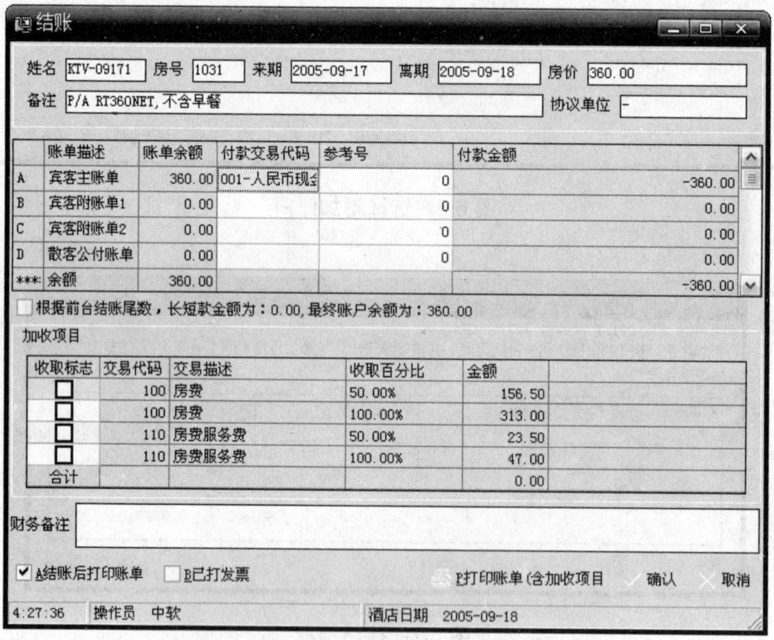

图 6.9　散客结账界面

图 6.10　提示对话框

三、待结结账

使用该功能时，会将选中客人转入一间哑房，哑房房号由系统自动生成（＊源房号），选中房间变为空房。具体操作方法是：

选中需要待结结账的客人→收银处理→待结结账

四、转账

使用转账功能（界面如图 6.11 所示）的方法是：

选中需要转账的账户→收银处理→转账

图 6.11 转账操作界面

两个账户之间的转账操作，大致可以分成两步。

第一步：选择需要转账的交易，操作同"中间结账"第一步。如果是选择费用明细后点击右键进入，则不需要此步操作。

第二步：选择目的账户、目的账单、转账方法后确认。

选项"本账户"指目的账户，也是本账户，通过选择账单实现在本账户各个账单内移动交易的目的。

选项"明细、汇总、金额"对应转账方法。

选项"转出、转入"是转账方向，选择"转出"时由选中账户转入目的账户。选择"转入"时由目的账户转入选中账户。

五、中间结账

进入中间结账界面的方法是：

选中需要中间结账的账户→收银处理→中间结账

客人付款将选中的项目结账，客人离店结账的时候将不再结算这些费用。中间结账过程分为三步：

第一步：点击 [S选择] 按钮，进入结账费用选择界面（见图 6.12），从客人的账单中选出要结账的项目。输入完选项后可以通过预览页查看选择结果（见图 6.13）。选中费用明细后点击右键进入，不需要在此步操作。

第二步：如果此次中间结账客人要求预交一部分房费，则在图 6.12 所示界面中填入预交房费的时间计算出房费后，点击 [预收] 按钮。

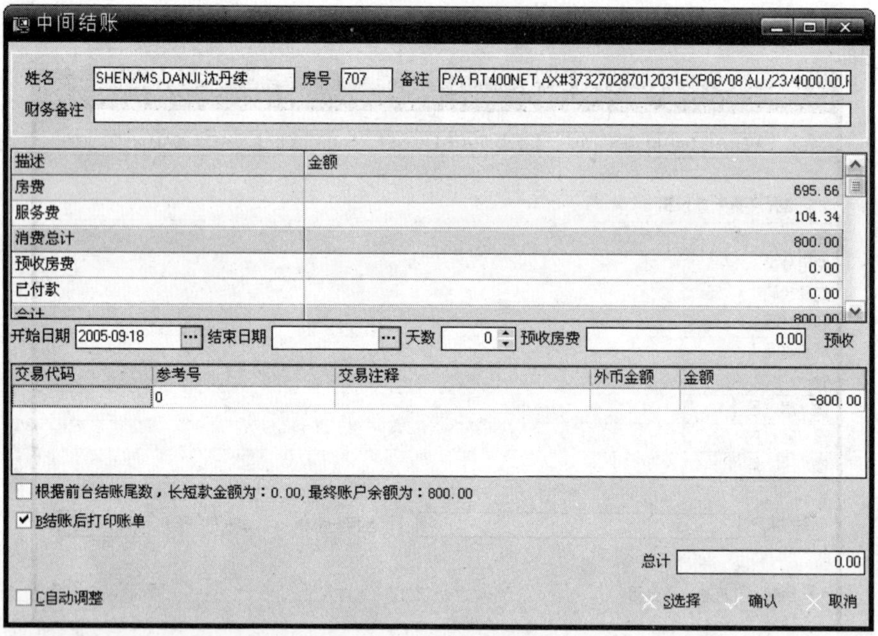

图 6.12 中间结账界面

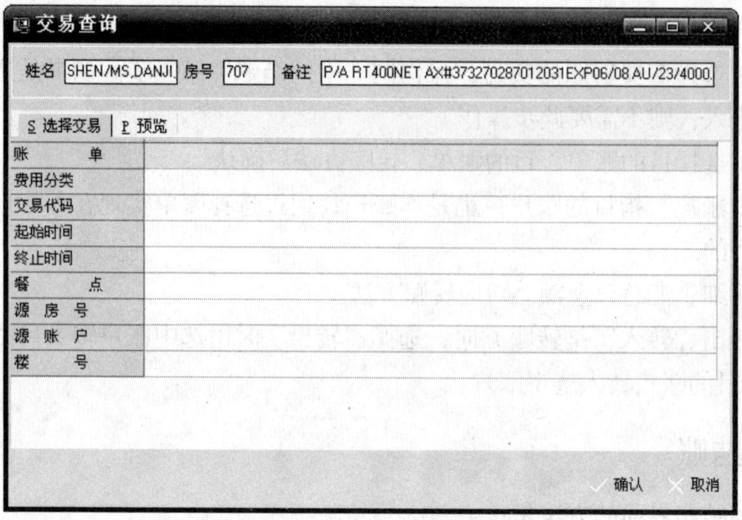

图 6.13 选择交易查询

第三步：在图 6.12 所示界面内下方输入框中输入付款交易代码、参考号、交易注释以及付款金额。完成中间结账。

勾选"根据前台结账尾数"选项后，将自动四舍五入。

勾选"结账后打印账单"选项后，会自动打印账单。

勾选"自动调整"选项后，在付款与费用不等时，系统会调整交易代码自动拆分费用，只结与付款金额相同的部分费用。

六、自动转账

自动转账功能的使用方法是：

选中需要自动转账的账户→收银处理→更多→自动转账

使用该功能可以按照特殊付款的定义将账单中的费用进行转账处理。

七、提前结账

进入提前结账界面（见图 6.14）的方法是：

选中需要提前结账的客人→收银处理→更多→提前结账

执行此功能，系统会自动为客人过一天房费，并且结账。具体操作方法同散客结账，但是客人的房间仍是在店状态，并且当天晚上夜审此账户不再产生房费。

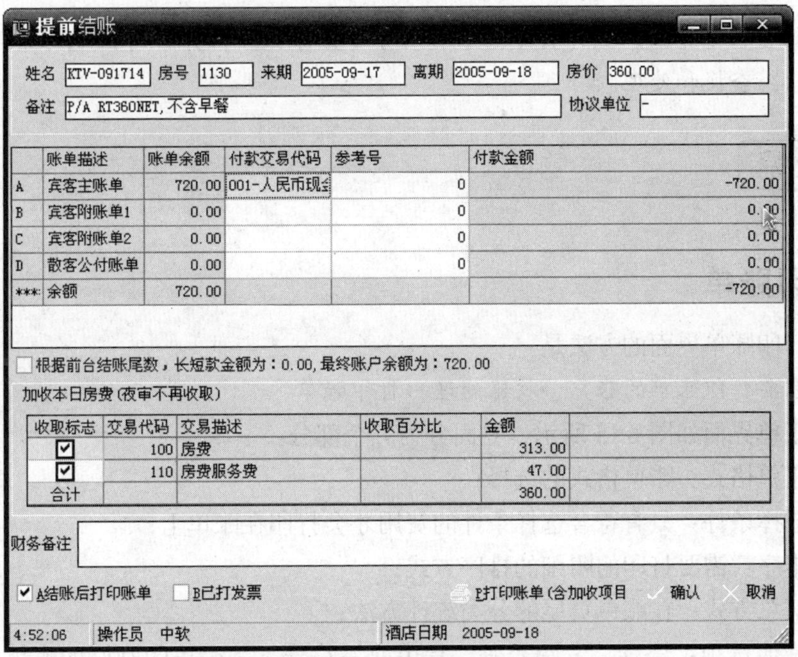

图 6.14 提前结账界面

实训考核

1. 在系统中对【自己姓名＋甲】和【自己姓名＋乙】两位宾客的部分项目进行中间结账操作；

2. 在系统中对【自己姓名＋甲】和【自己姓名＋乙】两位宾客进行结账操作。

实训三　酒店打印账单和账务审核

实训目的

1. 掌握打印账单的操作；
2. 掌握财务审核的操作。

实训内容

打开前台收银界面，操作打印账单和财务审核等业务，并针对出现的错误和特殊情况，进行原因查找和处理。

实训步骤

一、打印账单

进入打印账单界面的方法是：

选中需要打印账单的账户→收银处理→打印账单

打印账单界面如图 6.15 所示，界面分为五个部分：

（1）账单格式：账单格式的选择；

（2）选择条件：只有符合选择条件的费用才会打印在账单上；

（3）排序：需要打印的明细的排序方式；

（4）汇总方式：在账单页尾的分类统计方法；

（5）其他选项：语种、发票号码、货币前缀符号、是否按印刷好的账单格式套打、是否打印电话明细的被叫号码、是否逐笔打印电话费、是否逐笔打印房费、是否禁止打印房费。

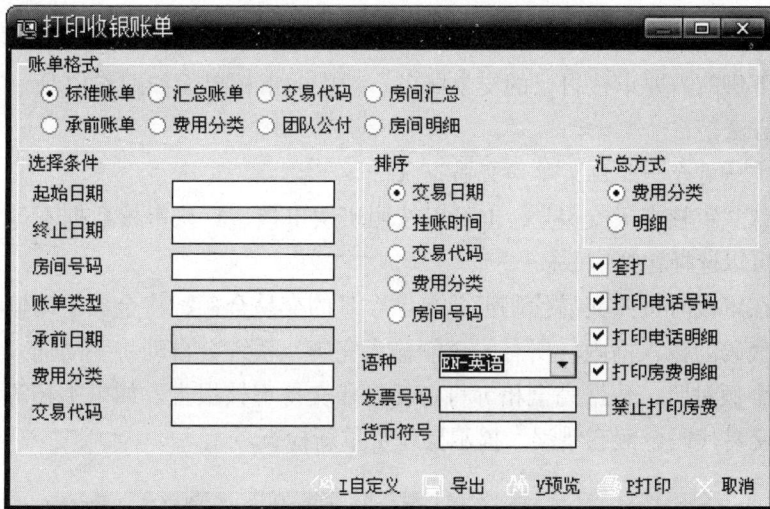

图 6.15 打印账单界面

打印账单界面上的选项填写完毕后：

点击 导出 按钮，会将账单存成 Excel 等格式的文件。

点击 V预览 按钮，可在电脑上查看打印结果。

点击 P打印 按钮，会直接将账单通过打印机打印出来。

任何时候点击 I自定义 按钮，都会进入自定义账单界面（见图 6.16），在这个界面里可以修改客人的信息，增加、修改、删除客人的消费记录，然后打印账单。

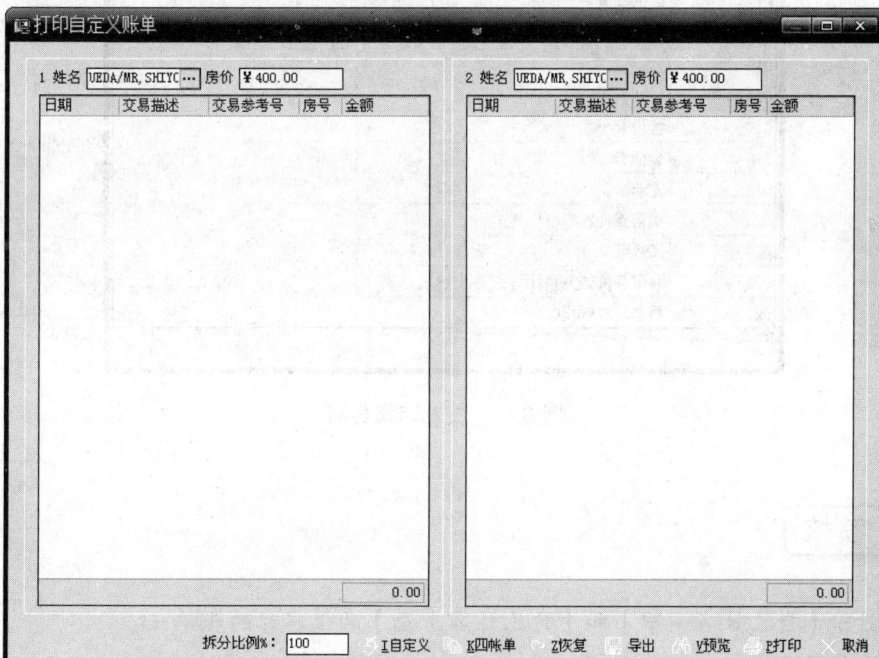

图 6.16 自定义账单界面

二、账务审核

收银员下班前需要审核自己的交易账务，对应的审核界面如图 6.17 所示。进入交易审核界面的方法是：

登录系统→前台→其他菜单→交易审核

审核默认"审核全天交易"，也可以按照班次审核。默认审核数据不包含应收交易金额，但也可以选择包括应收。

收银员在审核时按照交易代码汇总自己今日的交易金额，将金额手动输入到审核界面对应交易代码的输入框内。所有的金额输入完毕，系统会自动将手动输入的金额与系统中的汇总金额对照，数据完全相等将自动打印交易审核报告。如果不相等，系统会提示具体哪个交易代码金额有错误，提示操作员重新检查。

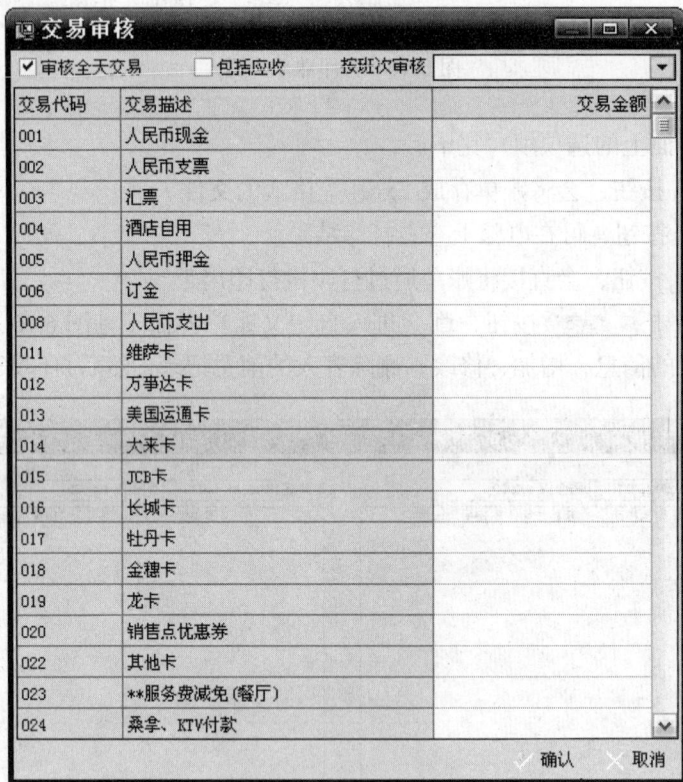

交易代码	交易描述	交易金额
001	人民币现金	
002	人民币支票	
003	汇票	
004	酒店自用	
005	人民币押金	
006	订金	
008	人民币支出	
011	维萨卡	
012	万事达卡	
013	美国运通卡	
014	大来卡	
015	JCB卡	
016	长城卡	
017	牡丹卡	
018	金穗卡	
019	龙卡	
020	销售点优惠券	
022	其他卡	
023	**服务费减免(餐厅)	
024	桑拿、KTV付款	

图 6.17　交易审核界面

实训考核

1. 打印【自己姓名＋甲】和【自己姓名＋乙】两位宾客的账单；
2. 进行财务审核。

实训四　前台收银的其他操作

实训目的

1. 掌握过房费操作；
2. 掌握交易查询操作；
3. 掌握会员卡授权操作。

实训内容

打开前台收银界面，进行过房费、交易查询的会员卡授权操作。

实训步骤

一、过房费

使用过房费功能的方法是：

选中需要过房费的宾客→收银处理→更多→过房费

向选中的账户中挂入一天房费，同时选择今日夜审是不是还要挂入一天的房费。

二、交易查询

进行交易查询的方法是：

选中需要查询的宾客→收银处理→更多→交易查询

交易查询界面如图6.18所示，输入选择条件后点击【预览】可以查看选择的交易明细项目。

三、会员卡授权

会员卡授权一般用于冻结酒店会员卡里的一部分金额作为房间押金的操作。执行后显示会员卡授权处理窗口（见图6.19）。

进入会员卡授权处理界面的方法是：

选中需要授权的账户→收银处理→更多→会员卡授权

第一步：点击【新建授权】按钮后，系统出现读卡对话框（见图6.20）。

第二步：手动在读卡对话框内输入卡号或刷卡，读卡对话框会自动关闭，并在会员卡授权处理窗口内显示卡号和授权范围，见图6.21。

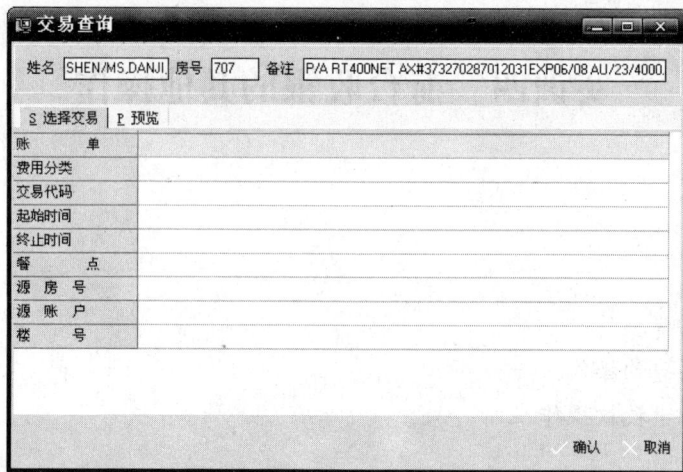

图 6.18　交易查询界面

第三步：在授权金额内输入金额后，点击【确定】按钮完成操作。

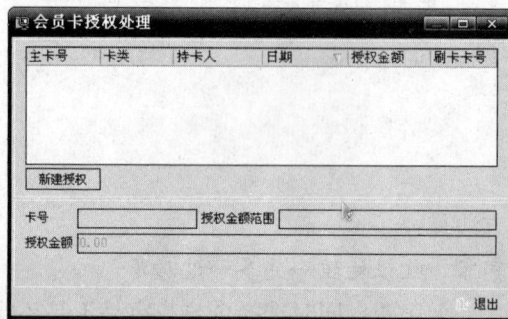

图 6.19　会员卡授权处理窗口

图 6.20　读卡对话框

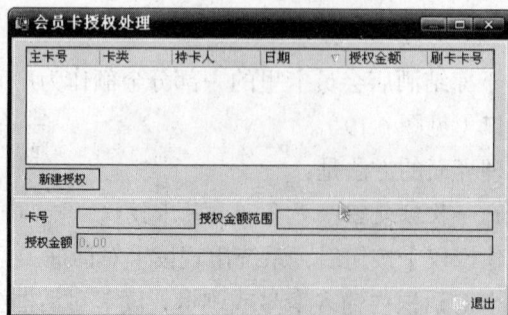

图 6.21　卡号读取结果

实训考核

1. 进行过房费操作，并将结果截图保存；
2. 进行任意宾客的交易明细查询操作，并将查询结果截图保存。

知识链接

客人赌气不肯付账

一天早上，某大酒店的一位客人下电梯来到大堂总台服务处结账。他对服务员说："小姐，916 房结账。""好的，先生，请把您的钥匙牌或房卡证给我看一下。"服务员礼貌地回答。"哦，我没有带来，可以结账吗？"客人显得有点不耐烦。"请问先生，您的姓名叫……"服务员接着又问。客人不悦道："结账还用问姓名？"服务员耐心地解释说："因为我们需要核对一下姓名，以防万一搞错会带来麻烦。"客人很不情愿地报出了自己的姓名。服务员迅速地打出账单，客人掏出皮夹子拿钱。同时，服务员又对客人叮嘱了一句："顺便说一下，您的 916 房钥匙牌用完后请送到收银台。"谁知客人一听，勃然大怒，收起钱来，大声嚷嚷："你们酒店这么麻烦，给钱不要，还唠叨叨没完，我不付款了。"嘴里还冒出几句骂人的语，一面收起钱来，扭头就往电梯处去。正在值班的大堂副理闻声跑来，立即赶到电梯口，把客人请回来，对他说："先生，您息怒，有什么意见尽管提，我们立即解决，但钱还是要付的。"这位客人却指着服务员的鼻子说："她不道歉，我就不付款。"此时，服务员已是满腹委屈，实在难以启齿道歉，双方僵持不下，引起了服务台客人们的注意。怎么办？大堂副理紧张地思考一下，便跟服务员轻声说了几句，服务员听到了点点头，强忍着几乎快要掉下来的眼泪，对客人说了声："对不起。"客人这才付了钱，扬长而去。

点评：

第一，案例中服务员出于对客人的负责，按饭店服务规程查询客人的钥匙牌或住房卡，核对客人的姓名，以及交代客人归还钥匙牌，都是无可非议的，这件事显然是客人无理。饭店服务员既然遇到了不讲情理的客人，但仍奉行"客人永远是对的"原则，把正确让给客人，把错误留给自己，忍受个人的委屈换取了"上帝"的满足，使一场风波得以平息，这种顾大局、识大体的精神值得发扬。

第二，大堂副理对这一突发事件的处理比较积极稳妥。首先，当客人从收款台愤然离去不愿付款时，他及时赶到，把客人请回去解决问题。他首先想到饭店的利益不能受损失，尽管客人情绪过激，行为过分，但他仍想方设法让客人掏出钱来。其次，大堂是饭店的门户和窗口，当客人不近情理地要求服务员先道歉再付款而形成僵局时，大堂副理当机立断，做工作，请服务员赔不是，从而打破僵局，恢复了总台工作秩序，维护了大堂正常运转的形象，这一做法无疑也是正确的。

模块七

酒店餐饮娱乐

实训一　酒店餐饮娱乐服务流程和账单界面

实训目的

1. 掌握酒店餐饮娱乐服务流程；
2. 了解酒店餐饮娱乐账单界面的结构；
3. 掌握酒店餐饮娱乐账单界面项目的作用。

实训内容

打开餐饮娱乐销售点账单界面，根据导航器，依次点开导航器中的选项，熟悉账单界面结构。打开账单，并进行调单，熟悉账单中每一个项目的含义与作用。

实训步骤

一、酒店餐饮娱乐服务流程

餐饮娱乐服务流程的主要功能是完成餐饮、商务中心、客房洗衣、娱乐等非前台收银的所有收银操作，如图 7.1 所示。例如，餐饮收银的流程为：

登录系统→销售点→餐饮账单列表或餐饮房态图（以餐饮账单列表为例）

进入销售点账单界面，系统会根据当前操作员的默认销售点查找出该销售点的所有当天预订和未结账单，如图 7.2 所示。

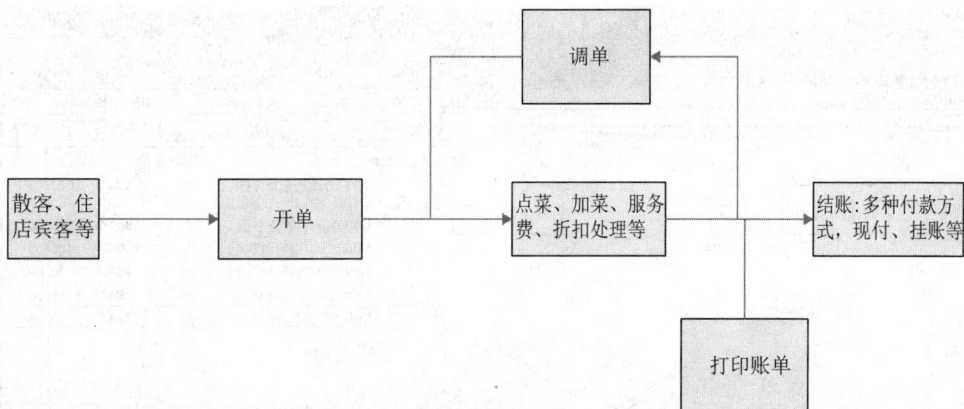

图 7.1 餐饮娱乐服务流程

图 7.2 销售点账单界面

二、账单界面介绍

在选中的某一张账单上单击鼠标右键选择"调单",出现如图 7.3 所示界面。其详细说明如表 7.1 所示,已点项目分类如图 7.4 所示。

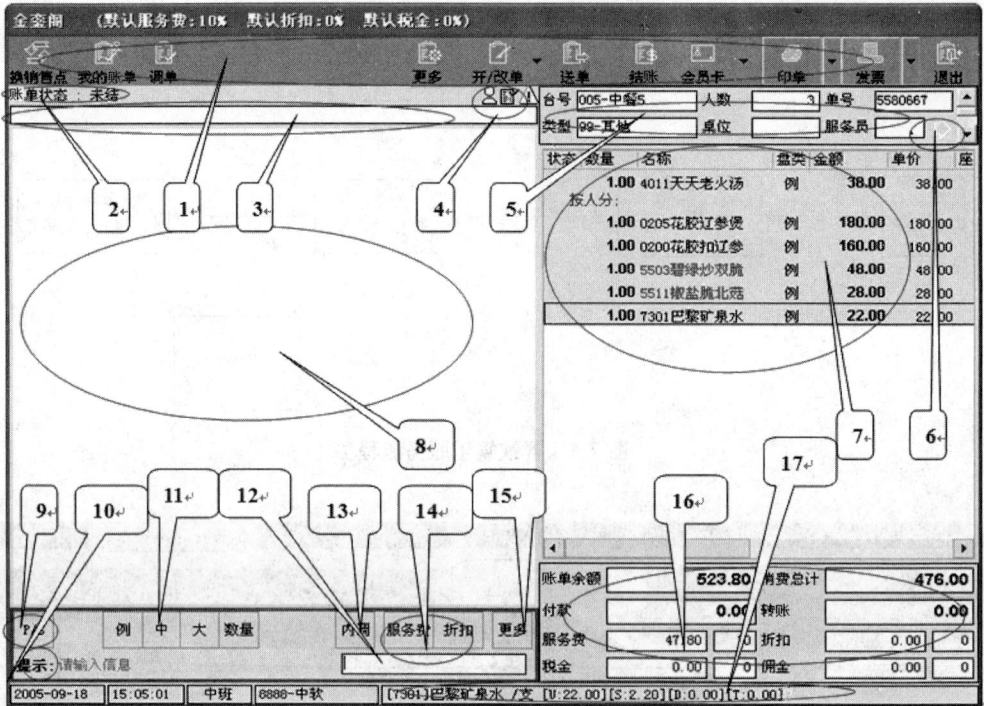

图 7.3 销售点账单详情

表 7.1 调单界面的详细说明

编号	说明
1	对账单进行操作的按钮
2	只显示账单状态
3	显示账单的备注信息
4	账单的图例图标，参见10
5	账单的基本信息
6	所点项目的分类键钮，见图7.4
7	已点项目显示区
8	树状点菜选择组
9	切换树状点菜按钮
10	切换快捷键及图例显示按钮
11	点菜时对盘类及数量的选择按钮
12	信息输入域，常用于点菜
13	内调按钮，用于点入其他餐厅的项目

续表

编号	说明
14	对账单进行服务费及折扣处理的按钮
15	对所选项目进行修改等操作的按钮
16	账单金额统计区
17	显示所选项目的显示区，顺序为：项目编码、项目名称、单价、服务费、折扣、佣金

编码	名称	数量	金额	服务费
01	食品	1.00	38.00	4.00
02	珍品	2.00	340.00	34.00

图 7.4 已点项目分类显示

实训考核

1. 写出酒店餐饮娱乐服务流程；
2. 进行预订、未结、已结桌台查询；
3. 进行任意桌台的"调单"操作，并截图保存。

实训二　酒店餐饮娱乐点单

实训目的

1. 掌握开单、点菜操作；
2. 掌握项目修改、服务费和折扣的操作；
3. 掌握改码、赠送、设置大单、删除项目和送单等操作。

实训内容

打开酒店餐饮娱乐账单界面，进行开单、点菜、项目修改、服务费、折扣、改码、赠送、设置大单、删除项目和送单等业务操作。

实训步骤

一、酒店餐饮娱乐开单

第一种方法是在账单列表下单击鼠标右键选择【开单】或按快捷键【F5】进入开单界面，如图 7.5 所示。

第二种方法是在餐饮房态图的空桌上单击鼠标右键选择【开单】或按快捷键【F5】进入开单界面，如图 7.5 所示。

两种开单方法结果一样，可根据操作习惯灵活运用。唯一不同的是台号的输入，第一种方法开单后需要选择台号，而第二种方法开单后系统会自动填写所选桌台号。

图 7.5 销售点开单界面

开单时，可以根据需要选填需要的输入项目，具体如表 7.2 所示。相关信息输入完成后点击 ✓确定 按钮保存信息，即开单完毕。

表 7.2 开单时的输入项目

项目	说明
台号	开单台号，即客人用餐桌台。必输域
人数	用餐人数，默认0。必输域
单号	面向客人结账的账单号。当hotel.ini中的自动生成账单号=YES时，账单号自动生成。当hotel.ini中的自动生成账单号=NO时，则需要手动输入单号。最大12位。必输域

续表

项目	说明
类型	账单类型（散客或住店客人的账单类型等）。必输域
桌位	如果客人很多，几个不认识的客人同在一桌上用餐，建议设置此属性，以区分账单。同时厨房打印也会打出来
服务员	可以选择相应的餐厅点单员，用于提佣项目统计
签单	可签单人员。当类型域的账单类型的属性为内部消费时填写
部门	属于哪个部门的消费。当类型域的账单类型的属性为内部消费时，该域为必输域
原因	消费原因，当类型域的账单类型的属性为内部消费时，该域为必输域
客源	账单所属客源，统计用
市场	账单所属市场，统计用
客人	可选择在店的客人，计入客史
公司	可选择协议单位，计入客史
联系	可选联系人，计入客史
销售员	可选择酒店销售员，计入销售员的业绩
备注	账单备注
语种	餐饮账单打印的语种

二、点菜

点菜即根据服务员传到收银台的点菜单记载客人消费的操作。点菜可通过图7.3所示的"12"和"9"两种方法完成：（1）"输入信息"点菜法；（2）树状点菜法，此时可点击 P/S 按钮进行切换。系统默认点菜方式为输入名称方式的"输入信息法"。

1. 输入信息点菜法

（1）在信息输入域中可输入菜品名称的4位编码，在编码的输入过程中，系统会列出所有已输入编码开头的菜品，选择菜品后回车即可完成一道菜的点入。系统一般默认要点的项目数量为"1"，盘类为"例盘"，如果要点入多个数量的项目或不同盘类的项目时，则需要先更改盘类，如图7.3所示的"11"区域，然后输入"数量＊菜品编码"，如图7.6所示。数量为负数时，表示冲减菜品，一般用于打印过账单后的冲菜。数量带小数点时，如0.5，则表示半份菜品。

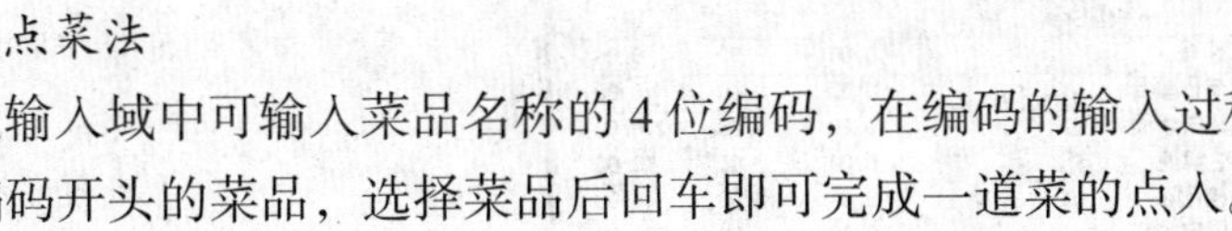

P/S	例	中	大	数量		内调	服务费	折扣	更多
提示： 数量：			2 盘类：例盘 编码：7304			2*7304			

图 7.6 菜品信息输入

（2）在信息输入域中可以输入菜品名称的每一个字的首字母。输入过程中，系统会自动列出所有已输入字母开头的菜品，字母输入得越多，查找得越精确，在所列出的菜品中可通过上下移动光标键选择所要点的菜品，之后按回车键即可完成点菜。如果要点入多个数量的项目或不同盘类的项目时，则需要先更改盘类，如图 7.3 所示的"11"区域，然后输入"数量 * 菜品首字母"或直接输入数量和菜品首字母。数量为负数时，表示冲减菜品，一般用于打印过账单后的冲菜。如果点入的菜没有单价，则系统会弹出"项目修改信息窗口"，输入单价后确定即可。中盘或大盘的快捷输入："/"表示中盘，"//"表示大盘。数量、盘类的组合输入方法是"2*// 拼音编码"，见图 7.7。

图 7.7　数量、盘类的组合输入方法

2. 树状点菜法

点击 P/S 按钮后，即切换到树状点菜法，此时图 7.3 中的"9"区域会显示当前销售点的所有大类名称列表，可通过点击"+""－"来展开或收起大类或小类查找具体项目名称，然后双击所要点入的项目即可，如图 7.8 所示。

如需要改变数量或盘类，则需先在输入域内输入数量后点击数量按钮或点击盘类按钮来改变盘类然后选择需要点入的项目。

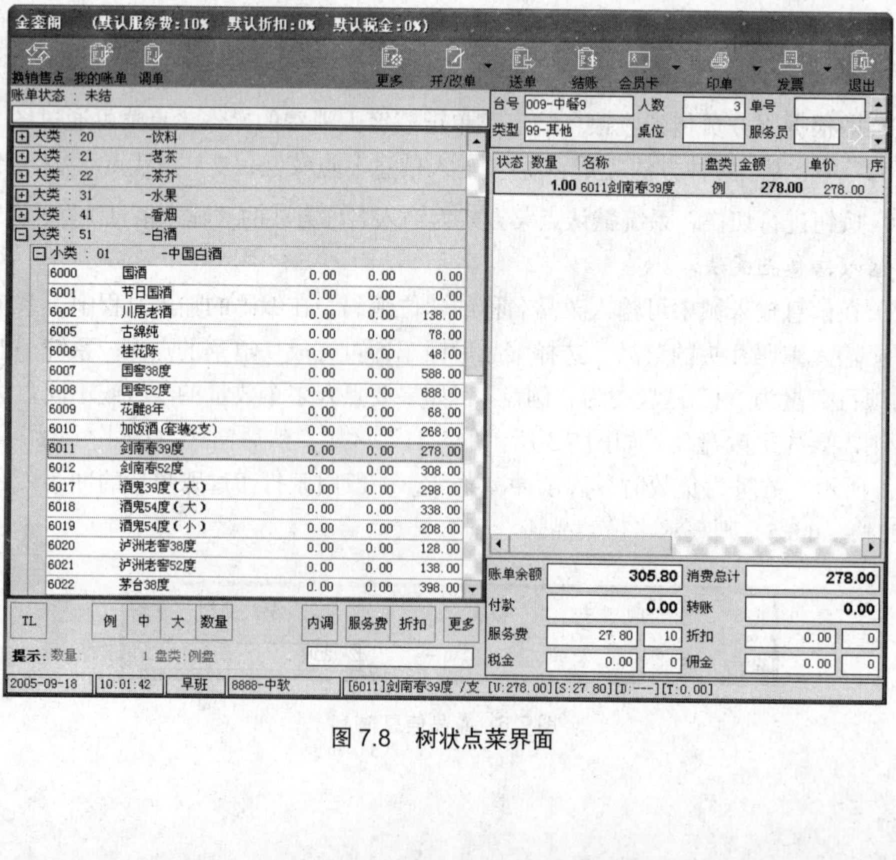

图 7.8　树状点菜界面

三、项目修改

可以对已点项目进行修改操作。选择要修改的项目，然后点击鼠标右键选择【修改项目】弹出项目修改信息界面，如图 7.9 所示。常用于修改数量域。

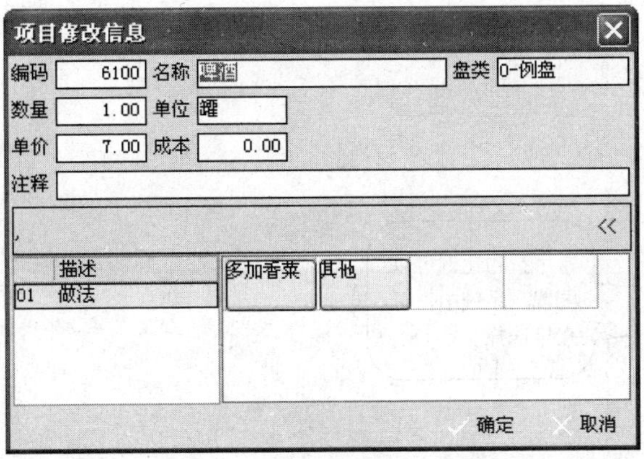

图 7.9 对已点项目进行修改

四、服务费

在账单状态下点击 服务费 按钮，可对已点项目进行服务费的收取操作，操作界面如图 7.10 所示。

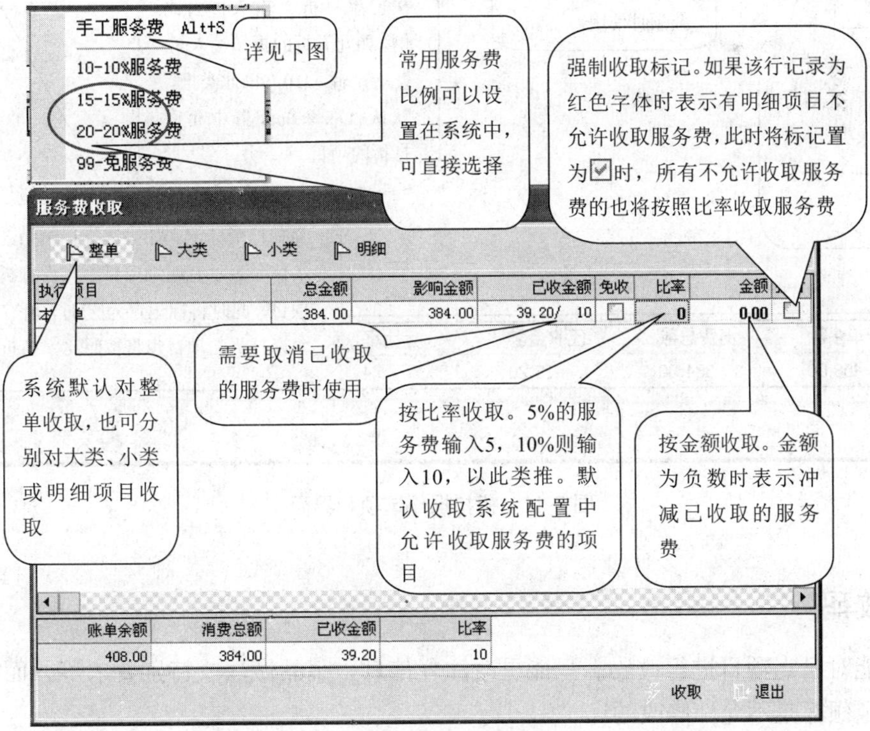

图 7.10 服务费收取界面

五、折扣

在账单状态下点击 折扣 按钮，可对已点项目进行折扣处理。打折金额为负数。具体的操作选项和界面如图 7.11 所示。

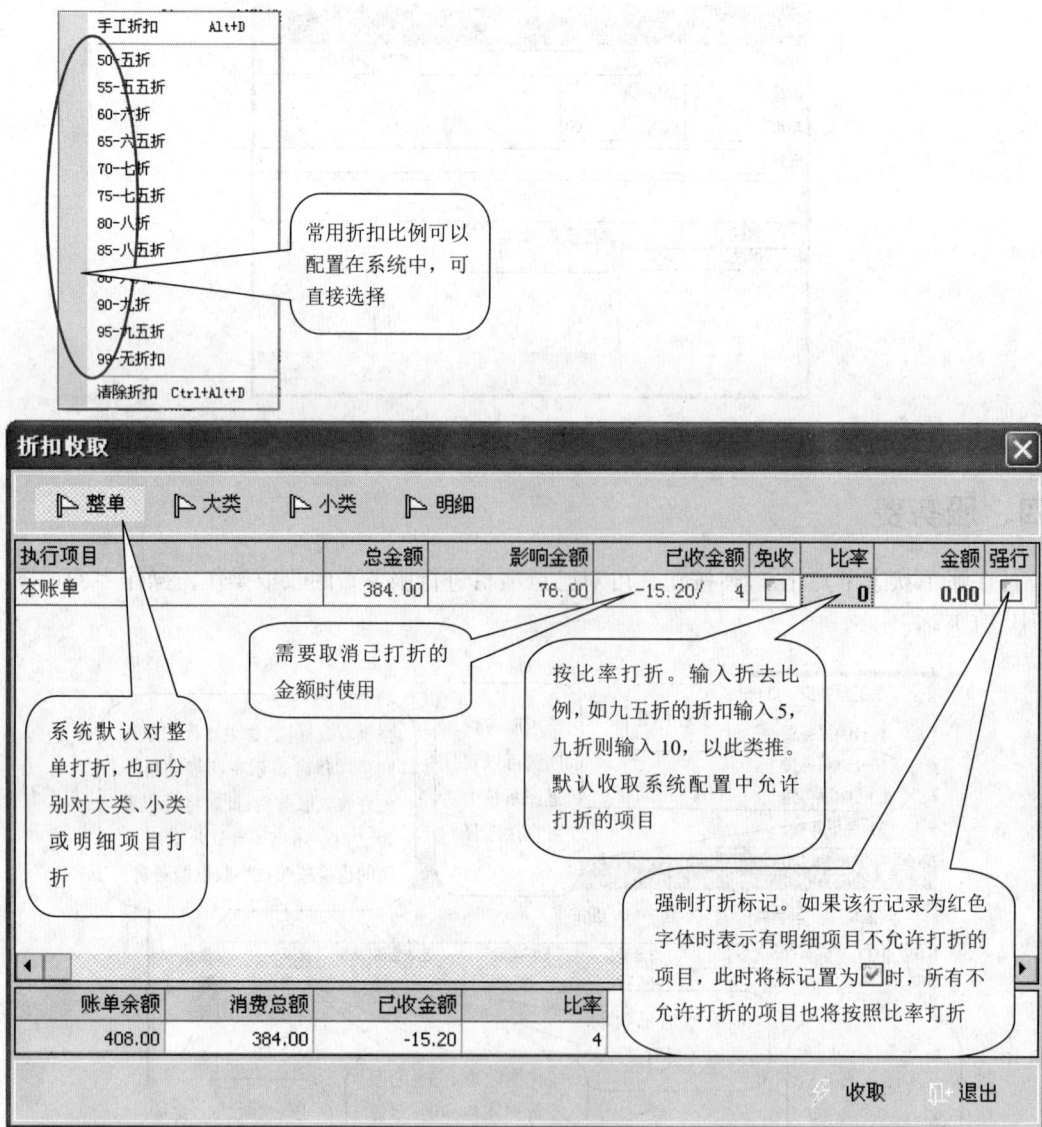

图 7.11　折扣操作选项和界面

六、改码

只能对已点项目进行改码。只能更改注释信息，菜品做法或特别要求等，而项目的数量、金额等是不允许修改的。

七、赠送

设定赠送菜品，选择完赠送人后，该项目金额变为零。

八、设置大单

一般用于标准餐而又需要明确用餐明细的情况，这时按菜谱点的菜一般不会与已定金额相符，这种情况就需要设置大单。设置方法是，通过复选选中所有要复制的项目，然后点击鼠标右键选择"设置大单"，之后输入大单金额再确认即可完成操作。

九、删除项目

1. 删除未打印过的项目

选择要删除的项目后点击鼠标右键选择【项目删除】，会弹出"输入取消原因对话框"如图 7.12 所示，在下拉菜单中选操作原因后点击【确定】即可删除所选项目，删除标记显示在项目的状态栏上，如图 7.13 所示。在退出账单再调入该账单时，删除项目不再显示。

图 7.12 取消项目原因

图 7.13 删除项目状态栏

2. 删除已打印过的项目

删除已打印过的项目时，系统会自动增加一个数量和金额都相反的项目用于冲减要删除的项目。如图 7.14 所示。

图 7.14 删除打印过的项目

3. 未结状态删除付款方式

账单在未结的状态下也可以把做错的付款方式删除，方法同上。

十、送单

（1）退出账单的同时提示是否打印账单，如果打印了账单，那么下次再调入该账单并继续点菜后再送单或结账后的打印账单（都可用同一张账单），系统会自动在上次打印的账单的最后一行后面继续打印新添加的项目。

（2）发送厨房打印信息，仅对有厨房打印的销售点起作用。

实训考核

1. 建新菜单：（项目编号为"机器号＋001～机器号＋005"，编号必须为4位）。

（1）芳香酥排骨　　48.00 元

（2）锡纸包牛蛙　　38.00 元

（3）春色满园　　　10.00 元

（4）猕猴桃汁　　　15.00 元

（5）硬盒七星　　　15.00 元

2. 3131 房客人王建业在松竹梅餐厅用餐，共2人，在10号桌用餐，账单号为"工号＋901"，内容如下：

刀削面2小碗，虎皮尖椒1份，鱼香肉丝1份，八宝茶2碗，瓶啤酒2瓶。

3. 广告公司在云林堂餐厅宴会，40人，标准150.00元，租会议室1000.00元，鲜花200.00元，麦克风50.00元．司机退500.00元，收10%手续费，用烟酒如下：

大可乐9瓶，大雪碧9瓶，燕京啤酒20瓶，三五2盒，红塔山2盒。账单号为"工号＋902"，退餐单号为"工号＋902B"。

实训三　酒店餐饮娱乐结账

实训目的

1. 掌握酒店餐饮娱乐现付类结账操作；

2. 掌握酒店餐饮娱乐挂账类结账操作；

3. 掌握酒店餐饮娱乐待结账操作。

实训内容

打开结账付款界面，进行酒店餐饮娱乐现付类、挂账和待结账等业务操作，并进行不同付款方式组合操作。

实训步骤

点击 [结账] 按钮后弹出"结账付款"界面，为该账单进行付款。根据业务的不同所用到付款方式也不同，一般要求业务种类与付款方式一一对应。

一、现付类

在"结账付款"界面有多种不同的付款方式可供选择，但同一种付款方式只能有一个。付款金额符号用负数表示，正数表示退钱或冲掉已有的付款方式。如图 7.15 所示。

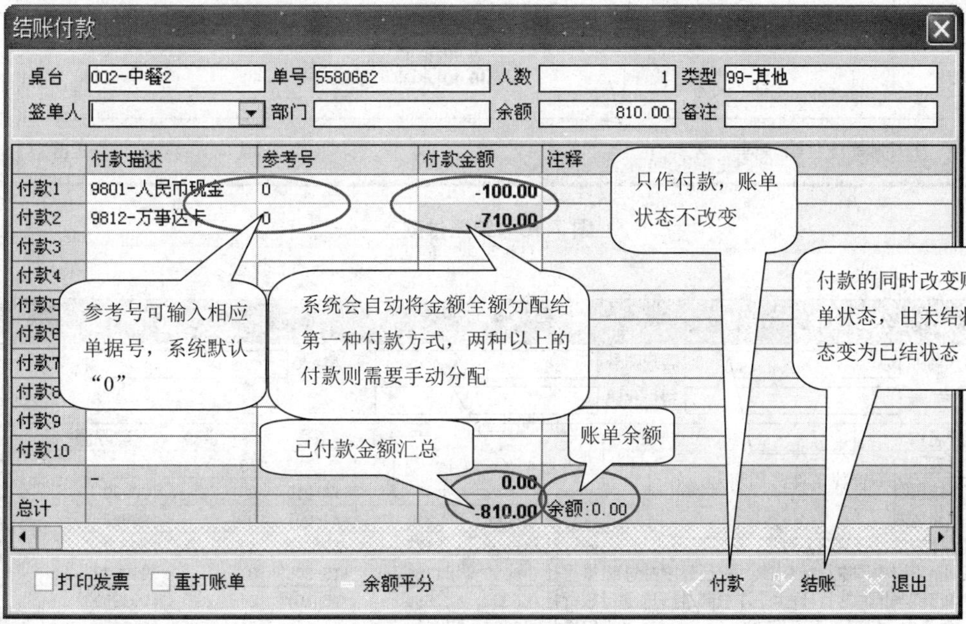

图 7.15 "结账付款"界面

二、挂账类

挂账是指将客人的消费记入前台的账户随客人结账退房时一起结或记入单位的应收账户。挂账一般分为："宾客挂账"——客人在酒店有在店账户；"团队挂账"——有在店团队；"应收账挂账"——客人在酒店没有在店账户但和酒店签有协议可以分不同时间统一结账并建立应收账户。可以有多种挂账方式，并且可以和现付类的付款方式同时使用，即现付一部分，挂账一部分；而同一种挂账的付款方式也可以有多种，常用于 AA 挂账付款，如图 7.16 所示。当选择挂账的付款方式后系统会自动弹出"账户查询界面"来查找要挂的账户，如图 7.17 所示。当选择应收账挂账的付款方式后系统也会自动弹出"账户查询界面"来查找要挂的账户，如图 7.17 所示。

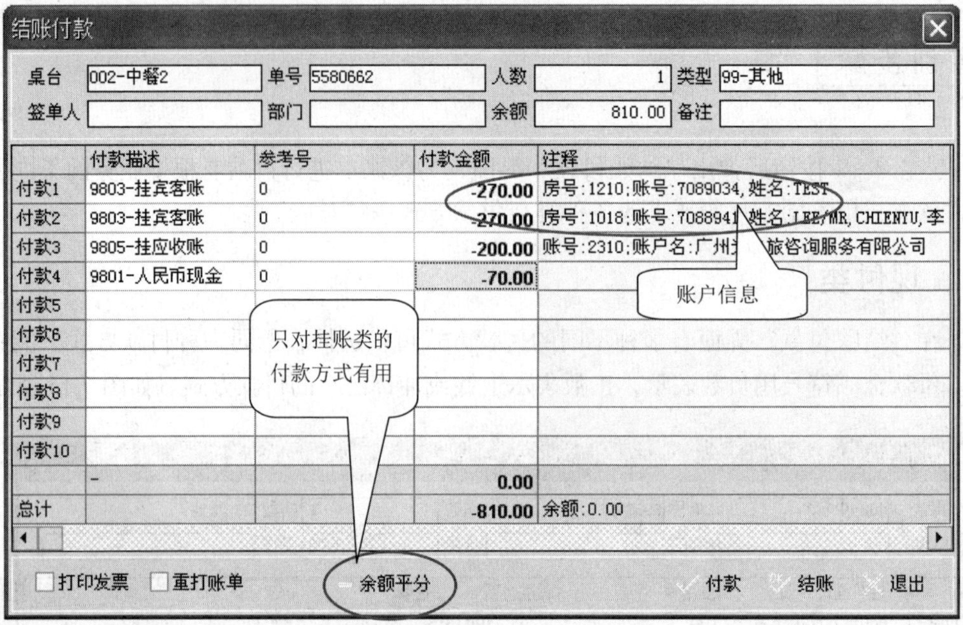

图 7.16 结账付款

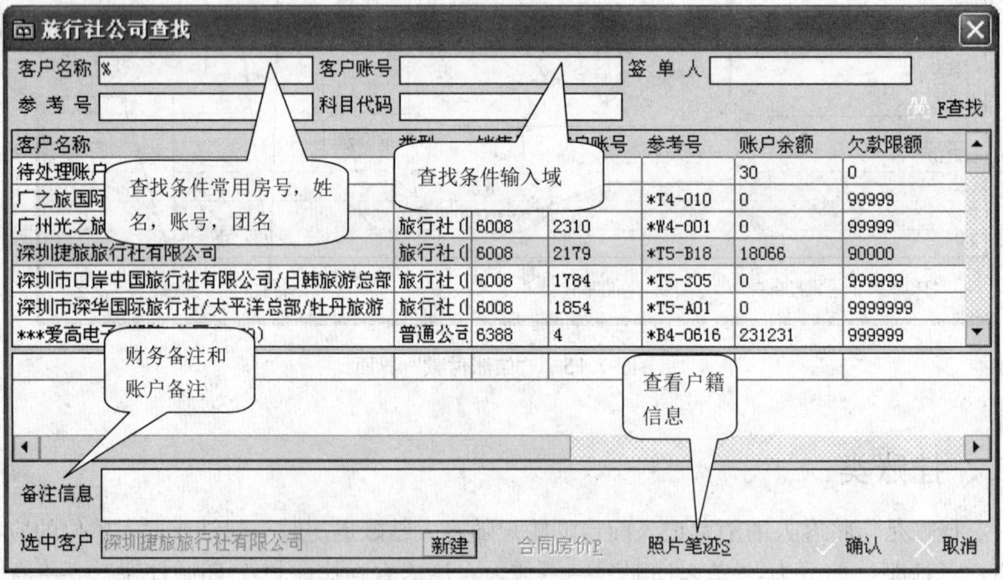

图 7.17 应收账挂账账户查询

三、待结账

选用待结账付款方式后，系统会自动把该账单余额冲减为零并作结账处理，同时自动开一张账单状态为待结的账单，并再次用待结账的付款方式自动在该账单下挂入一笔与上次金额相反的明细。（一般不建议使用）

1. 3133 房李全凤咖啡厅送餐，可签单。内容如下：40% 服务费，牛奶 1 份，煎荷包蛋 2 份，什锦炒饭 1 份。账单号为"工号＋903"。试进行结账操作。

2. 5 位客人在松竹梅餐厅 2 号桌用餐：山西水饺 50 个，米饭 2 份，水煮牛肉 1 份，碎米鸡丁 1 份，鱼香茄子 1 份，肉蟹 0.5 份，可乐 3 听，啤酒 5 听，八宝茶 5 碗。结账时退啤酒 2 听。账单号为"工号＋904"。

经理同意按 85 折结算，另外水煮牛肉太咸，餐饮部经理同意该菜打 8 折，付长城卡。试进行结账操作。

实训四　酒店餐饮娱乐账单处理

实训目的

1. 掌握酒店餐饮娱乐账单调单操作；
2. 掌握酒店餐饮娱乐取消账单、恢复账单、分割账单和合并账单等操作；
3. 掌握酒店餐饮娱乐设置公共账单、封锁账单、统一转账、显示账单日志和印单等操作。

实训内容

打开酒店餐饮娱乐账单界面，进行调单、取消账单、恢复账单、分割账单、合并账单、设置公共账单、封锁账单、统一转账、显示账单日志和印单等业务操作。

实训步骤

一、酒店餐饮娱乐账单调单

调单主要是对已经存在的账单进行的操作，被调的账单可以是"未结""已结""作废""待结""冻结"等状态。

调单操作：

（1）在账单列表下，查找出目的账单的记录后，在该记录上单击鼠标右键选择【调单】或按快捷键【F8】调入账单。

（2）在调入的账单里，在不退出账单的状态下可以通过 [图标] 或 [图标] 按钮来进行调单。两个调单按钮的区别是，[图标] 按钮默认查找当前操作员当天开的账单，如图 7.18 所示；而 [图标] 按钮则查找当天所有操作员开的账单，如图 7.19 所示。

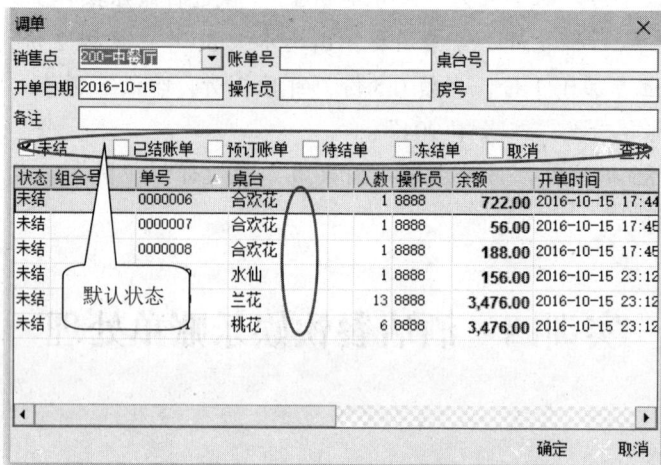

图 7.18　当前操作员当天开的账单

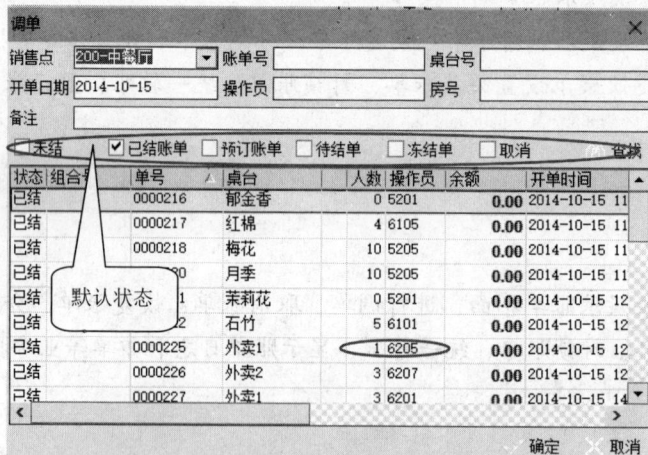

图 7.19　当天所有操作员开的账单

二、取消账单

取消账单也就是作废账单，一般用于多开的账单、开错的账单。取消账单功能只能直接作废没有任何付款方式的账单，账单作废后，所有项目变成红色，账单状态变为作废状态。如果账单有付款方式则不能取消账单，需要先删除所有项目，使账单余额、消费金额、服务费、折扣等为零后，进行结账"取消"。

三、恢复账单

恢复账单是指恢复作废状态的账单。常用于恢复误取消账单的情况。

四、分割账单

分割账单功能用于将一张账单分成两张账单分别结账或将一张账单的一部分项目转至其他未结账单上。如图 7.20 所示，左边显示的是原账单明细，右边显示分出的明细，对分出的明细可以分在新建账单上，也可以分在查找出的未结账单上，同时也可以把查找出的未结账单的明细分入到原账单上。被分的明细项目用蓝色字体显示，原账单增加转账注释，并且在每一张账单中都可以分别通过在蓝色字体的明细项目上或转账注释上单击鼠标右键选择"原账单明细"查出原账单明细，同时可以打印原账单明细，如图 7.21 所示。

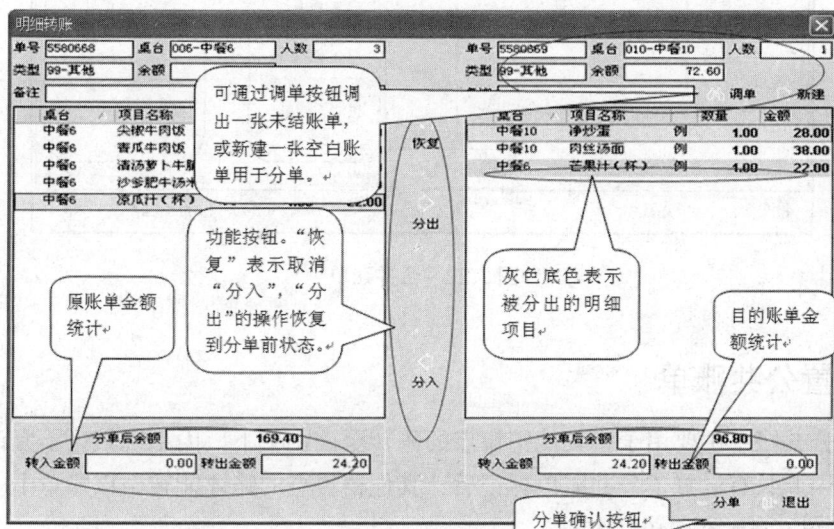

图 7.20　明细转账

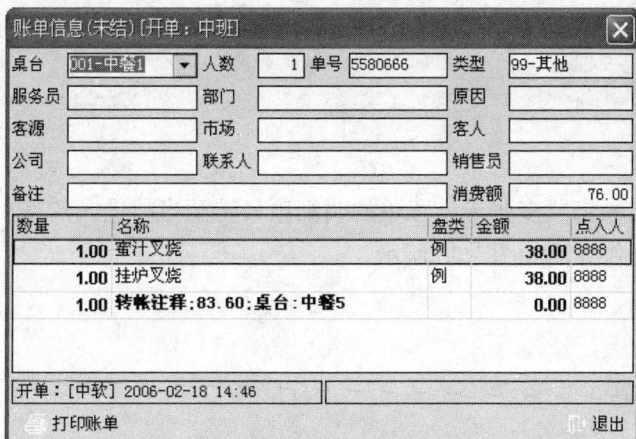

图 7.21　原账单明细

五、合并账单

合并账单是指在账单状态下把其他未结的一张或多张账单的所有明细项目转入该账单下，将原账单自动作结账处理，如图 7.22 所示。也可部分或按项目分类转账，具体参见统一转账环节。

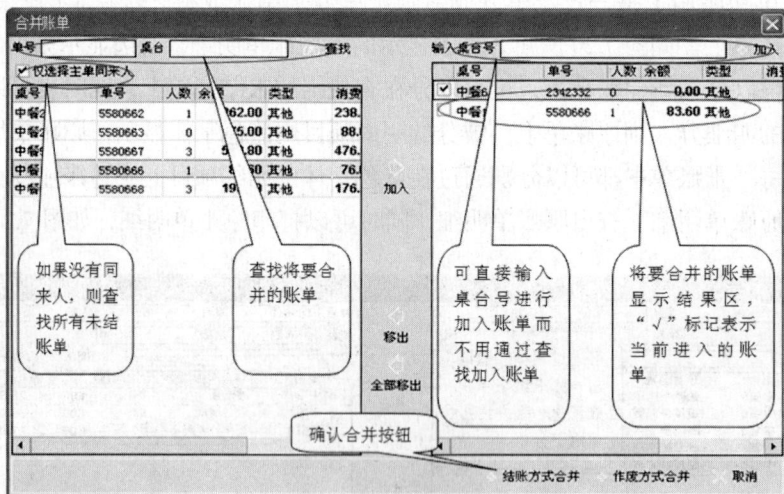

图 7.22　合并账单

六、设置公共账单

设置公共账单主要用于将其他销售点的账转至该账单下，因系统默认不允许跨销售点转账，因此只有设置了公共账单标记后，其他销售点的账才能转至该账单下。公共账单标识为 ⚠，显示在账单状态行。

七、封锁账单

封锁账单表示禁止从其他账单转入账的同时本账单也禁止点菜，标识为 🔒，显示在账单状态行。

八、统一转账

统一转账是将一张或多张未结账单的明细项目转至当前进入的账单，转账后，原账单状态不改变。操作界面如图 7.23 所示。

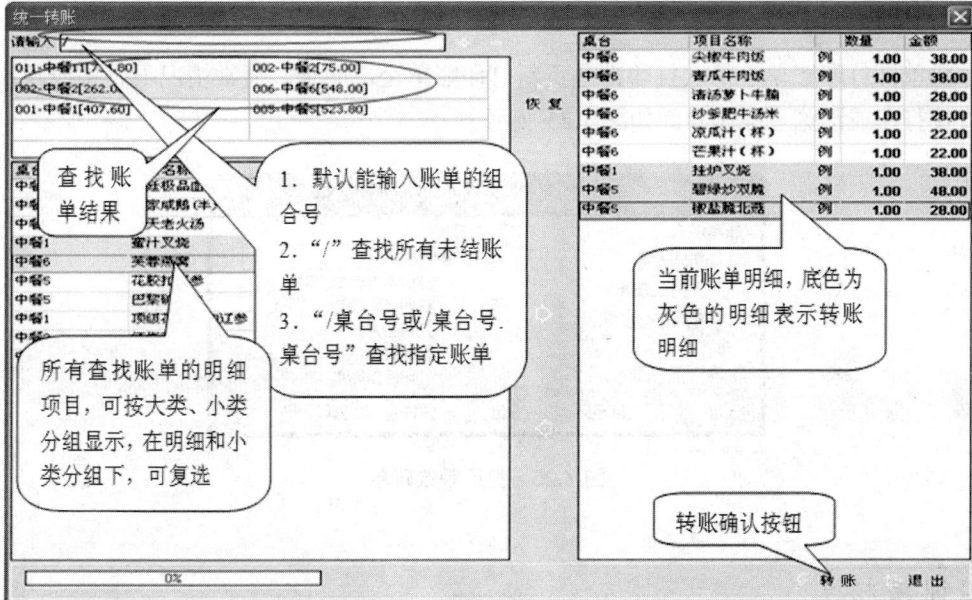

图 7.23　统一转账

九、显示账单日志

显示账单日志功能用于显示该账单所有的修改记录，如冲菜、改单等。日志查询界面如图 7.24 所示。

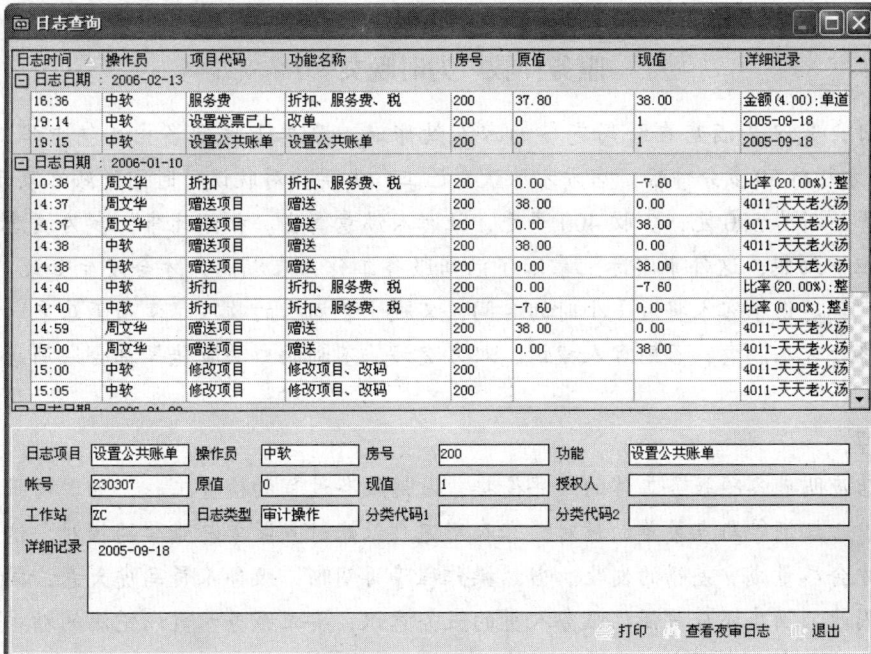

图 7.24　日志查询

十、印单

印单即打印账单，每次打印都是重新打印账单全部明细。通常情况下是按照默认选项直接打印或预览。操作界面如图 7.25 所示。

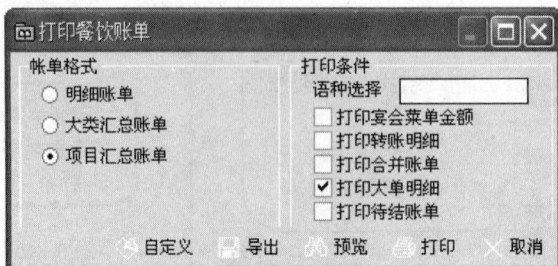

图 7.25　打印餐饮账单

对任意账单进行调单、取消账单、恢复账单、分割账单、合并账单、设置公共账单、封锁账单、统一转账、显示账单日志和印单等业务操作，对每一步骤进行截图保存。

知识链接

服务补救"为时晚矣"？

某日，武汉某酒店在给用完餐的客人结账时，账单上凭空多出 4 包中华烟（152元）。双方相持 50 多分钟后，店方才承认自己工作失误，对耽误了时间的顾客表示歉意，并将餐费打折为 500 元，少收 400 多元，让客人满意离去。初闻此事，我为酒店的慷慨叫好，但一细想，这件事实际上暴露了酒店服务工作存在漏洞，才会发生如此"低级"的错误，既延误了客人将近 1 小时的时间，又减少了酒店的收入。幸而酒店采取的补救措施最终让客人满意，否则客人投诉、双方交涉、不利的口头宣传等都会给酒店带来更大的损失。

点评：

酒店应明确各项服务工作的顺序衔接，做好服务过程的检查工作，如现场服务时提供的菜肴、烟酒等与点菜单的核对，客人用完餐结账时点菜单与账单的核对，这样环环相扣，才会尽量减少差错的发生。当然操作程序再明晰，服务人员马虎大意，同样会出纰漏。因此，酒店还应该强化服务人员的服务意识，要求服务人员以饱满的精神，全神贯注于工作当中，尽力为客人提供无差错服务。

当然，即使是最缜密的操作流程、最优秀的服务人员，在服务时也难免会发生差错，此时迅速、及时、有效地解决问题就非常关键。优质的补救性服务可将不满意的客人转化为满意的客人，促使客人为酒店做有利的口头宣传。在上述的事例中，客人为讨个说法而耽误了 50 多分钟时间，最后酒店经理出面才弄清原委，做出赔偿，补救工作的效率也未免太低了！其间所发生的不愉快在客人心中留下的印象也会是深刻的。服务工作出现意外时，客人往往对补救性服务的过程即解决问题的过程更加重视。服务人员应设身处地为客人着想，平息客人的怒火，首先从自己这方面查找原因，而不应该固执己见，与客人争执僵持。当服务人员在自己的权限范围内解决不了问题时，就必须及时请示上级。其次，如果管理者能做好现场服务实绩管理工作，则不必等员工来反映问题就能及时发现并解决问题了。可见，管理者和服务人员双管齐下才会有出色的补救性服务。为客人提供完美的服务是各酒店的追求，而当由于种种原因发生了服务差错时，酒店就应该根据客人重视的损失（如金钱、时间、心理、名誉等）及时采取有效的补救性措施，防止酒店与客人之间关系的破裂，将不满意的客人转化为满意的客人，甚至成为酒店的忠实顾客。如此说来，服务补救"为时不晚"！

资料来源扫一扫

模块八

酒店客房中心

实训一 酒店客房房态管理

实训目的

1. 了解酒店客房房态图的基本结构；
2. 掌握酒店客房房态的不同含义；
3. 掌握酒店客房房态设置的操作。

实训内容

打开系统，进入客房界面，进行7种不同房态查询条件的查询业务操作，并进行清扫状态、扩展房态、临时分配、矛盾房、异常房态、维修房、关闭房、暂停使用房、打印房态和房间信息业务操作。

实训步骤

一、酒店客房房态图

客房中心的主要操作内容是酒店的客房房态管理，主要操作界面就是房态图。进入该界面的办法是：

登录系统→客房

房态图的主要功能是，直观地反映酒店房间的运行情况，并且可以在房态图中直接对房间进行前台、客房等功能的操作。房态图界面如图 8.1 所示。房态选项及对应查询操作见表 8.1。

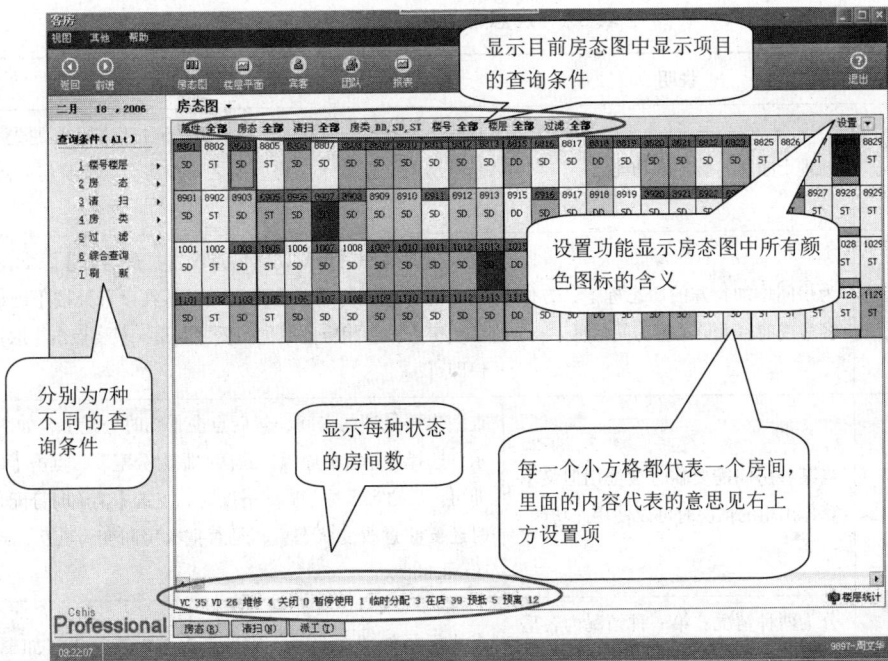

图 8.1　房态图

其中的房态图中能配置的项目详见系统配置说明，操作功能主要应用于客房部。客房中心通过对操作功能的处理来完成各种操作的实施。

二、设置房态

设置房态功能用于进行房态设置的操作，客房中心可以通过此功能来对任何房间的状态进行更改，操作界面如图 8.2 所示，进入方法为：

登录系统→客房→房态

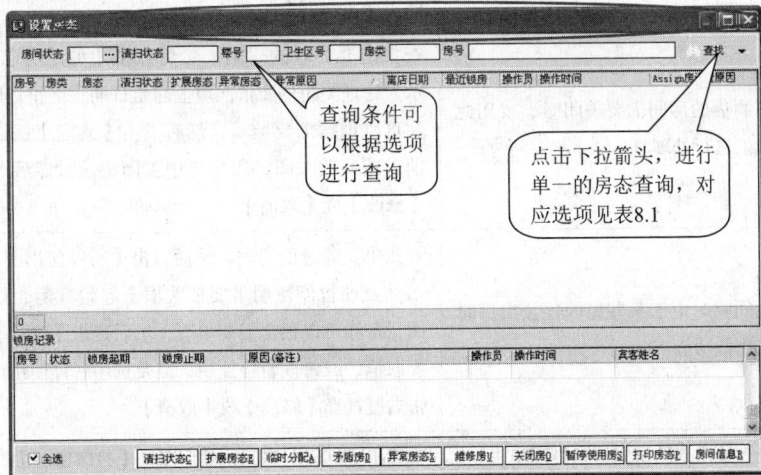

图 8.2　设置更改房态

表 8.1　房态选项及对应查询操作

功能	说明	操作
清扫状态	处理干净房，脏房的功能	查找出要处理的房间，然后点击【清扫房态】，原先状态要是脏房就会变成干净房，反之干净房会变成脏房如图8.3所示
扩展房态	为房间增加特殊的房态标记，方便客房或前台人员了解房间信息	查找出要处理的房间，然后点击【扩展房态】，如图8.4所示，选择配置好的状态类型，默认在设置处按【确认】即可。房态图会相应地变化，反之取消，只要点击【取消】按钮即可
临时分配	当某些房间需要临时被征用但又不算作出租的情况时可以使用此功能	查找出要处理的房间，然后点击【临时分配】，如图8.5所示，选择好相应的原因，默认"临时分配"，点击【确认】即可。反之当要取消临时分配时，点选【消临时分配】，同时还要注意改变状态后，是否把次房间变为脏房，或微脏（touchup）
矛盾房	分为两种情况：第一种情况为客房查房为空房，但前台有入住信息。第二种情况为客房查房为有人入住，但前台为空房状态。这时就需要设置矛盾房	查找出要处理的房间，然后点击【矛盾房】，如图8.6所示。分别选择属于说明中的哪种情况，点击【确认】即可，当查明原因，取消矛盾房状态时，可勾选【非矛盾房】，然后点击【确认】即可
异常房态	客房部可以给房间做特殊情况标记	查找出要处理的房间，然后点击【异常状态】，如图8.7所示，当有异常状态时可以勾选【异常】，然后确认即可，当正常后，勾选【正常】，然后确认
维修房	当酒店的房间进行维修时，要用此功能进行处理	查找出要处理的房间，然后点击【维修房】，如图8.8所示。处理维修房要依次填上起始日期、终止日期、原因，备注可以根据需要填写，然后点击【确定】按钮。要取消，或修改维修房，需要选中维修记录，然后点击右键选择【修改】或【取消】
关闭房	当酒店的房间需要关闭时，要用此功能进行处理	查找出要处理的房间，然后点击【关闭房】，如图8.9所示。处理关闭房要依次填上起始日期、终止日期、原因，备注可以根据需要填写，然后点击【确定】按钮即可。要取消，或修改关闭，需要选中关闭记录，然后点击右键选择【修改】或【取消】
暂停使用房	房间临时由于某些原因停止出售时使用此功能	查找出要处理的房间，然后点击【暂停使用】，如图8.10所示。处理暂停使用房要依次填上起始日期、终止日期、原因，备注可以根据需要填写，然后点击【确定】按钮即可。要取消，或修改暂停使用，需要选中暂停使用记录，然后点击右键选择【修改】或【取消】
打印房态	把查找出来的房间信息打印出来	查找出要打印的房间，然后点击【打印房态】即可

续表

功能	说明	操作
房间信息	显示某一个房间的配置信息	查找出要查看的房间，然后点击【房间信息】，如图8.11所示。将显示房间的配置信息和历史信息，其中包括房间信息、房类图例、宾客留言及去向、锁房信息、换房（换出）、换房（换入）、入住的记录

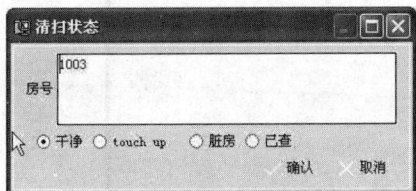

图 8.3 设置清扫

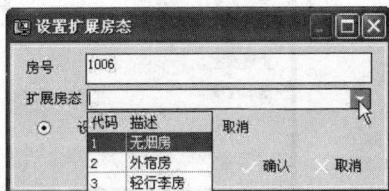

图 8.4 设置扩展房态

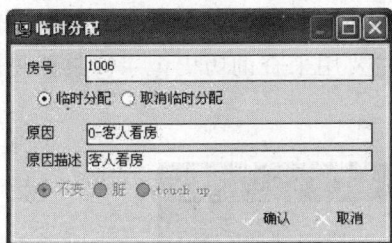

图 8.5 临时分配房

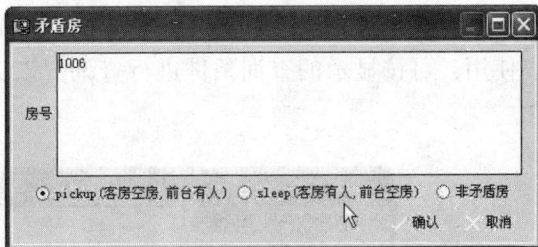

图 8.6 矛盾房

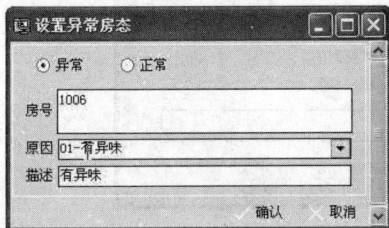

图 8.7 异常房态

图 8.8 维修房

图 8.9 关闭房

图 8.10 暂停使用房

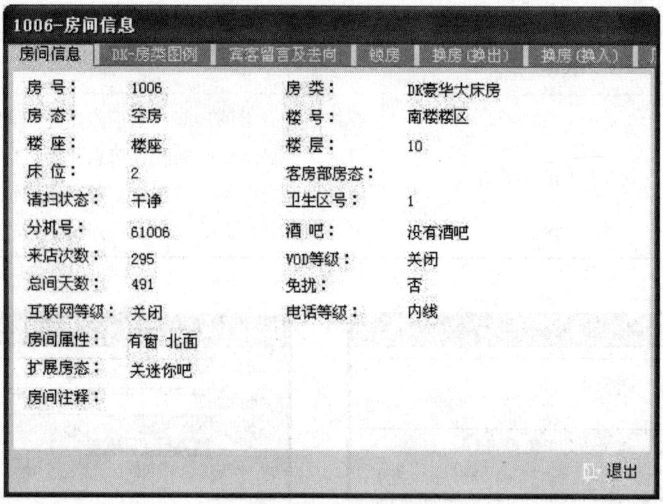

图 8.11　房间信息查询

在房间查询界面勾选【查找维修 / 关闭 / 暂停使用】选项后，将只有下方区域功能可以使用，可按显示的查询条件进行查询。该功能主要用来查询历史记录。具体见图 8.12。

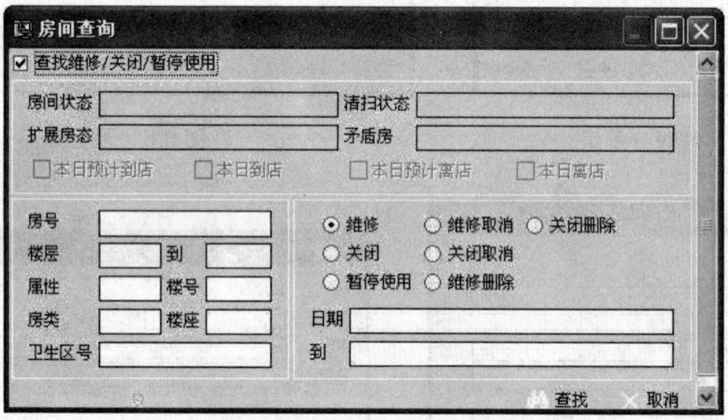

图 8.12　房间查询

三、客房清扫

清扫功能和状态操作中的清扫状态功能完全一致，不再赘述。

实训考核

1. 按照七种不同房态进行查询，并对结果进行截图保存；

2. 对任意房间进行清扫状态、扩展房态、临时分配、矛盾房、异常房态、维修房、关闭房、暂停使用房、打印房态和房间信息业务操作，并对结果进行截图保存。

实训二 酒店客房房态图右键功能和楼层统计

实训目的

1. 掌握酒店客房房态图右键的 15 种功能；
2. 掌握楼层统计操作；
3. 掌握 17 种房态统计条件的含义。

实训内容

打开房态图，在任意房间单击鼠标右键，进行 15 种功能的业务操作。按照 17 种不同的房态统计条件，进行楼层统计操作。

实训步骤

一、房态图右键功能

在房态图中选中任意房间，点击鼠标右键，弹出如图 8.13 所示功能列表，其具体含义如表 8.2 所示。

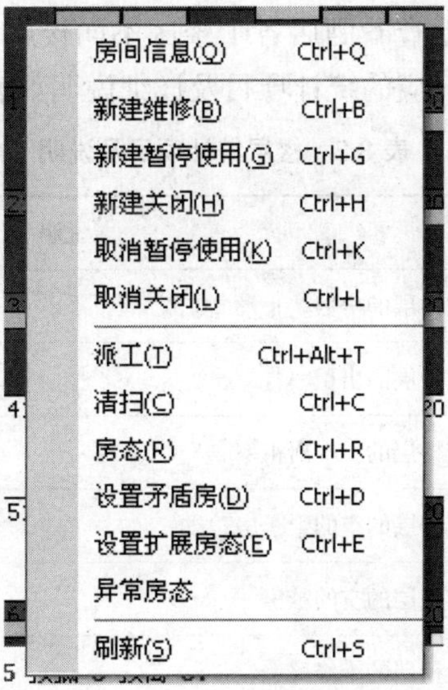

图 8.13 右键功能列表

表 8.2　右键功能及含义

功能	含义说明
右键—房间信息	房间信息界面见图8.11
右键—新建预订	选择【新建预订】出现开房模板。见宾客列表的新建预订
右键—散客开房	选择【散客开房】出现开房模板。见宾客列表的散客开房
右键—新建维修	此功能与房态中的新建维修房功能相同
右键—新建暂停使用	此功能与房态中的新建暂停使用房相同
右键—新建关闭	此功能与房态中的新建关闭房相同
右键—取消暂停使用	此功能与房态中的取消暂停使用相同
右键—取消关闭	此功能与房态中的取消关闭房相同
右键—清扫	此功能与房态中的清扫功能相同
右键—房态	与房态功能相同
右键—设置矛盾房	设置选中房间为矛盾房
右键—设置扩展房态	设置选中房间的扩展房态
右键—设置临时分配	设置选中房间为临时分配房
右键—异常状态	设置选中房间为房态异常
右键—刷新	此功能用来手动刷新房态图列表

二、楼层统计

　　楼层统计功能用来直观地查看酒店各个楼区不同楼层的房间出租和宾客统计情况。其操作界面如图 8.14 所示，对应的统计项目及详细说明如表 8.3 所示。

表 8.3　楼层统计项目及说明

统计项目	说明
房数	显示对应楼层的房数
出租率	显示对应楼层的出租率
二次出租率	显示对应楼层的二次出租率
VC	显示对应楼层的空的干净房
VD	显示对应楼层的空的脏房
维修	显示对应楼层的维修房
关闭	显示对应楼层的关闭房

续表

统计项目	说明
暂停使用	显示对应楼层的暂停使用房间
临时分配	显示对应楼层的临时分配房间
预订	显示对应楼层的预订房间
来店	显示对应楼层的来店房数
在店	显示对应楼层的在店房数
预离	显示对应楼层的预计离店房数
在店VIP	显示对应楼层的在店VIP房数
来店VIP	显示对应楼层的来店VIP房数
预离VIP	显示对应楼层的预计离开的VIP房数
生日	显示对应楼层入住客人今天是生日的房数

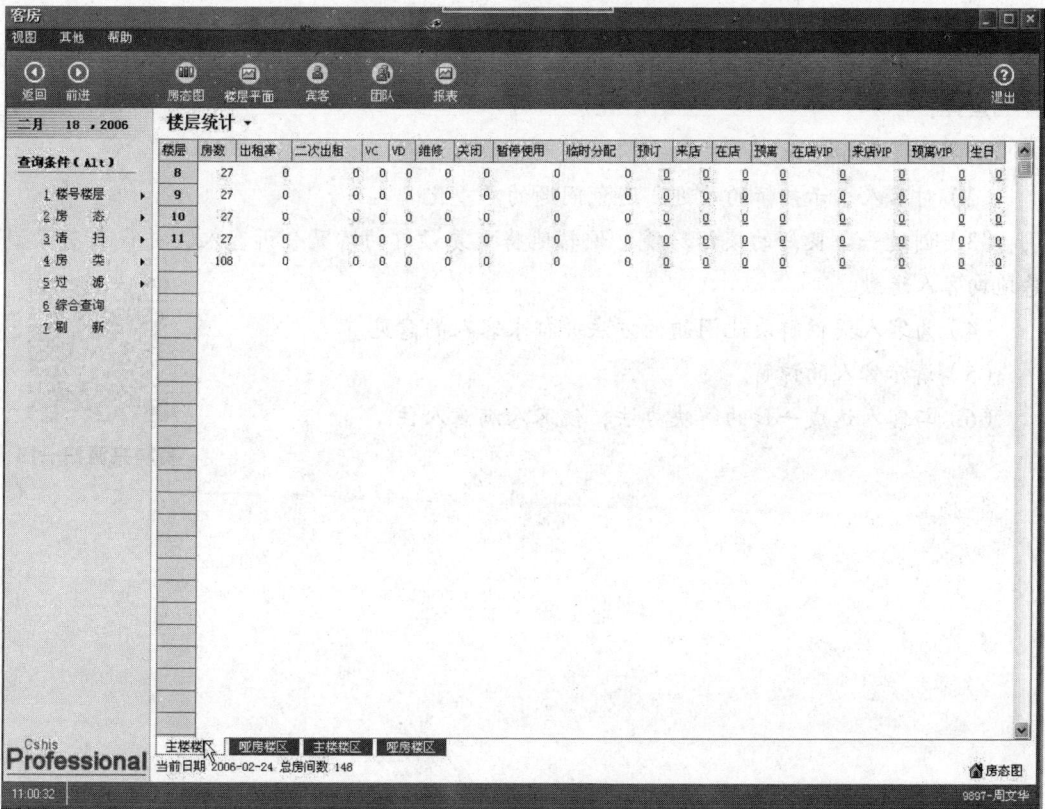

图 8.14　楼层房态统计

实训考核

1. 打开任意一间房间进行右键功能操作，并将结果截图保存；
2. 按照 17 种不同的房态统计条件，进行楼层统计操作，并将结果截图保存。

知识链接

客房重复预订之后

18:00 左右一位来自我国台湾地区的石先生来酒店入住，经理亲自去迎接，并请石先生喝咖啡，同时向石先生道歉，因为石先生在一个星期前预订的 1015 房间，在今早服务员打扫时把水龙头弄坏了，房间内的物品全部都湿了，所以暂不出租，希望能得到石先生的谅解。石先生同意换房，但要求住在 10 楼，因为他姓石，所以喜欢 10 楼。但不巧的是 10 楼已经全部住满，经理又同石先生商量，14 楼有一间房同 1015 房的结构和布置是一样的，而石先生坚决反对，因为 14 就是"石死"，经理又为他安排了 18 楼，房间结构一样，但布置不太一样，经理承诺会马上整理好，石先生同意了，经理对此表示感谢。

点评：

（1）为了表示对此事的关注，前厅经理应亲自出面接待客人。

（2）对客人表示热情的欢迎，避免问题的严重化。

（3）创造一个良好的谈话环境，婉转地将重复预订的情况告诉客人，并代表店方诚恳地向客人道歉。

（4）为客人提供解决此问题的方法并征求客人的意见。

（5）请示客人的谅解。

（6）与客人达成一致的解决办法，使客人满意入住。

资料来源扫一扫

模块九

酒店销售部

实训一　酒店销售部新建客户

1. 了解酒店销售界面的功能和结构；
2. 掌握酒店销售新建客户信息、联系人与签单授权人、合同信息等操作。

打开酒店销售界面，了解其功能结构，并进行新建客户信息、联系人与签单授权人、合同信息等业务操作。

一、酒店销售界面

销售部利用酒店管理信息系统的主要目的是建立维护酒店的协议单位信息、合同信息和协议房价信息；使用的主要模块就是销售模块（见图9.1），销售模块为销售部提供一个客户管理平台，能方便统计各种类型的客户的协议、合同信息、对客户的回访记录等，并且能统计这些客户群为酒店带来的实际效益、销售部员工的业绩分析统计及排名，并可通过权限控制销售员是否能看到其他人员建立的协议单位等。销售模块界面的进入方法是：

登录系统→销售

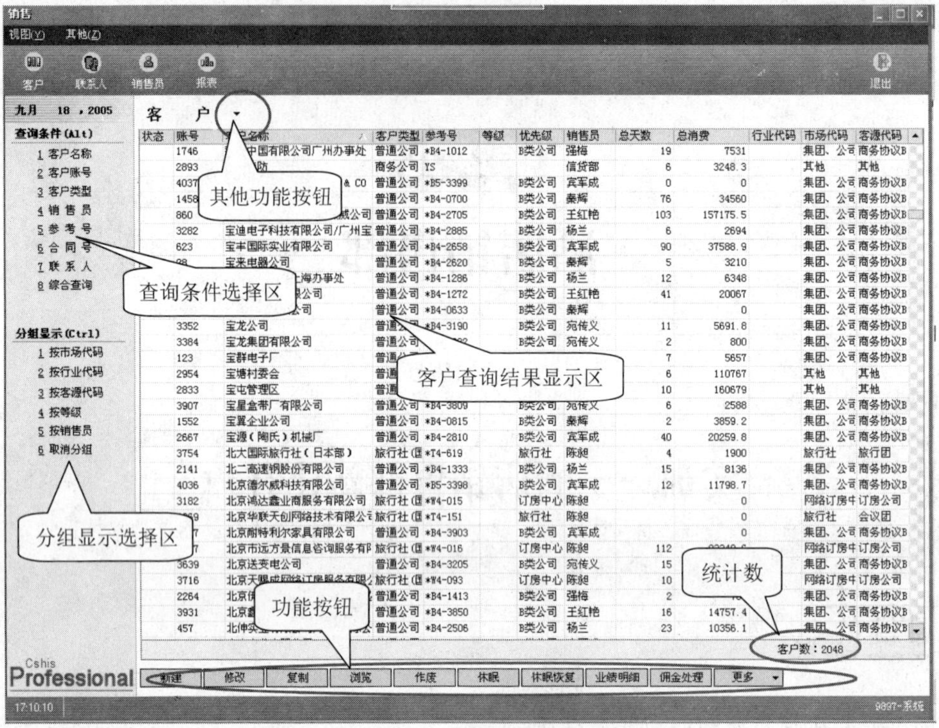

图 9.1　销售模块界面

二、新建客户

　　新建客户功能主要是指根据销售员签好的合同为客户建立账户的功能，对应的操作界面见图 9.2，进入方法是：

　　登录系统→销售→新建

　　1.客户信息

　　新建协议单位界面的相关项目及说明如表 9.1 所示。

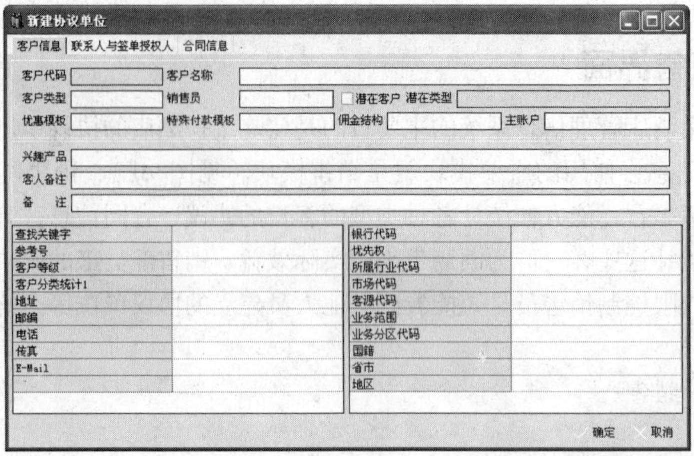

图 9.2　新建协议单位

表 9.1　新建协议单位界面的相关项目及说明

项目	说明	项目	说明
客户代码	系统自动分配账号	查找关键字	快捷查找方式，按名称查时可直接输入关键字，一般定义拼音的声母，或简称
客户名称	单位名称，必输域	参考号	酒店可以自行编号，选填
客户类型	系统统计用，必输域	客户等级	统计用
销售员	统计业绩用，必输域	客户分类统计1	—
潜在客户标志	一般用于未签合同协议单位	地址	客户地址
潜在类型	潜在客户选择潜在类型，系统统计用	邮编	客户邮编
优惠模板	选择优惠策略	电话	客户电话
特殊付款模板	—	传真	客户传真
佣金结构	—	E-mail	客户电子信箱
主账户	上一级账户	银行代码	—
兴趣产品	只作查看用	优先权	—
客人备注	只作查看用	所属行业代码	统计用
备注	开房查找该单位的时候可以看见	市场代码	统计用，必输域
客源代码	统计用，必输域	国籍	客户所属国籍
业务范围	统计用	省市	客户所属省市
业务分区代码	统计用	地区	客户所属地区

2. 联系人与签单授权人

给协议单位添加联系人与签单授权人的界面如图 9.3 所示。

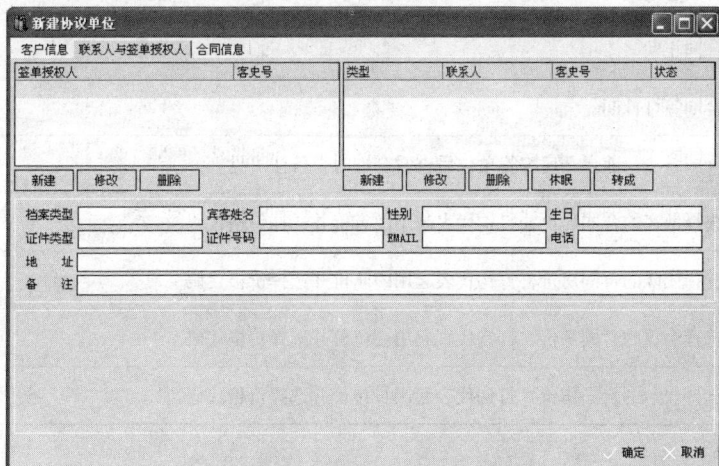

图 9.3　添加联系人与签单授权人

3. 合同信息

新建合同信息的界面如图 9.4 所示。合同信息的相关项目和说明如表 9.2 所示。

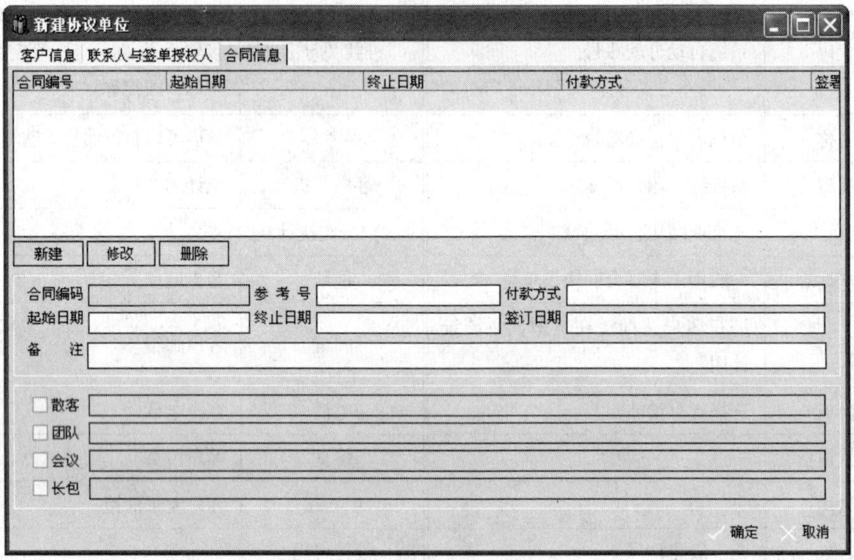

图 9.4　新建合同信息

表 9.2　合同信息详细说明

项目	说明
合同编号	系统自动分配
参考号	合同参考号，可自行编号输入
付款方式	结账时的付款方式
起始日期	合同起期
终止日期	合同止期
签订日期	合同签订日期
备注	合同备注。前台开房查找单位后查看合同时，备注可见
散客	选择散客的合同房价，打钩代表起用散客价并选择价格代码
团队	选择团队的合同房价，打钩代表起用团队价并选择价格代码
会议	选择会议的合同房价，打钩代表起用会议价并选择价格代码
长包	选择长包的合同房价，打钩代表起用长包价并选择价格代码

实训考核

进行客户信息录入，客户名称：中软公司，其他任意设定。

实训二　酒店客户管理

实训目的

1. 掌握修改客户、浏览客户、作废客户、休眠客户和休眠恢复等操作；
2. 掌握业绩明细、价格更新、合同延期和日志查询等操作。

实训内容

打开酒店销售界面，对客户进行修改客户、浏览客户、作废客服、休眠客户、休眠恢复、业绩明细、价格更新、合同延期和日志查询等业务操作。

实训步骤

一、修改客户

需要对客户信息进行修改时，可以在查找出的需要修改的客户上单击鼠标右键，然后选择【修改客户】进入修改界面，界面和新建客户界面一样，所有输入域均可修改。另一进入该界面的方法是：

选中客户→修改

二、浏览客户

该功能常用于需要查看客户信息的情况，但不可修改显示的任何信息。进行客户信息浏览的方法是：

选中客户→浏览

三、作废客户

当某客户不再使用时，可以将其作废。如果一个有效的预订账户或在店账户的协议单位选择了某个客户，那么该客户则不允许被作废。作废的账户可通过修改账户来恢复。作废客户的方法是：

选中客户→作废

四、休眠客户

一般把长时间没有给酒店带来收入的客户设置成休眠客户。预订或开房时，在协议单位中是查找不出被设置成休眠客户的客户的。如果一个有效的预订账户或在店账户的协议单位选择了某个客户，那么该客户是不允许被设置成休眠客户的。

选中客户→休眠

五、休眠恢复

休眠恢复功能用于将休眠客户恢复成正常状态。该功能的使用方法是：

选中客户→休眠恢复

六、业绩明细

业绩明细功能用于查看所选客户的住店历史信息（见图 9.5），该功能的使用方法是：

选中客户→业绩明细

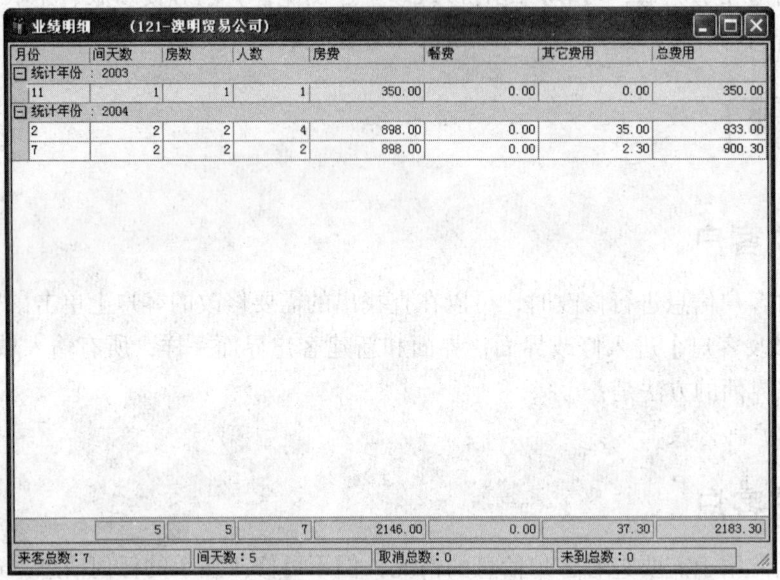

图 9.5 客户业绩明细

选择图 9.5 中的某一条明录后可查看详细信息，如图 9.6 所示，点击 退出 按钮则返回上一界面。

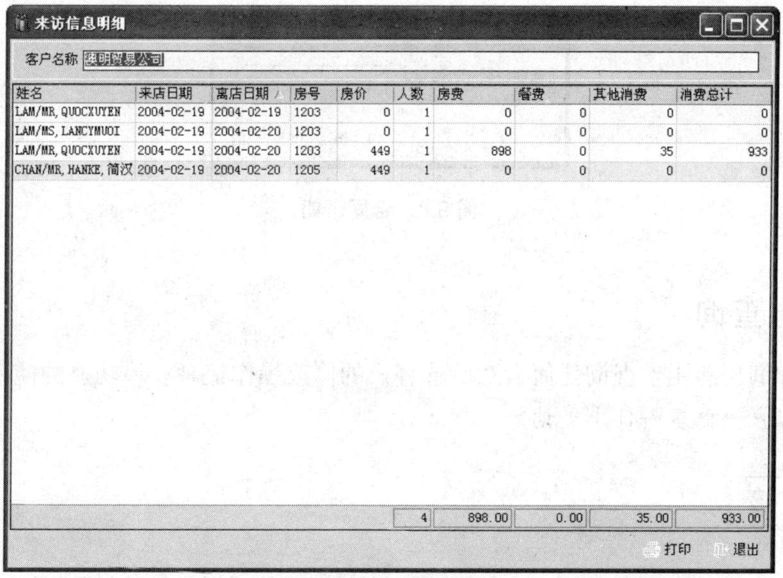

图 9.6 客户信息明细

七、价格更新

价格更新功能用于更新酒店的合同价格，其界面如图 9.7 所示，进入该界面的方法是：

登录系统→销售→更多→价格更新

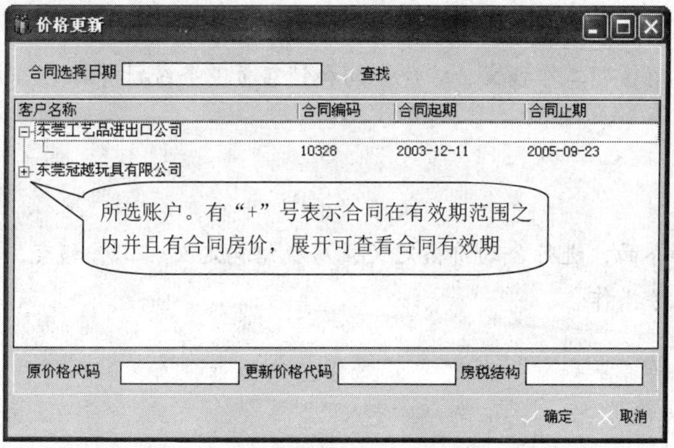

图 9.7 更新合同价格

八、合同延期

合同延期功能用于延长客户的合同有效期。选择要合同延期的客户（可复选多个），再选择【更多】按钮里的【合同延期】，最后选择更新日期后确认即可（见图 9.8）。

图 9.8 合同延期

九、日志查询

日志查询功能用于查询任何人对所选客户的修改操作记录。该功能的使用方法是：

选中客户→更多→日志查询

实训考核

对任意客户进行作废、价格更新、合同延期操作。

实训三 酒店销售部的其他功能

实训目的

1. 掌握酒店销售部合约价格定义和房税结构定义等操作；
2. 掌握酒店销售部工作移交、综合查询和销售员业务统计等操作。

实训内容

打开销售部界面，进行合约价格定义、房税结构定义、工作移交、综合查询和销售员业务统计等业务操作。

实训步骤

一、合约价格定义

定义合约价格功能的进入及操作界面如图 9.9 所示。进入该界面的方法是：

登录系统→销售→其他菜单→系统配置→合约价格定义

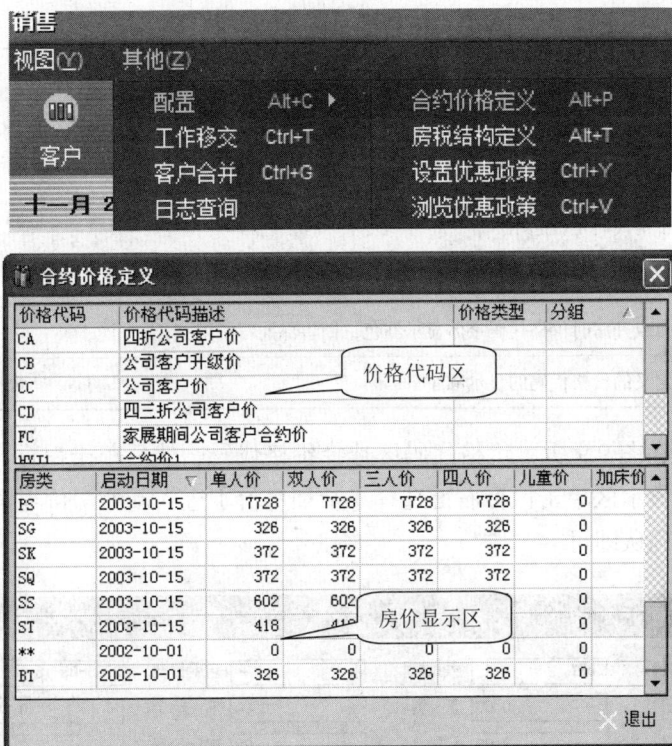

图 9.9 合约价格定义

增加价格代码：在图 9.9 所示的价格代码区单击鼠标右键选择【增加价格代码】，弹出【新增】对话框，如图 9.10 所示。其详细项目及说明如表 9.3 所示。

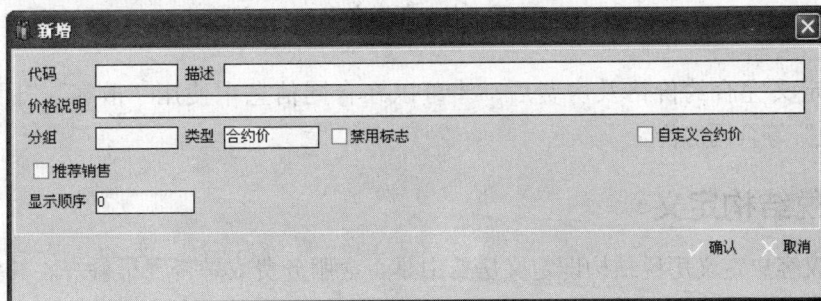

图 9.10 增加价格代码

表 9.3 新增代码界面各选项及说明

项目	说明
代码	预订或开房时选择的房价代码，最长6位
描述	价格代码描述
价格说明	价格代码详细说明

续表

项目	说明
分组	价格代码的分组
类型	价格代码属性，一般使用合约价类型
禁用标志	该价格代码是否起用
自定义合约价	预订或开房时该代码是否可以有操作员输入价格
推荐销售	预订或开房时价格代码字体显示红色，销售部推荐使用
显示顺序	已定义的价格代码的显示顺序

增加房价：在图 9.9 所示价格代码区选择价格代码，然后单击鼠标右键选择【增加房价】或在房价显示区单击鼠标右键选择【增加房价】进入新增房价界面（见图 9.11），依次输入信息后确认即可。

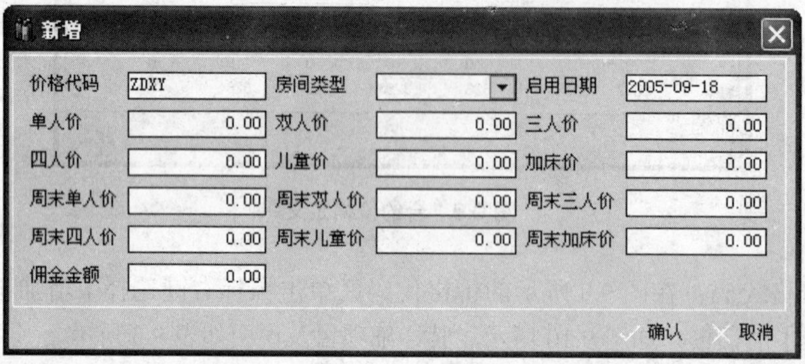

图 9.11　新增房价

只有定义完合约价格及房费后，才可以在合同信息中使用"散客""团队""会议""长包"等合同房价。

二、房税结构定义

为协议客户定义房税结构即定义房费中是否含服务费或是否含早餐等。其操作界面如图 9.12 所示。

三、工作移交

工作移交是将一个销售员的协议单位或协议单位及业绩移交给其他销售员，原销售员不再统计业绩，其操作界面如图 9.13 所示，进入该界面的方法是：

登录系统→销售→其他菜单→工作移交

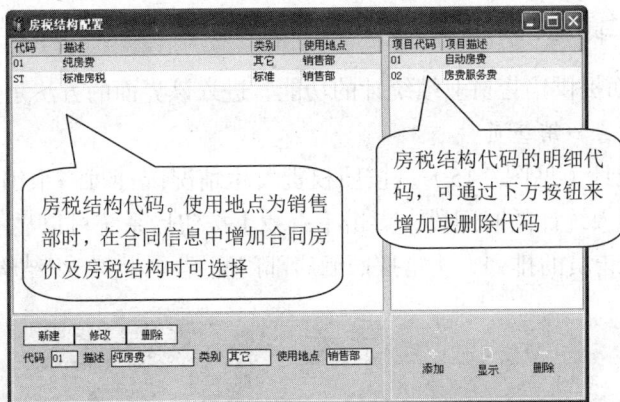

图 9.12 定义房税结构

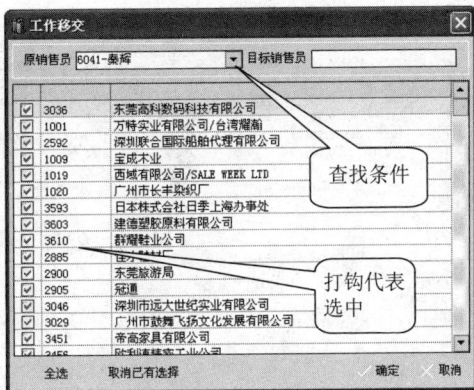

图 9.13 工作移交

四、综合查询

在查询条件中选择【综合查询】，即出现综合查询界面，如图 9.14 所示。在综合查询界面，可以对所有查询条件进行组合查询。如要查某一个销售员签的协议单位的来访次数大于 10 次的所有客户，则输入的查询条件如图 9.14 所示。

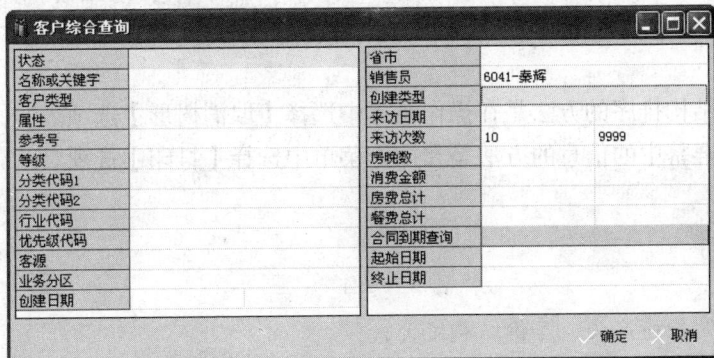

图 9.14 综合查询

五、销售员业绩统计

【销售员】界面提供销售员业绩统计的功能，进入该界面的方法是：

登录系统→销售→销售员

销售员业绩统计（见图 9.15）是按照权责发生情况统计每一个销售员的销售业绩。进入功能模块，输入统计的时间段，点击【查找】按钮后系统可以显示选中时间段的销售员业绩信息。销售员的排列方法是按照酒店部门配置的树形组织结构图排列的。

姓名	人数	房数	间天数	房费	餐费	康乐费	其他	费用总计	平均价格	返佣	取消	未到
余慧苗	687	763	1497	647101.80	121998.00	5881.00	32490.17	807470.97	432.27	0.00	86	11
周宇	700	645	1122	533769.40	39181.00	1423.00	16925.94	591299.34	475.73	0.00	81	12
王倩	296	273	566	274588.00	40167.00	4481.00	25306.17	344542.17	485.14	0.00	21	7
李敏	286	253	389	181390.20	15739.00	2539.00	5777.94	205446.14	466.30	0.00	23	5
陈轩玉	257	226	352	156824.20	16939.00	926.00	5652.80	180342.00	445.52	0.00	29	3
刘音娟	209	205	330	144532.00	17898.00	526.00	3087.57	166043.57	437.98	0.00	17	6
刘涛	192	160	300	133222.00	5796.00	99.00	5524.64	144641.64	444.07	0.00	20	0
周艳	67	56	111	50100.20	8065.00	348.00	3163.15	61676.35	451.35	0.00	5	1
张玉霞	62	59	102	52046.00	5449.00	485.00	2614.49	60594.49	510.25	0.00	8	0
王涛	0	0	0	0.00	0.00	0.00	0.00	0.00	0.00	0.00	2	0
陈霞	0	0	0	0.00	0.00	0.00	0.00	0.00	0.00	0.00	0	0
	2956	2640	4769	2173573.80	260025.00			2562056.67	4148.61	0.00	292	45

图 9.15　销售员业绩统计

显示某一销售员业绩明细的方法是，选中一个销售员后，点鼠标右键选择【显示明细】选项。

取消树形结构排序的方法是在操作菜单中选择【取消树形】选项。

打印当前屏幕中的信息的方法是在操作菜单中选择【打印】选项。

实训考核

1. 进行合约价格定义、房价结构定义；
2. 进行任意两个销售员的工作交接；

3.进行任意销售员的业绩统计，并将结果截图保存。

知识链接

会议预订的房间没有退出来

10月25日，酒店接待——会议。所有会议用房的房间号码已经提供给会务组，25日中午正是报到的高峰期，可是有几间房还没有退出来。怎么办，销售××和客人急得团团转。客人一个劲地催经理，并大骂××。说酒店提供的房间号码不能保证。而××从早上一直到中午都在前台督促房间空出来。中午12：00点通过查询其中有3间房是市委接待处用的，13：30绝对会退出来，另外有一间1720房的客人联系不上。前台说客人外出了，找不到客人，客人也没有留下手机号码，客人回来后就马上通知楼层给他换房。但是会务组在前面一个劲地催，××和酒店GRO来到前台找大副、接待员协助联系客人，GRO说你们把登记单拿出来看看，一看登记单，发现这间房是由客房部预订的，××马上联系客房部让他们确定客人今天是否退房，如果不退房则请他换一间房。幸亏客房部有客人的手机号码，最后客人答应换房，这件事才解决。

点评：

在督促退房时，前台和销售代表只是一股脑儿等着客人退房，不知道预前控制，主动联系没有退房的客人，非要等到客人投诉后才会联系没有退房的房主。

经验教训：

（1）酒店所接会议能不提供房号的尽量不要提前提供房号，提前提供房号会给酒店工作带来被动。

（2）对会议出现的情况要预前控制，不能坐以待毙，就像这个案例中出现客人不在房间的情况时，应想尽一切办法提前联系客人。

（3）在这种提前提供房间号码的会议的情况发生时，在会议开始的前一天晚上就要和占用房间的客人说明情况，告知需在第二天几点前退房，并请客人留下联系方式，便于联络。以便出现案例中的情况时可以联系到客人。

模块十

酒店应收管理

实训一 应收账户管理

实训目的

1. 了解酒店应收账户界面的功能与结构;
2. 掌握酒店应收的新建账户、修改账户、作废账户和浏览账户的操作。

实训内容

打开酒店应收管理界面,了解酒店应收账户界面的功能与结构,并进行新建账户、修改账户、作废账户和浏览账户等业务操作。

实训步骤

一、酒店应收账户界面

应收账户属于酒店管理系统的后台部分,主要用于接收有协议单位的前台账户在退房不付款情况下的余额,统计协议单位的签单挂账、回款业务及账龄等。

点击 模块 按钮,之后选择 应收 选项进入应收账户界面,如图 10.1 所示。

二、新建账户

在图 10.1 所示的功能按钮区点击【新建账户】,即可进入新建账户界面,如图 10.2 所示。相关选项及说明如表 10.1 所示。

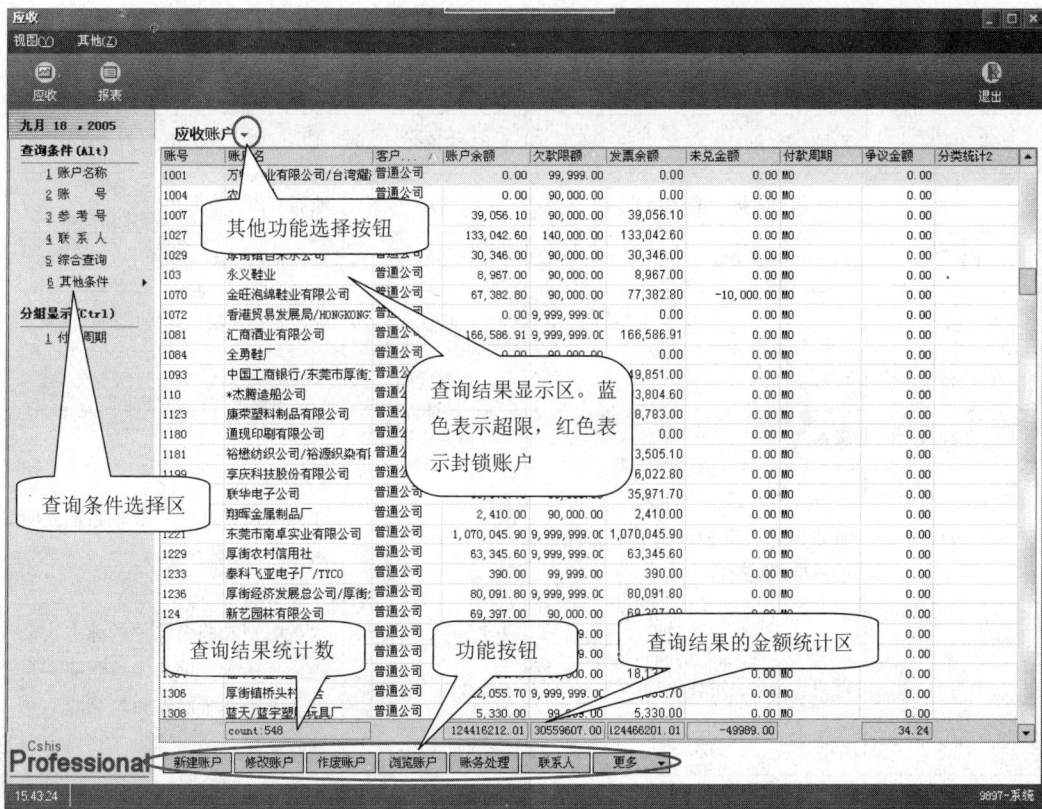

图 10.1　应收账户界面

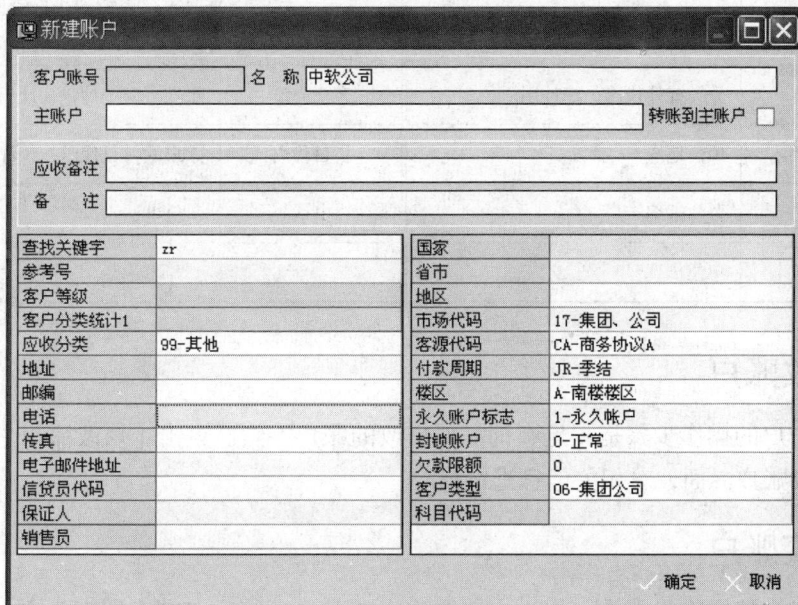

图 10.2　新建账户

表 10.1　新建账户界面相关选项及说明

项目	说明	项目	说明
客户账号	系统自动分配	国家	所属国家，查询用
名称	应收账户名称。必输域	省市	所属省市，查询用
主账户	归属账户	地区	所属地区，查询用
转账到主账户	—	市场代码	账户归属市场，统计用。必输域
应收备注	应收备注	客源代码	账户归属客源，统计用。必输域
备注	账户备注	付款周期	必输域
查找关键字	快捷查找方式，按名称查找时可直接输入关键字，一般定义拼音的声母，或简称	楼区	账户所属楼区，一般单独建立哑房楼区。必输域
参考号	账户参考号，可作查询用	永久账户标志	永久账户和临时账户的标志。余额为零的永久账户不可删除，余额为零的零临时账户可删除。必输域
客户等级	销售部的协议单位用	封锁账户	是否允许从前台转进该账户。必输域
客户分类统计1	销售部的协议单位用	欠款限额	当账户余额为正数欠款时，允许超限限额。必输域
应收分类	分类统计代码，统计用	客户类型	账户类型统计，统计用。必输域
地址	单位地址	科目代码	账户的科目代码，统计用
邮编	单位邮编	电话	单位电话
传真	单位传真		

三、修改账户

修改账户的操作步骤是：先查询需要修改的账户，然后点击【修改账户】按钮，之后进入修改账户界面，对相关信息进行修改。

四、作废账户

作废账户的操作步骤是：先查询需要作废的账户，然后点击【作废账户】按钮，实现账户作废操作。注意：只能作废余额为零并且账户状态为临时的账户。

五、浏览账户

浏览账户的操作步骤是：先查询需要浏览的账户，然后点击【浏览账户】按钮，即可对选择账户的相关信息进行浏览。

实训考核

新建客户信息，名称：中软公司，其他信息任意填写。并进行账户浏览、账户修改和账户作废操作。

实训二　酒店应收账务处理

实训目的

1. 了解酒店应收账务处理界面的功能与结构；
2. 掌握酒店应收账务处理发票右键菜单功能及操作。

实训内容

打开酒店应收模块，进入应收账务处理界面，进行发票右键菜单的发票明细、显示、创建发票、修改发票、打印发票、转账、挂账、发票争议、全部兑现、部分兑现、创建收据并兑现、快速平账、定位发票、查询、收据明细、创建收据和自动兑现等业务操作。

实训步骤

一、应收账务处理界面

账户的挂账、付款、账户间的转账等功能需要通过应收账户处理界面来完成。点击图 10.1 所示的功能按钮的【账务处理】，即出现如图 10.3 所示的应收账务处理界面。

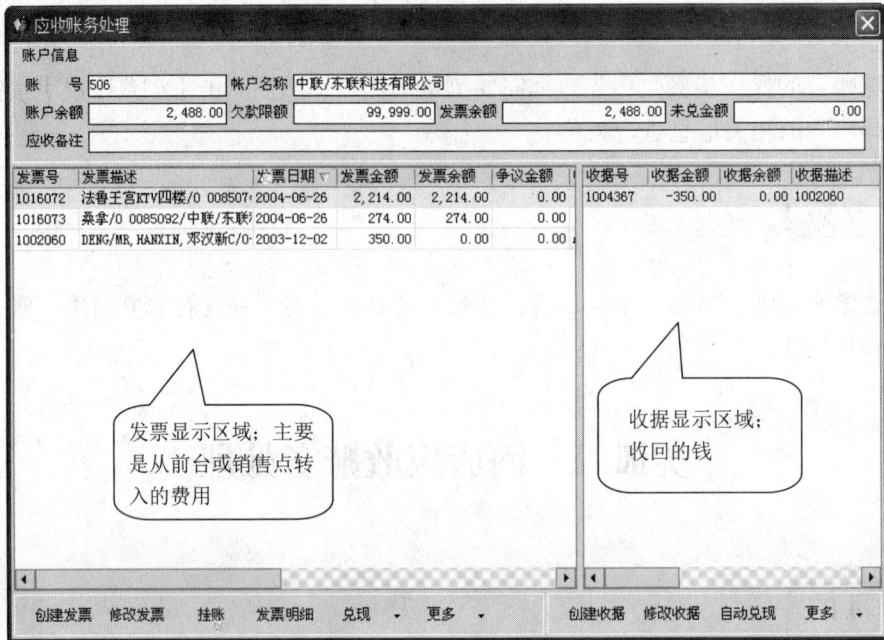

图 10.3　应收账务处理

（1）发票明细（发票右键功能）：应收账里的发票不同于一般情况下的可报销的发票，应收账里的发票是记载从前台或销售点转到后台的明细账的总称，明细费用只存在于发票中。可通过双击发票查看该发票下的明细费用的组成（见图 10.4）。交易可复选。

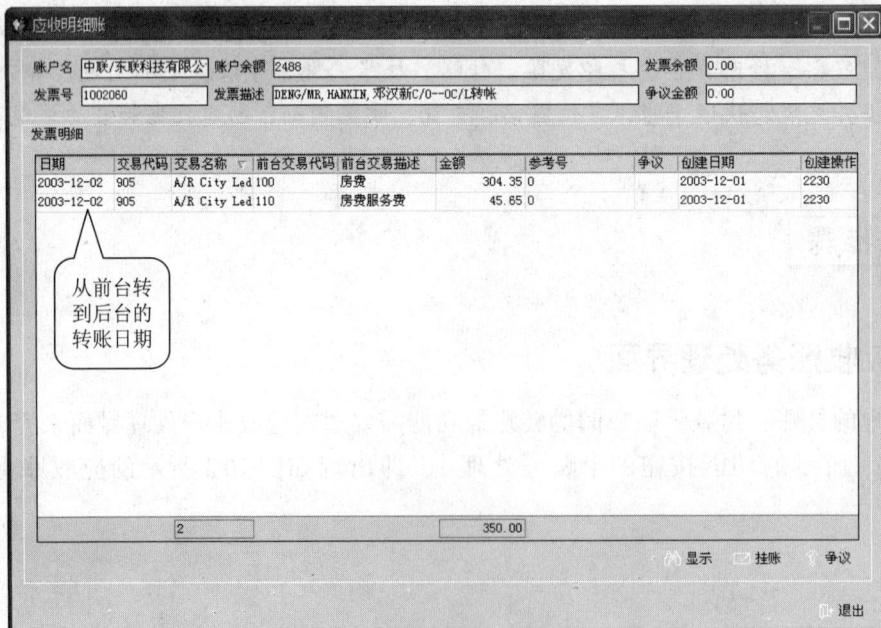

图 10.4　应收账发票明细

（2）显示兑现明细：在图 10.4 所示界面中选择某一交易，然后点击鼠标右键选择【显示兑现明细】可查看兑现金额（见图 10.5）。

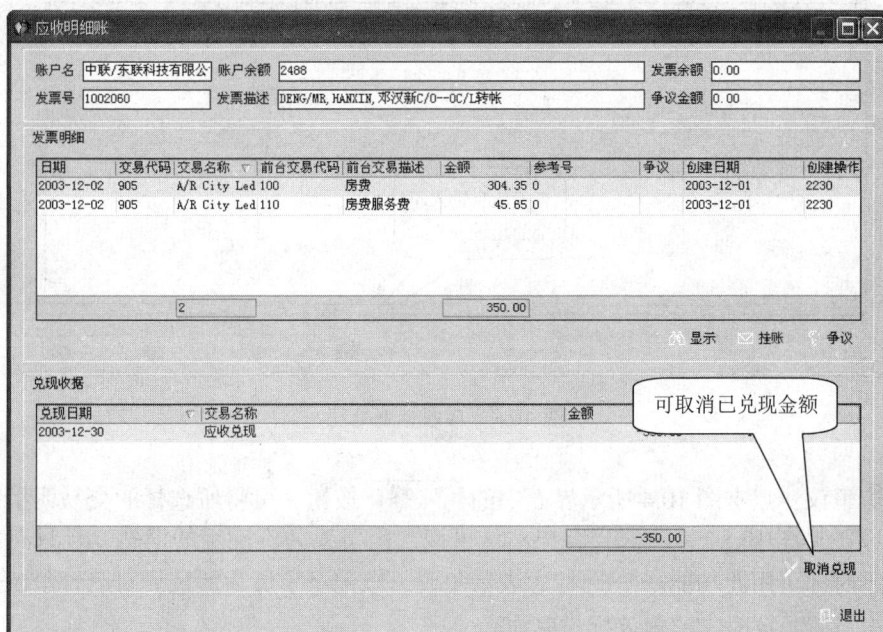

图 10.5 显示兑现明细

（3）显示：点击图 10.4 所示界面中的 [显示] 按钮可查看交易明细（见图 10.6）。

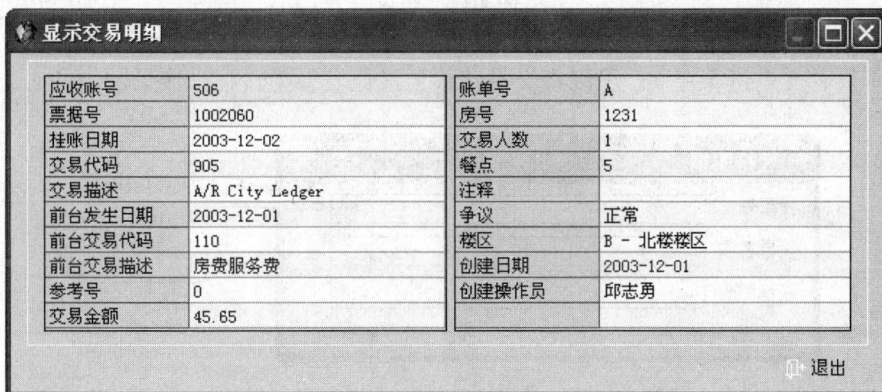

图 10.6 显示交易明细

（4）挂账：点击图 10.4 所示界面中的 [挂账] 按钮可对该账户进行应收挂账处理（见图 10.7），该功能一般用于前期余额的期初录入、客户的消费不计入前台而直接在后台输入等情况。

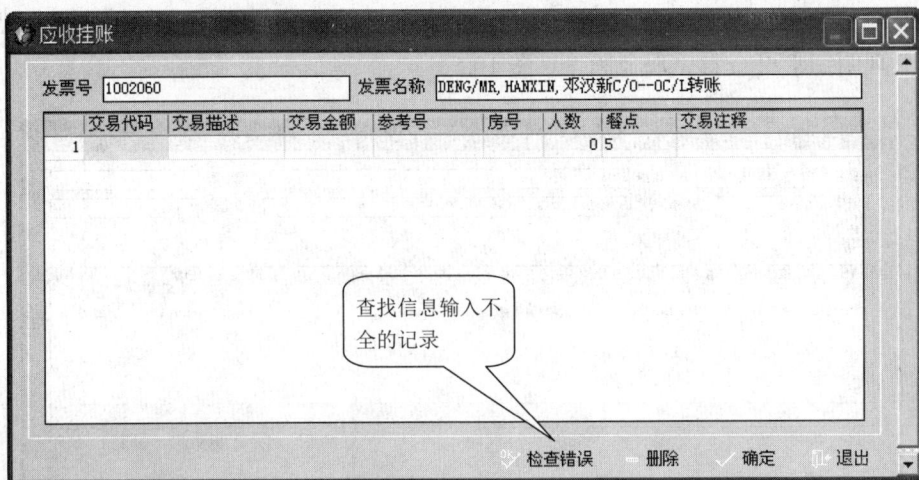

图 10.7　应收挂账处理

（5）争议：点击图 10.4 所示界面中的 ❓ **争议** 按钮，可将所选择的交易明细设置成争议金额（见图 10.8），一般当客户不认可该次消费或为不确定的消费，且只有发票余额不为零时才可用此功能。"！"标志表示争议，该记录字体为蓝色。对已置争议金额的交易再次设置争议时，原争议标志取消。

日期	交易代码	交易名称 ▽	前台交易代码	前台交易描述	金额	参考号	争议	创建日期	创建操作
2004-06-26	905	A/R City Led 251		法鲁王宫KTV四楼	2,214.00	0 0085074	❗	2004-06-26	3612

图 10.8　争议

（6）转移（右键菜单）：可以将交易转移至其他发票（转移操作见图 10.9）。

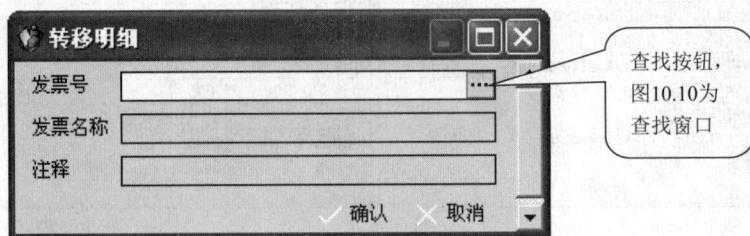

图 10.9　交易转移

◆转移至发票：可通过图 10.9 所示的查找按钮查找已经存在的发票，将交易转移至该已经存在的发票（见图 10.10）。

◆转移至新发票：如果需要将业务转移至新发票即只需在图 10.10 所示的【发票号】栏或【发票名称】栏输入发票号或发票名称，并点击【确认】按钮即可（见图 10.11）。

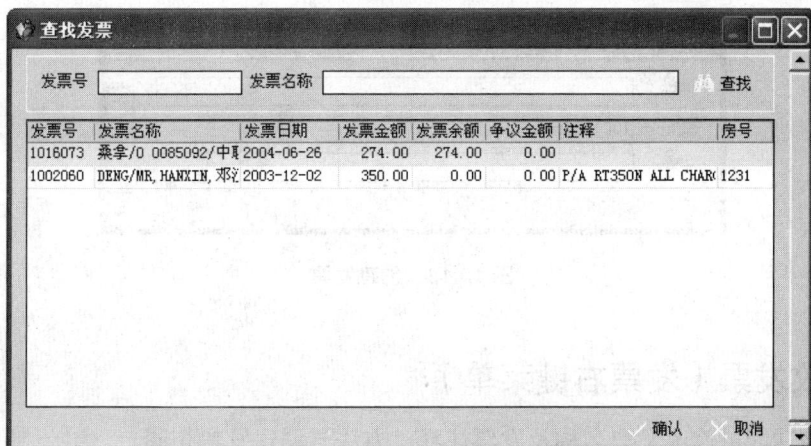

10.10　查找结果

图 10.11　转移至新发票

二、显示（发票右键菜单）

使用该功能可以显示发票的详细信息（见图 10.12）。

图 10.12　显示发票详细信息

三、创建发票（发票右键菜单）

如果需要补入一些费用，可先创建发票然后在发票下挂账。在发票显示区点击鼠标右键选择【创建发票】，出现如图 10.13 所示界面，输入发票名称后【确认】即可。

图 10.13　创建发票

四、修改发票（发票右键菜单）

使用该功能可修改发票名称及发票注释，方法与创建发票相同。

五、打印发票（发票右键菜单）

打印发票功能用于打印发票下的明细交易（见图 10.14），打印发票界面相关选项及说明如表 10.2 所示。

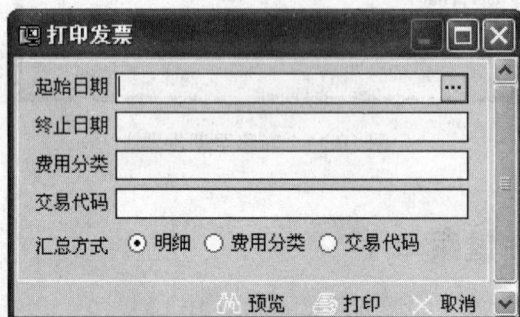

图 10.14　打印发票

表 10.2　打印发票界面选项及说明

选项	说明
起始日期	发票日期范围的起期
终止日期	发票日期范围的止期
费用分类	所要打印的交易代码的费用分类，可复选
交易代码	所要打印的交易代码可复选
明细	按明细打印
费用分类	按交易代码的费用分类打印
交易代码	按相同的交易代码分类打印

六、转账（发票右键菜单）

可在账户间对发票进行转账操作。在图 10.15 所示的查找界面中查找出目的账户后选择并点击【确认】按钮即可实现转账操作。

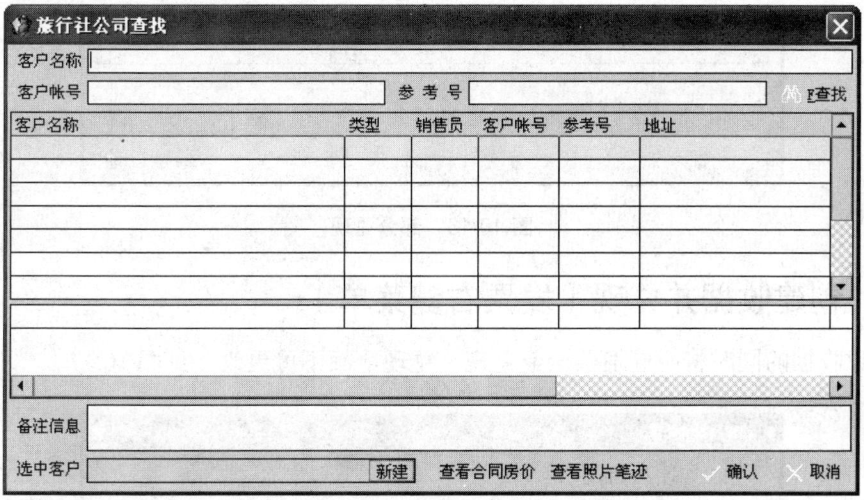

图 10.15 转账

七、挂账（发票右键菜单）

对账户进行挂账操作，一般用于前期余额的期初录入、客户的消费不计入前台而直接在后台输入等情况，具体操作参见本模块实训一。

八、发票争议（发票右键菜单）

发票争议是指对所选中的发票作争议处理。

九、全部兑现（发票右键菜单）

全部竞现功能用于将所选余额不为零的发票进行全额兑现操作。先在收据显示区选择余额不为零的收据，然后选择全部兑现并确认即可。

十、部分兑现（发票右键菜单）

将所选余额不为零的发票进行部分兑现，需要手动输入兑现金额。如果发票余额为正数，则输入兑现金额为负数；如果发票余额为负数，则输入兑现金额为正数（见图 10.16）。

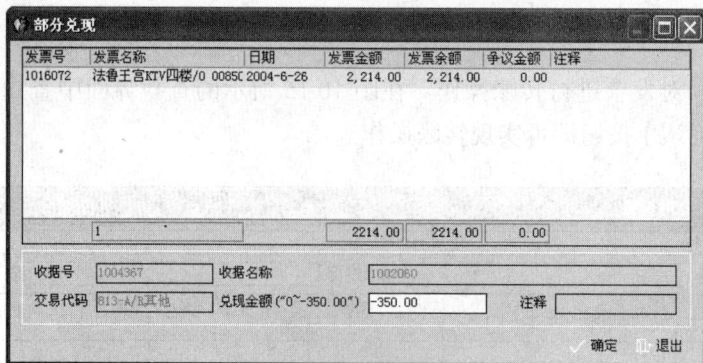

图 10.16　部分兑现

十一、创建收据并兑现（发票右键菜单）

创建收据的同时将所选发票全额兑现，兑现金额不可更改（见图 10.17）。

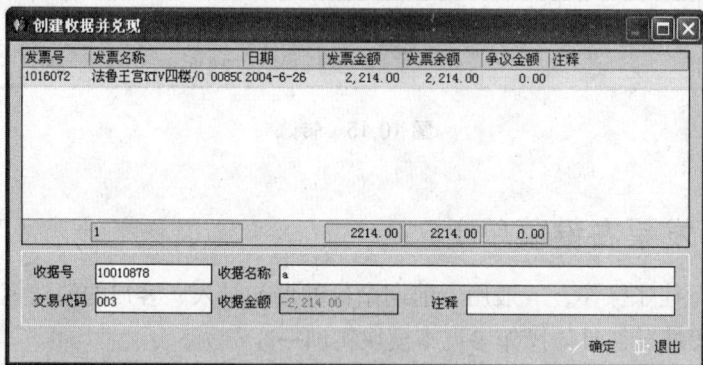

图 10.17　创建收据并兑现

十二、快速平账（发票右键菜单）

将所选发票余额冲减为零，可多选发票同时冲减。选择交易代码后点击【确定】按钮即可。快速平账时的金额不可更改（见图 10.18）。

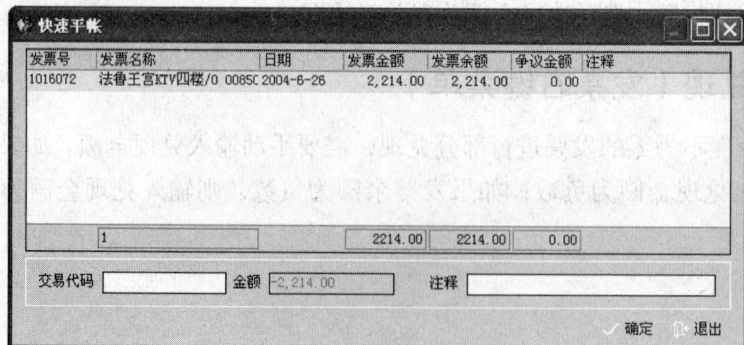

图 10.18　快速平账

十三、定位发票（发票右键菜单）

可以通过发票号查找发票将其定位。

十四、查询（发票操作更多按钮）

可对所选账户下的所有发票进行综合查询（见图 10.19）。

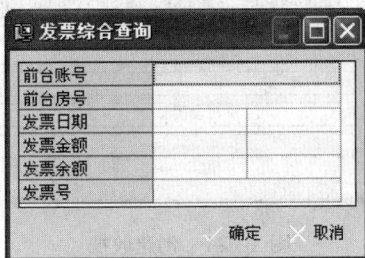

图 10.19　查询

十五、收据明细（收据右键菜单）

收据明细功能用于显示收据的交易明细，其中包括付款方式、兑现金额或取消兑现金额及兑现发票号等（见图 10.20）。

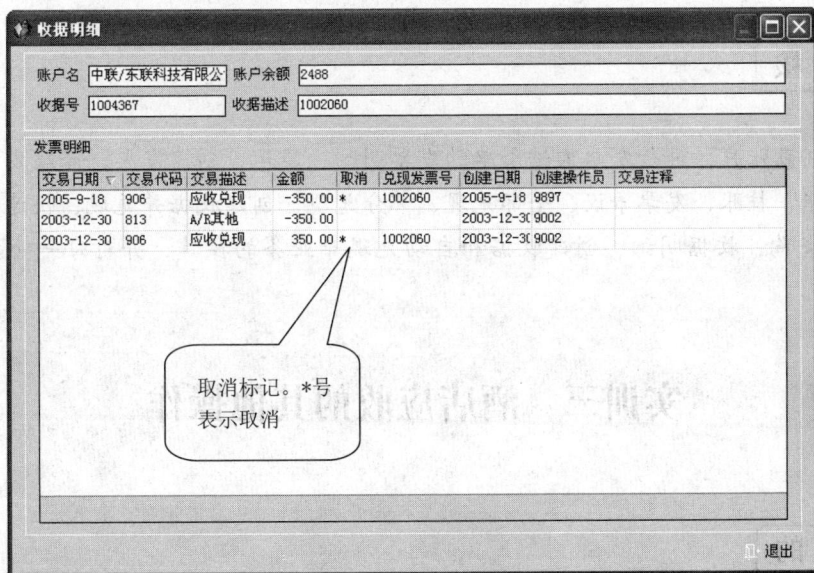

图 10.20　数据明细

在图 10.20 所示界面，点击鼠标右键可以执行以下操作：

（1）显示有效交易（右键菜单）：显示或关闭有取消标志的交易。

（2）取消兑现（右键菜单）：取消选中的已兑现的交易。

（3）打印列表（右键菜单）：打印收据明细交易。

十六、创建收据（收据右键菜单）

创建收据相当于账户付款（见图 10.21），付款金额为负数时表示收钱，为正数时表示退钱。

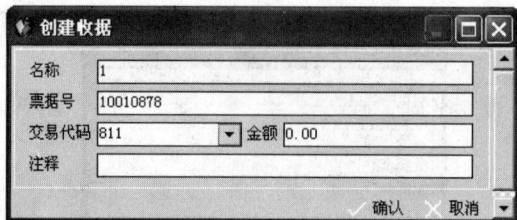

图 10.21　创建收据

十七、修改收据（收据右键菜单）

修改收据只能修改收据名称及注释，无法创建收据。

十八、自动兑现（收据右键菜单）

将所选收据自动兑现所有发票，直到收据余额为零。

实训考核

打开任意账户，进行发票右键菜单的发票明细、显示、创建发票、修改发票、打印发票、转账、挂账、发票争议、全部兑现、部分兑现、创建收据并兑现、快速平账、定位发票、查询、收据明细、创建收据和自动兑现等业务的操作，并对每一步操作截图保存。

实训三　酒店应收的其他操作

实训目的

1. 掌握酒店应收账户联系人的管理操作；
2. 掌握酒店应收定位发票、应收结算单、打印发票、账户导入、数据维护和打印列表等操作。

打开酒店应收界面，进行账户联系人管理、定位发票、应收结算单、打印发票、账户导入、数据维护和打印列表等业务操作。

一、酒店应收账户联系人管理

可通过联系人功能查看当前应收账户的所有联系人及签单授权人。在联系人区域点击鼠标右键可新建联系人（自动生成永久类型的客史档案）、修改联系人、作废联系人（不影响该联系人的客史状态，作废后可恢复）、休眠联系人（不影响该联系人的客史状态，休眠后可恢复）、查看联系人业绩。在签单授权人区域点击鼠标右键可新建签单授权人（自动生成永久类型的客史档案）、修改签单授权人、删除签单授权人（不影响该签单授权人的客史状态、删除后可添加原签单授权人）。

二、定位发票

定位发票用于精确查找发票，需要通过发票号来实现（见图 10.22）。可通过定位发票方法来查找账户。

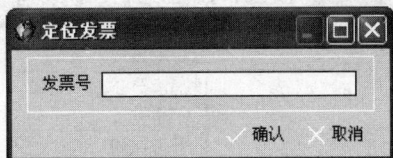

图 10.22 定位发票

三、应收结算单

可以预览、打印应收结算单，具体操作见图 10.23。

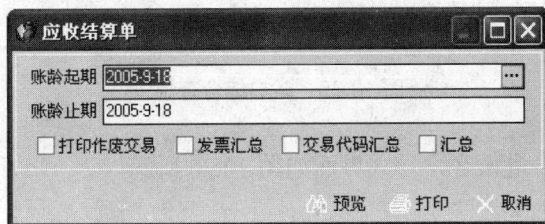

图 10.23 应收结算单

四、打印发票

可以预览、打印发票，具体操作见图 10.24。

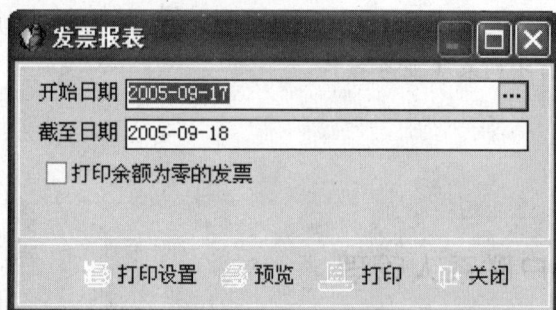

图 10.24　打印发票

五、账户导入

可以将销售部建立的协议单位导入到应收账户，即协议单位在享受销售部优惠政策的同时也可作为一个应收账户在后台统计未结账的费用有多少，在这种情况下可以利用导入功能把销售部建立好的协议单位的基本信息导入到应收账户。

点击【账户导入】，弹出客户综合查询界面，可以查找要导入的账户，如图 10.25 所示。

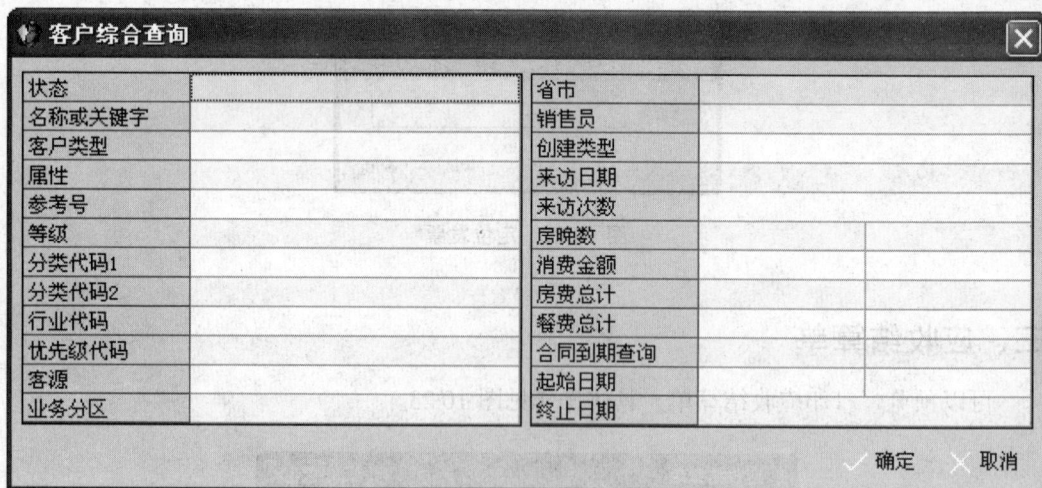

图 10.25　客户综合查询

查找确认客户后，进入客户导入界面如图 10.26 所示。

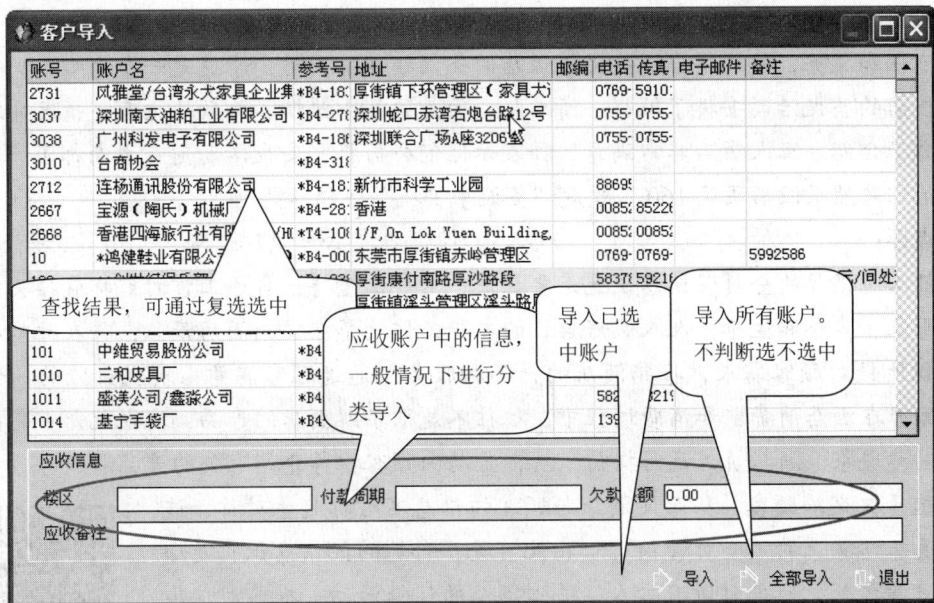

图 10.26　客户导入

六、数据维护

数据维护是维护发票余额和账户余额的统一的工具，一般每个月进行一次维护操作。

七、打印列表

打印列表功能用于打印账户的查询结果。

实训考核

1. 新建应收账户联系人（以自己为例）并进行修改联系人、作废联系人操作。对每一步骤进行截图保存；

2. 对任意账户进行定位发票、应收结算单、打印发票、账户导入操作。

知识链接

南京古南都饭店总机接线员的促销意识

圣诞节前某晚午夜时分，南京古南都饭店总机当班的小李，接到某外资公司一位客人的电话，询问圣诞活动预订事宜，并说曾打电话给另一家酒店，因该店总机接线员告之订票处已经下班，于是便打电话到古南都询问。小李接到客人的电话，尽管此事并非她直接的工作范围，但是脑海中立即意识到这事关系饭店形象，做好咨询服务是自己应尽的责任和义务，处理得当还能促进饭店的圣诞销售，同时小李也是一个有心人，平时已将饭店的圣诞活动安排了解得一清二楚，于是她马上热情、细致地把有关情况向客人一一作了介绍。客人听后非常满意，并表示他们公司将平安夜活动定在古南都了。第二天，他们果然来饭店买了160张欢度"圣诞平安夜"促销券。

点评：

酒店所倡导的全员营销意识就是要让每一名员工懂得，自己工作的好坏直接关系酒店的形象、声誉和生命，人人做好自己的本职工作就是在促销酒店产品，并在此基础上有意识地针对顾客需求，推销酒店的产品和服务，通过顾客满意来实现最佳的销售效果。顾客在酒店消费前和消费过程中，往往不是很了解酒店的产品，这也就是常见的信息不对称现象。酒店员工及时提前了解，主动向顾客推荐介绍有关的产品和服务，礼貌地将选择权交给顾客，从而使酒店与顾客的信息不对称趋于对称，这才是真正意义上的"全员营销"。由此可见，自觉的促销意识正是小李的可贵之处。她平时做有心人，关心酒店的促销活动，提前对这次圣诞活动的各项内容了解得清清楚楚，因而面对客人的询问，她胸有成竹，详细解答，抓住了这个意外的促销机会。

资料来源扫一扫

模块十一

夜审

实训一　酒店夜审基本操作

实训目的

1. 了解酒店夜审界面的结构和功能；
2. 掌握夜审和夜审结果汇总的流程和操作。

实训内容

打开系统，进入夜审界面，进行夜审准备、过房费和夜审等业务的操作，并进行结果汇总。

实训步骤

一、酒店夜审功能界面

夜审即夜间审核，是酒店为所有在店房间过房费，审核全天交易的合理性，生成各种统计报表，将酒店日期更改为下一天的功能。酒店夜审界面如图 11.1 所示。

夜审默认有五个步骤：夜审准备、过房费、夜审开始、交易审核、夜审结束。夜审操作方法非常简单，依次选择每一步后点击【开始】按钮即可执行该步操作，可对审核出现的问题进行处理。

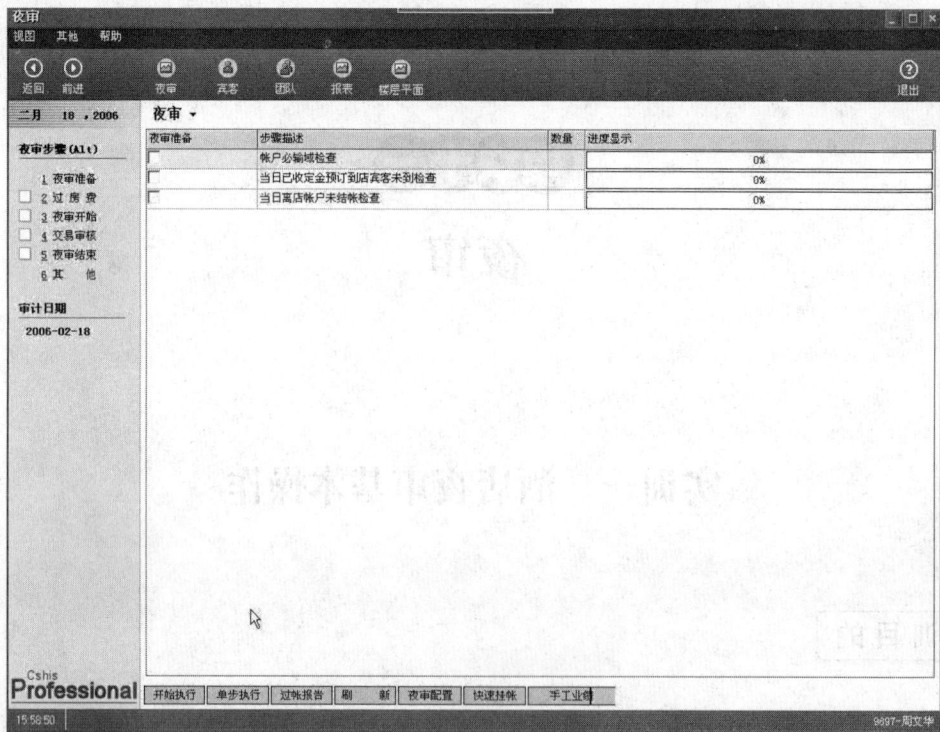

图 11.1 酒店夜审界面

二、夜审准备

夜审准备是检查当日入住的宾客登记的项目是否完整，当日已经收到订金的宾客是否已经到店，当日预计离店的宾客是否全部离店，当日销售点的账单是否有已经付款但没有结账，昨日是否有冻结单等情况。如果有上述各种情况必须处理完成才可以进行夜审。

三、过房费

按照房税结构向每间房间内挂入费用以及挂入前台定义的自动挂账金额，生成当日的过房费报告。

四、夜审开始

夜审各步骤操作内容如表 11.1 所示。

表 11.1　夜审操作步骤

步骤名	操作内容
设置未到账户	把预订今日到店但未到宾客改为预订未到状态
系统快照	保留当前的房态、宾客状态

续表

步骤名	操作内容
更改房态	更改在店宾客的房间状态为脏房
释放维修、关闭、暂停使用房	将到期的维修、关闭、暂停使用房释放为可用房
释放会议	将到达释放日期的会议房释放为可用房
拆分夜审结构	按照夜审拆分的设置拆分收入项目
佣金转收入	把销售部当日返还的佣金冲减入收入
更改酒店日期	更改酒店营业日期到下一天
接口处理	—
杂项处理	—
信用卡/Cityleger转应收	发生的信用卡账转入应收账
永久账户转应收	永久账户中发生的账务转入应收账
权责佣金拆分	从今日的房费中拆分今日应返还的佣金

五、交易审核

审核酒店的全部交易，打印酒店的交易审核报表，打印其他需要夜审生成的报表（如宾客欠款报告、应收对账报表等）。

六、夜审结束

夜审结束流程需要完成的具体操作内容如表 11.2 所示。

表 11.2　夜审结束流程操作步骤

步骤名	操作内容
公司汇总统计数据	生成公司统计报表
交易汇总	生成交易汇总报表
市场分析	生成各种市场分析报表
客源分析	生成各种客源分析报表
账户统计	生成各种账户类型分析报表
房类统计	生成各种房类分析报表
国籍（省市、地区）分析	生成国籍统计报表
杂项统计	生成其他各种统计报表
宾客历史统计	汇总统计宾客历史
销售点夜审	生成各种销售点汇总报表

续表

步骤名	操作内容
修改房价	按价格策略更改房价
更改每日房价	更新每日房价类型的客人房价
作废合同	作废到期合同
佣金处理	实现佣金拆分
权责发生业绩	权责发生情况的业绩统计
交易汇总收回统计	收回交易汇总统计
更改审计日期	更改审计日期，完成夜审操作

实训考核

1. 夜审、夜审准备、过房费的定义；
2. 夜审步骤有哪些；
3. 进行夜审操作，并打印酒店的交易审核报表，打印其他需要夜审生成的报表。

实训二　酒店夜审附加操作

实训目的

1. 了解酒店夜审其他可以增添的步骤；
2. 掌握酒店夜审的快速挂账、单步执行和夜审配置等业务操作。

实训内容

打开系统，进入夜审界面，进行快速挂账、单步执行和夜审配置等业务操作。

实训步骤

一、快速挂账

使用快速挂账功能可以在夜审时向宾客账户补入账务。使用该功能的方法为：
登录系统→夜审→快速挂账

二、单步执行

使用单步执行功能可以单步执行选中的夜审步骤。使用该功能的方法为：

登录系统→夜审→选中需要执行的夜审步骤→单步执行

三、夜审配置

在操作菜单里有夜审配置功能（见图 11.2），使用该功能可以配置夜审步骤，增加或减少夜审操作，并可以设置某步操作为已经完成或未完成状态。使用夜审配置功能的方法为：

登录系统→夜审→夜审配置

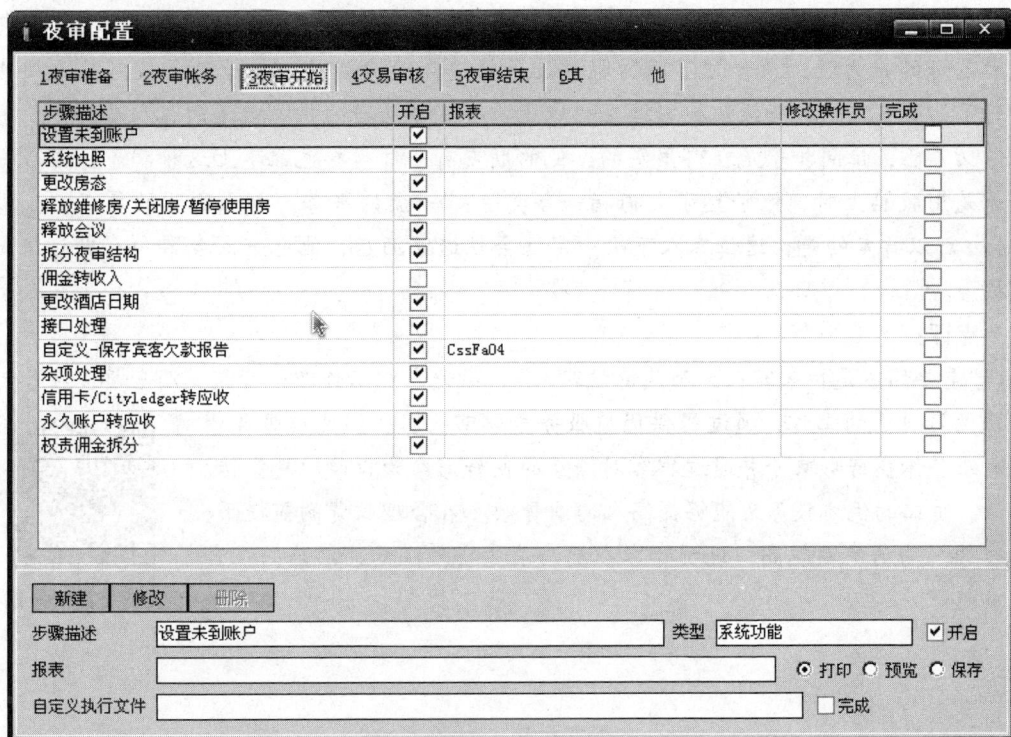

图 11.2 夜审配置

四、其他功能

可以根据酒店的需要适当增添夜审的步骤。

实训考核

1. 对任意宾客进行快速挂账；
2. 单步执行夜审操作。

知识链接

粘好的扣子

　　一天上午，某酒店洗衣房员工小袁像往常一样，认真地检查收洗的客衣。当检查到937号房客人的衣物时，她发现一件蓝衬衣上的小领扣碎了。她立即征求了客人意见，客人说这件衣服是在国外买的，扣子是特制的，可能不好配。但因为碎的是领扣，客人请小袁尽量想办法配上，同色相似的也可以，他第二天要穿这件上衣会客。小袁答应了客人的要求，回到洗衣场，找遍了酒店的所有备用扣，发现确实没有这样的扣子。情急之下，聪明的小袁灵机一动，想到了用强力胶把它粘上。事不宜迟，小袁立即去工程部借来最好的强力胶，在台灯下仔细地拼接和粘连，20分钟后，扣子终于被完整无缺地粘好了，小袁又一针一线地把它缝在衬衣上。当完整洁净的衬衫被送回客人房间时，客人惊叹不已，忙问扣子是在哪里买的，他的朋友有一件衬衫也配不上这种扣子，当得知扣子是用胶粘上时，他竖起了大拇指，夸奖道："一流的服务，加上聪明的员工，我服了！"可以肯定的是，这位客人下次一定还会住这家酒店，他也一定会常向人提起纽扣的故事。

　　点评：

　　"重要的不是拉来客人，而是留住客人"，做好本职工作即是营销。酒店员工在各自岗位做好自己的工作，通过提供优质服务争取回头客；用优质服务树立酒店整体良好形象，并通过宾客对酒店的良好形象为口碑对外宣传。同时，员工的优质服务又能够提高人均消费额。在合理收费的前提下，宾客的人均消费额越高，说明宾客在酒店消费得越满意，酒店的综合效益越好。

资料来源扫一扫

第三篇　理论拓展篇

模块十二
酒店管理信息系统之云服务

知识一 关于云服务

一、云服务的概念

云服务是基于互联网的相关服务的增加、使用和交付模式，通常涉及通过互联网来提供动态易扩展且经常是虚拟化的资源。云是网络、互联网的一种比喻说法。过去往往用云来表示电信网，后来也用来表示互联网和底层基础设施。云服务指通过网络以按需、易扩展的方式获得所需服务。这种服务可以和软件、互联网相关，也可以是其他服务，它意味着计算能力也可作为一种商品通过互联网进行流通。

二、背景

云计算（Cloud Computing）是分布式计算（Distributed Computing）、并行计算（Parallel Computing）、效用计算（Utility Computing）、网络存储（Network Storage Technologies）、虚拟化（Virtualization）、负载均衡（Load Balance）等传统计算机和网络技术发展融合的产物，是继 20 世纪 80 年代大型计算机到客户端—服务器的大转变之后的又一次巨变。

三、市场

从云计算的服务模式上看，个人云的诞生其实是整个云计算服务整体的一个延伸，个人云服务领域也必将得以不断地拓展，其市场价值也会得到凸显，根据个人云存储厂商云创存储的云服务调查报告显示，目前有将近 5000 万的用户在使用个人云服务，个人云服务截至目前的应收已经达到了 2.4 亿美元，它的市值大约为 40 亿美元。通过上述的一组数字我们可以看出，就现阶段来说，个人云的云计算服务模式仍然还处在一个刚刚起步的阶段，作为云计算的一种，和其他的云计算服务模式一样，个人云在对于信息的存储方面，同样是把用户的大量数据上传到云计算服务提供商的服务器设备当中，并且由运行在服务器中的应用程序进行相应的计算，个人用户可以借助终端中的客户端软件访问个人云服务。这点同公共云以及私有云的技术原理都是相同的。

四、特点

通过使计算分布在大量的分布式计算机上，而非本地计算机或远程服务器中，企业数据中心的运行将与互联网更相似。这使得企业能够将资源切换到需要的应用上，根据需求访问计算机和存储系统。好比是从古老的单台发电机模式转向了电厂集中供电的模式。它意味着计算能力也可以作为一种商品进行流通，就像煤气、水电一样，取用方便，费用低廉。最大的不同在于，它是通过互联网进行传输的。

五、形式

1. 公共云和私有云

简单来说，云服务可以将企业所需的软硬件、资料都放到网络上，在任何时间、地点，使用不同的 IT 设备相互连接，实现数据存取、运算等目的。当前，常见的云服务有公共云（Public Cloud）与私有云（Private Cloud）两种。

2. 公共云成本较低

公共云是最基础的服务，多个客户可共享一个服务提供商的系统资源，无须架设任何设备及配备管理人员，便可享有专业的 IT 服务，这对于一般创业者、中小企来说，无疑是一个降低成本的好方法。公共云还可细分为 3 个类别，包括 Software-as-a-Service（SaaS，软件即服务）、Platform-as-a-Service（PaaS，平台即服务），以及 Infrastructure-as-a-Service（IaaS，基础设施即服务）。

我们平日常用的 Gmail、Hotmail、网上相册等都属于 SaaS 中的一种，主要以单一网络软件为主导；至于 PaaS 则以服务形式提供应用开发、部署平台，加快用户自行编写 CRM（客户关系管理）、ERP（企业资源规划）等系统的时间，只是用户必须具备丰富的 IT 知识。

六、优缺点

1. 优势

云开发的优势之一就是规模经济。利用云计算供应商提供的基础设施，同在单一的企业内开发相比，开发者能够提供更好、更便宜和更可靠的应用。如果需要，应用能够利用云的全部资源而无须要求公司投资类似的物理资源。

说到成本，由于云服务遵循一对多的模型，与单独的桌面程序部署相比，成本极大地降低了。云应用通常是"租用的"，以每用户为基础计价，而不是购买或许可软件程序（每个桌面一个）的物理拷贝。它更像是订阅模型而不是资产购买（和随之而来的贬值）模型，这意味着更少的前期投资和一个更可预知的月度业务费用流。

部门喜欢云应用是因为所有的管理活动都经由一个中央位置而不是从单独的站点或工作站来管理。这使得员工能够通过 Web 来远程访问应用。其他的好处包括用需要的软件快速装备用户（称为"快速供应"），当更多的用户导致系统重负时添加更多计算资源

（自动扩展）。当你需要更多的存储空间或带宽时，公司只需要从云中添加另外一个虚拟服务器即可。这比在自己的数据中心购买、安装和配置一个新的服务器容易得多。

对开发者而言，升级一个云应用比传统的桌面软件更容易。只需要升级集中的应用程序，应用特征就能快速顺利地得到更新，而不必手动升级组织内每台台式机上的单独应用。有了云服务，一个改变就能影响运行应用的每一个用户，这大大降低了开发者的工作量。

2. 不足

云开发最大的不足就是给所有基于 web 的应用带来麻烦的问题：它安全吗？基于 web 的应用长时间以来就被认为具有潜在的安全风险。由于这一原因，许多公司宁愿将应用、数据和 IT 操作保持在自己的掌控之下。

也就是说，利用云托管的应用和存储在少数情况下会产生数据丢失。尽管可以说，一个大的云托管公司可能比一般的企业有更好的数据安全和备份工具。然而，在任何情况下，即便是感知的来自关键数据和服务异地托管的安全威胁也可能阻止一些公司这么做。

另外一个潜在的不足就是云计算宿主离线所导致的事件。尽管多数公司说这是不可能的，但它确实发生了，亚马逊的 EC2 业务在 2008 年 2 月 15 日经受了一次大规模的服务中止，并抹去了一些客户应用数据。该次业务中止由一个软件部署所引起，它错误地终止了数量未知的用户实例。对那些需要可靠和安全平台的客户来说，平台故障和数据消失就像被粗鲁地唤醒一样。更进一步讲，如果一个公司依赖于第三方的云平台来存放数据而没有其他的物理备份，该数据可能处于危险之中。

知识二　云服务在酒店中的应用

一、慧云的结构

（1）慧云是新一代基于互联网架构的云版 PMS 酒店管理系统，采用 SaaS 模式进行开发，如图 12.1 所示为其功能结构图。

（2）采用"云架构 + 智能客户端"形式。

（3）支持私有云、私有云部署方案。

（4）能够更好地满足在移动设备上、微信上、离开办公场所时对 PMS 的使用要求。

（5）开放的开发者平台，提供百余种接口供各种"互联网 +"营销公司使用，涵盖酒店各项对客服务流程。

（6）加密认证的云端开发平台，让数据更安全。

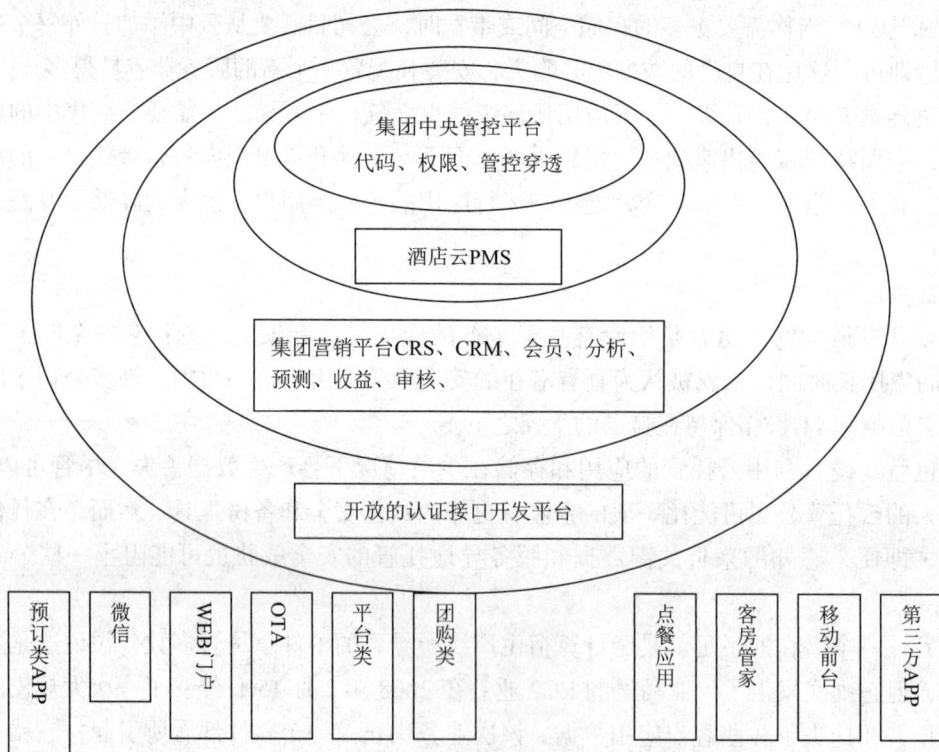

图 12.1　慧云 PMS 酒店管理系统功能结构图

二、慧云的特点

如图 12.2 所示为慧云酒店管理系统的登录界面，其具有以下特点：

图 12.2　慧云酒店管理系统登录界面

（1）基于集团层面进行设计，在软硬件投入、各店基础能源消耗、人员配备等方面都能为集团节省大量成本。可扩展酒店管理的设计核心：慧云采用基于集团加酒店的架构进行设计，对于扩展酒店，提供了方便快捷的操作模式，新增酒店仅需要在慧云上进行简单的设置，就可以实现扩展（见图12.3），且可以多酒店共用一个数据库，实现集团和酒店的数据统一存储。

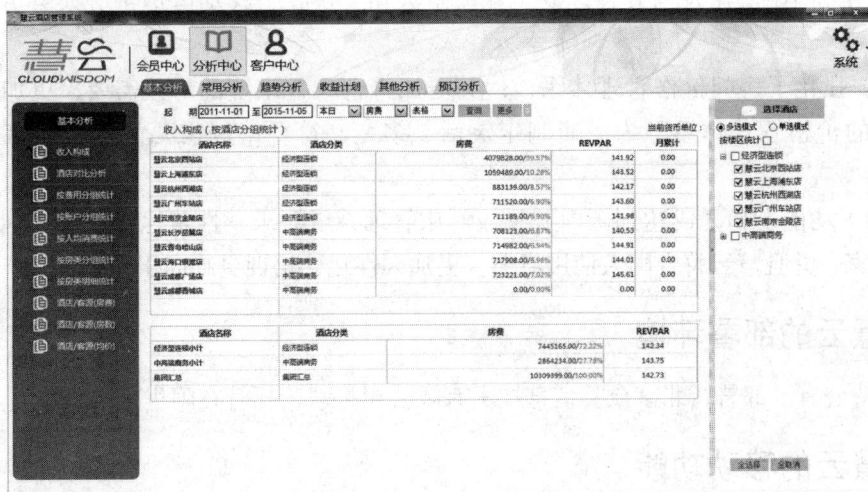

图12.3　慧云新增酒店的扩展

（2）基于集团统一管控的管理平台：慧云具有集团统一管控平台，在集团管理中，各单店的代码统一、设置统一，提供了一键式的管理平台，完全杜绝了各单店分别调整的难题，杜绝了数据不一致的问题。

（3）基于集团统一营销活动（如会员消费积分提醒、微信活动等）的管理平台：慧云提供集团活动设置平台，针对一个新的营销活动，集团总部仅需要在管理平台上进行一次性的设置，就可以在整个门店实现，真正达到了今天完成活动方案，明天即可上线的效率；也为集团设计丰富多彩的活动提供了便利的技术支持。

（4）基于集团预订的管理平台：慧云提供了集团统一预订平台，通过慧云集成的集团统一预订平台，各个第三方分销渠道，可以方便快捷地获取集团各个门店的库存，也可以通过预订平台实现双向预订，并获取预订结果。使集团、各个渠道、客人方便快捷地实现订单的直连。

（5）基于集团会员管理的平台：慧云提供了集团统一会员管理平台，通过这个平台，可以实现会员卡、储值卡、积分在各个单店的流转和使用。（注：该部分包括集团各类优惠券。）

（6）基于集团销售合同的管理平台：慧云提供了集团统一的合同管理平台，通过这个平台，方便实现了一份销售合同，在某一门店、各个门店、部分门店的使用。

（7）基于渠道管理的管理平台：慧云提供了集团统一的渠道管理平台，通过渠道管理平台，集团可统一管理不同渠道的价格、可用房量，各门店也可以通过渠道管理平台，向不同渠道开放自己的价格和可用房量。

（8）基于开放的开发者平台：慧云提供了统一的开发者平台，并提供百余种接口供各种"互联网＋"营销公司使用，涵盖酒店各项对客服务流程。使酒店能够根据自己的定位，完成 PMS 系统和第三方服务公司的应用对接，实现对客服务前置化、在店体验移动化等国外领先的服务模式。也能使酒店开发出具有本店特色的微信应用、APP 应用、网站应用及与其他厂商（如航空公司、银行、移动电信）交换会员，实现引流。

（9）强化了房间价格管理体系，使其更加符合收益系统的对接需要，更加贴近国际流行的价格管控体系。为酒店制定灵活、多变、符合市场需要的价格政策提供了可能。

（10）功能上超九成达到国内五星级酒店管理系统要求，性价比明显优于国际知名 PMS 厂家，并且慧云符合国人使用习惯，更加人性化，培训更趋向于简单。

三、慧云的部署环境

支持公有云部署，北京众荟信息技术有限公司将慧云托管在阿里云。

四、慧云的移动功能

慧云自身具备移动互联功能，如表 12.1 所示。其移动端登录界面如图 12.4 所示，操作界面如图 12.5 所示。

表 12.1　慧云具备的移动互联功能

酒店应用	功能	实现方式
移动前台	开房	具备
	挂账	具备
	结账	具备
	房态查询	具备
	询价	具备
	经理查询	具备
内部管理	移动查房	具备
微信服务	会员服务	具备
	预订服务	具备
	酒店展示	具备
IPAD	餐厅点菜（HTMenu）	具备

图 12.4　慧云移动端登录界面

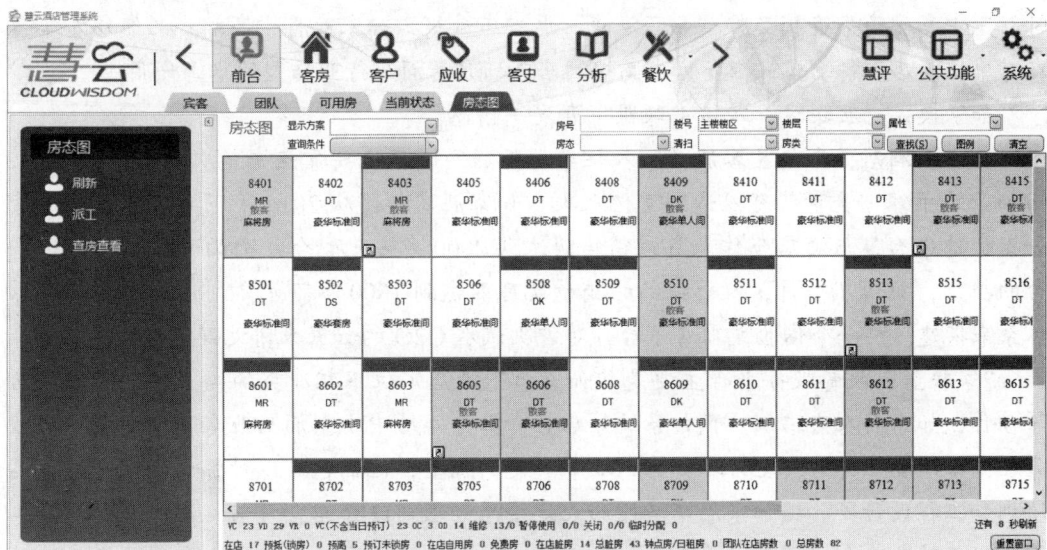

图 12.5　慧云移动端操作界面

SDK 开放平台供第三方编程配对功能如表 12.2 所示。

表 12.2　SDK 开放平台供第三方编程配对功能表

酒店应用	功能	接口开放情况
服务前置	提前选房	开放接口
	餐饮预订	开放接口
在店体验	微信开房	开放接口
内部管理	酒店APP	开放接口

实训考核

　　通过互联网和实地调查，写一份报告："互联网＋酒店"的未来发展畅想。

知识链接

互联网时代酒店转型之"如家"样本

　　对于酒店业而言，宏观政策使得高端酒店市场不得不更关注商务领域，希望通过抓住中等收入人群和商务人士来实现转型。而脱胎于经济型酒店的一些中档酒店，纷纷打出个性化文化、服务的招牌，来为出差人士提供最好的住宿体验。

　　4 月 8 日，如家酒店集团发布其全新中端商务连锁酒店品牌"如家精选酒店"，同时旗下中高端商务连锁品牌"和颐酒店"也宣布升级，如家此番中高端产品线的发布旨在对中档酒店进行重塑，但发力中高端酒店市场只是酒店行业转型的冰山一角。

　　如家模式：互联网＋零售＋联盟＋开发＋情感。

　　过去做酒店，主要靠客流量、入住率，互联网时代主要靠点击量次数来统计数据，而如家的年客"流量"可以达到 1 亿人次。如家酒店集团从 2014 年下半年开始试运营如家优选平台，与酒店合作卖月饼销售额达到 2000 多万元。今年全面开展如家优选平台的推广，短短几个月，仅棉织品的销量就可以达到 1000 多万元。利用互联网和客源体系来搭建这样一个体验式零售平台，对首次试水 O2O 的如家来讲无疑是成功的。

　　"家联盟"收费服务平台主要是与如家旗下酒店定位不相冲突的高星级、单体酒店等合作，如家将人力培训、预订系统等后台资源分享给中小型酒店业者，中小酒店可挂靠在如家网站上，若发生订单如家则收取一定的佣金，他们也可以付费让如家进行各类培训和工程设计等。据如家酒店集团西北地区总经理刘波介绍，目前"家联盟"订房体系已经签约 400 余家酒店，将正式推向市场，并且未来会通过优选平台和这些酒店进一步进行零售业的合作。

　　在整合资源重新开发方面，如家酒店集团通过互联网平台将在短期小型公寓、移动办公方面进行拓展。刘波介绍："过去酒店生意非常好，出租入住率可保持在全年平均90% 以上，现在面临酒店行业日益激烈的竞争，会形成很多的闲置物业，如家要做的就是要利用和开发这些闲置物业，在小的移动办公、会议展示、异地工作房屋出租等方面，就可以利用这些闲置物业来重新分配资源，达到资源的最大化利用。"

　　在拓展上线旅游产业方面，如家开展"一道走"合作项目，根据顾客自己的想法来设计自己的行程，全程拍摄微电影。通过真人秀等形式，开展个性旅游，展示在旅游当中的个性和想法，延伸到个人梦想。第一季微电影推出，便获得了 200 多万元不俗的点击量，延展旅游文化方面对如家酒店集团来说，旨在挖掘出消费者更深层次的情感需要，建立"家"文化的旅行住宿生态圈。

刘波谈道："如家酒店集团几方面的转型升级，都离不开搭乘互联网这辆快车，与电商合作，利用自身的资源和系统，全国 3000 个如家旗下的酒店网络，遍布 335 个城市，1 亿人次的'流量'，这些对于任何电商来说都是巨大的吸引，利用电商的产品和物流，从去年尝试联手电商销售进口食品，不到一个月 20 多款产品卖断货的情况来看，这个跨界联盟是成功的。"

决战中端市场酒店转型必由之路。

据携程公共事务部经理陆扬分析："瞄准中端市场是酒店行业调整的一个趋势。"也有业内专家表示，酒店业在利润逐渐摊薄的形势下，利用"互联网+"概念联合旅游产业发展体验式消费电商平台或将是酒店产业转型新方向。在此转型当中，各酒店火力全开，都市 118 酒店利用"微信预订、选房、支付、开门"全方位服务，优质快捷的用户体验，成为都市 118 酒店产品成功的关键点。

在"2015 年中国连锁业 O2O 大会暨第十二届中国零售业信息化&电商峰会"上，如家酒店集团 CEO 孙坚介绍，如家酒店集团推出首家针对商旅人士的"如家精选酒店"亮相上海徐汇区，顾客进入酒店可以通过视觉、听觉、嗅觉、味觉、触觉感受到香氛、咖啡、音乐、艺术所带来的"五感"愉悦，满足现代商旅人士"品味并社交"的心理需求。

众多星级酒店也瞄准这块市场，西安某五星级酒店市场传媒部经理向记者坦言："高星级酒店把商务会议、商务散客、国内外休闲度假游客定位为主要消费群体。高速公路、高铁、航空交通网络的完善，加上国内外大牌企业入驻西安等因素对酒店行业起到积极的拉动作用。中高端市场是星级酒店转型的一块必争之地。"

而酒店业专家分析"在成本控制方面，经济型连锁酒店一直为业内所称道。同样房间数量，星级酒店需比经济型酒店多配备一半的人力资源，例如酒店餐饮，星级酒店普遍配备 80～100 人，经济型酒店餐饮方面相较弱化，一般餐饮配备人员在 10 人以内，人力成本开支节约很大"。刘波介绍："编制在 20 人左右的如家旗下经济型酒店每年的销售额在 700 万～800 万元之间，相较于同样规格配备上百人的星级酒店成本低、利润高，所以对竞争中高端酒店市场很有信心。如家酒店集团看好中高端酒店市场，今年计划新增 100 家中高端酒店。"中高端市场让酒店行业看到转型发展的新机遇，而"用户体验＋个性需求＋互联网思维"中每个部分的细节是整个行业的制胜之道。

资料来源扫一扫

附录一

快捷键列表

一、前台模块

（一）宾客按钮

1. 预订及开房

（1）散客预订：F4

（2）散客开房：F2

2. 右键菜单

（1）浏览账户：Alt+Z

（2）修改：Alt+E

（3）换房：Ctrl+F10

（4）复制合住：Alt+L

（5）设置同来人：Ctrl+Alt+A

（6）显示同来人：Alt+Q

（7）修改离期：Alt+D

（8）复制合住（预订）：Alt+B

（9）开房 undo：Alt+U

（10）宾客制卡：Alt+C

（11）打印户籍卡：Alt+G

（12）打印账单：Ctrl+P

（13）客房检查：F3

（14）结账：F7

（15）特殊付款：Ctrl+T

（16）签单控制：Ctrl+Q

（17）自动挂账：Ctrl+Z

（18）应收授权：Ctrl+O

（19）挂账 / 付款：Ctrl+G

（20）合并转账：Ctrl+Alt+T

（21）留言 / 通知 / 任务：Alt+M

（22）设置酒店功能：Ctrl+Alt+G

3. 宾客功能

（1）换房：Ctrl+F10

（2）修改离期：Alt+D

（3）打印户籍卡：Alt+G

（4）复制开房：Alt+R

（5）复制合住：Alt+L

（6）复制预订：Alt+F11

（7）复制合住（预订）：Alt+B

（8）删除同来人主账：Alt+Z

（9）显示同来人：Alt+Q

（10）客房检查：F3

（11）房税结构：Ctrl+R

（12）应收授权：Ctrl+O

（13）收押金：Ctrl+D

（14）财务信息：Ctrl+M

（15）销售点预订：Alt+F

（16）客史：Alt+V

（17）设置酒店功能：Ctrl+Alt+G

（18）宾客去向：Alt+W

（19）开房：Alt+U

（20）签单控制：Ctrl+Q

（21）收钥匙 / 取消收钥匙：Ctrl+F4

（22）切换到团队 / 会议：Alt+J

（23）文档：Alt+I

4. 收银处理

（1）自动转账：Ctrl+Alt+A

（2）提前结账：Ctrl+T

（3）费用打折：Ctrl+H

（4）暂存账单处理：Ctrl+Alt+T

（5）过房费：Ctrl+I

（6）交易查询：Ctrl+S

（7）显示交易注释：Ctrl+D

（8）会员卡授权：Ctrl+H

（9）打印发票：Ctrl+Alt+P

（10）证件扫描：Ctrl+Alt+S

5. 明细交易操作的右键菜单

（1）显示交易：Ctrl+D

（2）还原：Ctrl+Alt+R

（3）修改注释：Ctrl+J

（4）作废交易：Ctrl+Y

（5）删除交易：Ctrl+B

（6）自动冲减：Ctrl+E

（7）打印选择账目：Ctrl+Alt+P

6. 其他

（1）快速挂账：Ctrl+K

（2）列表显示备注：Ctrl+F1

（3）按房间号码查询：Alt+1

（4）按宾客姓名查询：Alt+2

（5）按账号查询：Alt+3

（6）按来店日期查询：Alt+4

（7）按离店日期查询：Alt+5

（8）按团名查询：Alt+6

（9）按协议单位查询：Alt+7

（10）综合查询：Alt+8

（11）按会员卡查询：Alt+9

（12）按预订号查询：Alt+A

（13）查房完毕的房间：Ctrl+F2

（14）刷新查房结果：Ctrl+F3

（15）打开下拉菜单按钮：F4

（二）团队

1. 团队界面

（1）新建（团队）：Ctrl+G

（2）复制（团队）：Ctrl+L

（3）修改（团队）：Ctrl+E

（4）修改房价：Ctrl+A

（5）团队移动：Ctrl+M

（6）取消（团队）：Ctrl+D

（7）恢复（团队）：Alt+R

（8）浏览（团队）：Alt+Z

（9）新增团员：Alt+A

（10）锁房／开房：Alt+B

（11）特殊付款：Ctrl+T

（12）房税结构：Ctrl+K

（13）财务信息：Ctrl+M

（14）设置酒店功能：Alt+G

（15）销售点预订：Ctrl+P

（16）打印通知单：Ctrl+Y

（17）日志查询：Alt+H

2. 其他

（1）按团队名称查询：Alt+1

（2）按来店日期查询：Alt+2

（3）按离店日期查询：Alt+3

（4）按团队代码查询：Alt+4

（5）按公司名称查询：Alt+5

（6）按协议单位查询：Alt+6

（7）按主单号查询：Alt+7

（8）按预订号查询：Alt+8

（9）综合查询：Alt+9

（10）查询当日离店团队：Ctrl+Alt+B

（11）查询当日预抵团队：Ctrl+Alt+A

（12）查询明日预抵团队：Ctrl+Alt+C

（13）打开下拉菜单按钮：F4

（三）房态图

1. 右键菜单

（1）房间信息：Ctrl+Q

（2）新建维修房：Ctrl+B

（3）新建暂停使用：Ctrl+G

（4）新建关闭：Ctrl+H

（5）取消暂停使用：Ctrl+K

（6）取消关闭：Ctrl+L

（7）派工：Ctrl+Alt+T

（8）清扫：Ctrl+C

（9）房态：Ctrl+R

（10）设置矛盾房：Ctrl+D

（11）设置扩展房态：Ctrl+E

（12）设置临时分配：Ctrl+A

（13）刷新：Ctrl+S

2. 其他

（1）按楼号楼层查询：Alt+1

（2）按房态查询：Alt+2

（3）按清扫状态查询：Alt+3

（4）按房类查询：Alt+4

（5）综合查询：Alt+6

（6）刷新：Alt+7

二、客房模块

（一）房态图按钮

1. 右键菜单

（1）房间信息：Ctrl+Q

（2）新建维修房：Ctrl+B

（3）新建暂停使用：Ctrl+G

（4）新建关闭：Ctrl+H

（5）取消暂停使用：Ctrl+K

（6）取消关闭：Ctrl+L

（7）派工：Ctrl+Alt+T

（8）清扫：Ctrl+C

（9）房态：Ctrl+R

（10）设置矛盾房：Ctrl+D

（11）设置扩展房态：Ctrl+E

（12）设置临时分配：Ctrl+A

（13）刷新：Ctrl+S

2. 其他

（1）按楼号楼层查询：Alt+1

（2）按房态查询：Alt+2

（3）按清扫状态查询：Alt+3

（4）按房类查询：Alt+4

（5）综合查询：Alt+6

（6）刷新：Alt+7

（二）宾客按钮

1. 右键菜单

（1）浏览：Alt+Z

（2）显示同来人：Alt+Q

（3）特殊付款：Ctrl+T

（4）签单控制：Ctrl+Q

（5）自动挂账：Ctrl+Z

（6）合并转账：Ctrl+Alt+T

（7）留言/通知/任务：Alt+M

2. 其他

（1）按房间号码查询：Alt+1

（2）按宾客姓名查询：Alt+2

（3）按账号查询：Alt+3

（4）按来店日期查询：Alt+4

（5）按离店日期查询：Alt+5

（6）按团名查询：Alt+6

（7）按协议单位查询：Alt+7

（8）综合查询：Alt+8

（9）按会员卡查询：Alt+9

（10）按预订号查询：Alt+A

（11）查房完毕的房间：Ctrl+F2

（12）刷新查房结果：Ctrl+F3

（三）团队按钮

（1）特殊付款：Ctrl+T

（2）房税结构：Ctrl+K

（3）日志查询：Alt+H

（4）按团队名称查询：Alt+1

（5）按来店日期查询：Alt+2

（6）按离店日期查询：Alt+3

（7）按团队代码查询：Alt+4

（8）按公司名称查询：Alt+5

（9）按协议单位查询：Alt+6

（10）按主单号查询：Alt+7

（11）按预订号查询：Alt+8

（12）综合查询：Alt+9

（13）查询当日离店团队：Ctrl+Alt+B

（14）查询当日预抵团队：Ctrl+Alt+A

（15）查询明日预抵团队：Ctrl+Alt+C

三、应收模块

（一）基本快捷键

（1）新建账户：Ctrl+N

（2）修改账户：Ctrl+E

（3）作废账户：Ctrl+Del

（4）浏览账户：Ctrl+V

（5）账户处理：Ctrl+B

（6）联系人：Ctrl+C

（7）定位发票：Ctrl+L

（8）应收结算单：Ctrl+K

（9）按账户名称查询：Alt+1

（10）按账号查询：Alt+2

（11）按参考号查询：Alt+3

（12）按联系人查询：Alt+4

（13）综合查询：Alt+5

（14）其他条件：Alt+6

（15）按付款周期查询：Ctrl+1

（二）发票区

（1）发票明细：Alt+D

（2）显示：Alt+S

（3）创建明细：Alt+N

（4）修改发票：Alt+E

（5）打印发票：Alt+P

（6）转账：Alt+U

（7）挂账：Alt+G

（8）发票争议：Alt+Z

（9）全部兑现：Alt+Q

（10）部分兑现：Alt+R

（11）创建收据并兑现：Alt+M

（12）快速平账：Alt+B

（13）定位发票：Alt+L

（三）收据区

（1）收据明细：Ctrl+Alt+D

（2）创建收据：Ctrl+Alt+N

（3）修改收据：Ctrl+Alt+E

（4）收据挂账：Ctrl+Alt+G

（5）自动兑现：Alt+A

（6）取消兑现：Alt+C

（7）冲账：Alt+Y

（8）定位收据：Ctrl+ Alt+L

四、客史

（一）客史按钮

（1）新建客史：Ctrl+N

（2）修改客史：Ctrl+E

（3）删除客史：Ctrl+Del

（4）浏览客史：Ctrl+S

（5）制卡：Ctrl+L

（6）客史任务：Ctrl+P

（7）按客人名称查询：Alt+1

（8）按协议单位查询：Alt+2

（9）按证件号查询：Alt+3

（10）按卡号查询：Alt+4

（11）按档案号查询 Alt+5

（12）综合查询：Alt+6

（13）其他条件：Alt+7

（二）会员卡按钮

（1）制卡：Alt+M

（2）修改卡：Alt+E

（3）挂失/恢复：Alt+L

（4）作废卡：Alt+D

（5）优惠信息：Alt+F

（6）消费信息：Alt+T

（7）累计信息：Alt+S

（8）按卡号查询：Alt+1

（9）按姓名查询：Alt+2

（10）按卡类查询：Alt+3

（11）按参考号查询：Alt+4

（12）按主卡号查询：Alt+5

（13）综合查询：Alt+6

（14）其他条件：Alt+7

五、销售模块

（一）客户按钮

（1）新建客户：Ctrl+N

（2）修改客户：Ctrl+O

（3）复制客户：Ctrl+Y

（4）浏览客户：Ctrl+L

（5）作废客户：Ctrl+D

（6）休眠客户：Ctrl+S

（7）业绩明细：Ctrl+A

（8）佣金处理：Ctrl+M

（9）客户：Ctrl+7

（10）客户业绩：Ctrl+8

（11）按客户名称查询：Alt+1

（12）按客户账号查询：Alt+2

（13）按客户类型查询：Alt+3

（14）按销售员查询：Alt+4

（15）按参考号查询：Alt+5

（16）按合同号查询：Alt+6

（17）按联系人查询：Alt+7

（18）综合查询：Alt+8

（19）按市场代码分组显示：Ctrl+1

（20）按行业代码分组显示：Ctrl+2

（21）按客源代码分组显示：Ctrl+3

（22）按等级分组显示：Ctrl+4

（23）按销售员分组显示：Ctrl+5

（24）取消分组显示：Ctrl+6

（二）联系人按钮

（1）新建联系人：Ctrl+N

（2）修改联系人：Ctrl+O

（3）删除联系人：Ctrl+D

（4）业绩明细：Ctrl+A

（5）联系人：Ctrl+7

（6）联系人业绩：Ctrl+8

（7）按姓名查询：Alt+1

（8）按客户名称查询：Alt+2

（9）按生日查询：Alt+3

（10）按销售员查询：Alt+4

附录二

酒店常用中英文对照及缩写

中文	英文	缩写
	部门	
部门	DEPARTMENT	DEPT
职位	POSITION	POS
行政办	EXECUTIVEOFFICE	EO
财务部	FINANCEDEPARTMENT	FIC
会计部	ACCOUNTING	ACCT
采购部	PURCHASINGDEPARTMENT	PURCHASING
酒水仓	BEVERAGESTORE	
食品仓	FOODSTORE	
日用品仓	GENERALSTORE	
市场及销售部	SALES &MARKETINGDEPARTMENT	S & M
前厅部	FRONTOFFICEDEPARTMENT	F.O (F/O)
管家部	HOUSEKEEPING	HSKP
洗衣房	LAUNDRYROOM	LR
布草房	LINENROOM	
游泳池	SWIMMINGPOOL	
餐饮部	FOOD&BEVERAGEDEPARTMENT	F & B
中餐厅	CHINESERESTAURANT	CHNREST
西餐厅	WESTRESTAURANT	WESTREST
日本餐厅	JAPANESERESTAURANT	
大堂吧	LOBBYBAR	
送餐部	ROOMSERVICE	RMSVC
宴会中心	BANQUETCENTRE	

续表

中文	英文	缩写
会议厅	CONFERENCEHALL	
管事部	STEWARD	
娱乐部	ENTERTAINMENTDEPARTMENT	ENT
夜总会	NIGHTCLUB	
桑拿	SAUNA	
健身中心	HEALTHCENTRE	
美容美发中心	BEAUTY&BARBERCENTRE	
保龄球室	BOWLINGBALL	
工程部	ENGINEERINGDEPARTMENT	ENG
保安部	SECURITYDEPARTMENT	SEC
人力资源部	HUMAN&RESOURCESDEPARTMENT	HR
培训部	TRAININGDEPARTMENT	
员工饭堂	STAFFCANTEEN	
员工宿舍	STAFFDORMITORY	
医务室	CLINICROOM	
图书馆	LIBRARY	
前厅各分部		
接待处	RECEPTION	RECP
行政楼层	EXECUTIVEFLOOR	E/F
询问处	INFORMATION	INFM
订房部	RESERVATION	RESV
总机房	OPERATOR/TELEPHONEROOM	OPT
礼宾部	CONCIERGE	CON
商务中心	BUSINESSCENTRE	BC
大堂副理	ASSISTANTMANAGER	AM
车队	TRANSPORTATION	TRA
账务处	CASHIER 、ACCOUNTINGDESK	
大堂	LOBBY	
楼层	FLOOR	/F

中文	英文	缩写
后勤办公室	BACKOFFICE	
员工通道	STAFFENTRANCE	
职位		
总经理	GENERALMANAGER	GM
行政助理	ASSISTANTEXECUTIVEMANAGER	AEM
行政秘书	EXECUTIVESECRETARY	
财务总监	FINANCIALCONTROLLER	FC
总会计师	CHIEFACCOUNT	
成本会计师	COSTACCOUNT	
采购部经理	PURCHASINGMANAGER	PURCHASING MGR
市场及销售总监	DIRECTOROFSALES&MARKETING	DOS
市场及销售副总监	ASSISTANTDIRECTOROFSALES & MARKETING	ADOS
市场及销售部经理	SALESMANAGER	
销售员	SALES	SALES
前厅经理	FRONTOFFICEMANAGER	FOM
前厅副经理	ASSISTANTFRONTOFFICEMANAGER	AFOM
大堂副经理	ASSISTANTMANAGER	AM
接待员	RECEPTIONIST/RECEPTIONCLERK	
订房员	RESERVATIONCLERK	RESV CLERK
行李员	BELLBOY / BELLMAN	
门童	DOORMAN	
接线生	OPERATOR	
司机	DRIVER	
行政管家	EXECUTIVEHOUSEKEEPER	EH
副行政管家	ASSISTANTEXECUTIVEHOUSEKEEPER	AEH
助理管家	ASSISTANTHOUSEKEEPER	AH
楼层服务员	ROOMATTENDANT	ATT
餐饮总监	DIRECTOROFFOOD & BEVERAGE	DOFB

续表

中文	英文	缩写
行政总厨	EXECUTIVESOUSCHEF	
点心总厨	DIMSUMCHEF	
人力资源部经理	HUMAN&RESOURCESMANAGER	HRMGR
总工程师	CHIEFENGINEER	
值班工程师	DUTYENGINEER	
保安部经理	SECURITYMANAGER	
保安主管	CHIEFSECURITY	
经理	MANAGER	MGR
主任	SUPERVISOR	SUP
领班	CAPTAIN	CAP
秘书	SECRETARY	
文员	CLERK	
服务员	WAITER	
行政值班经理	EXECUTIVEONDUTYMANAGER	EOD
值班经理	DUTYMANAGER	DM
接待处用语		
入住	CHECK – IN	C / I
退房	CHECK – OUT	C / O
预订	BOOKING 、 RESERVATION	BKG
预期抵店	ARRIVAL 、 DUTEIN	ARL
提前抵达	EARLYARRIVAL	
预期离店	DEPARTURE 、 DUTEOUT	DEPT
确认	CONFIRMATION	CONFIRM
再次确认	RE–CONFIRM	RE–CFRM
取消	CANCELLATION	CANCELL
订金	DEPOSIT	
价格	RATE	RTE
价钱	PRICE	
封房	BLOCK	

续表

中文	英文	缩写
续 住	EXTENSION	EXTEN
客类		
顾客、宾客	CLIENT，GUEST	
散 客	WALKIN	W／I，FIT
团 队	GROUP	GRP
商务客	COMMERCIAL GUEST	COMM GST
商务合同	CORPORATE CONTRACT	
长住客	LONG STAY GUEST	L／S GST
贵 宾	VERY IMPORTANT PERSON	VIP
旅行社	TRAVELAGENT	TVL AGT
自用房	HOUSEUSE	H/U
公 司	COMPANY	COM
付账(动)	PAY	
付账(名)	PAYMENT	
信用卡	CREDITCARD	
现 金	CASH	
尽 快	ASSOONASPOSSIBLE	ASAP
资 料	INFORMATION	INFM
电 话	TELEPHONE	TEL
传 真	FACSIMILE	FAX
电 传	TELEX	TLX
电 报	CABLE	CBL
地 址	ADDRESS	ADD
复印(机)	COPY (MACHINE)	
网 络	INTERNET	
电 脑	COMPUTER	
打印机	PRINTER	
机 票	FLIGHTTICKET	
打 字	TYPING	

续表

中文	英文	缩写
充电	CHARGEABATTERY	
充电器	CHARGER	
留言	MESSAGE	
内播电影	IN–HOUSEMOVIE	
对方付费电话	COLLECTCALL	
酒店账	HOUSEACCOUNT	H/A
国内长途		IDD
国际长途		DDD
市内电话	CITY CALL	
分机	EXTENSION	EXTN
服务台	COUNTER	
唤醒服务	WAKE UP CALL	
叫早服务	MORNING CALL	
请勿打扰	DO NOT DISTURB	DND
天气	WEATHER	
出租车	TAXI	
面包车	VEHICLE	
中巴	COACH	
报纸	NEWSPAPER	
信件	MAIL	
电视	TELEVISION	TV
背景音乐	BACK GROUND MUSIC	
小酒吧	MINI BAR	
冰箱	REFRIGERATOR	
客房保险箱	MINI SAFE / PERSONAL SAFE	
吹风筒	HAIR DRYER	
电热水壶	ELECTRIC HEATING KETTLE	
中央空调	INDIVIDUAL CONTROLLED AIR–CONDITION	
洗衣	LAUNDRY	

续表

中文	英文	缩写
干洗	DRY-CLEANING	
熨烫	VALET SERVICE	
失物招领	LOST AND FOUND	
早餐	BREAKFAST	B'FAST
美式早餐	AMERICAN BREAKFAST	ABF
欧陆式早餐	CONTINENTAL BREAKFAST	CBF
东方式早餐	ORIENTAL BREAKFAST	OBF
午餐	LUNCH	LNH
晚餐	DINNER	DNR
人民币		RMB
港币		HKD
美元		USD
按摩	MASSAGE	
蒸汽浴	STEAM BATH	
邻近房	ADJOINING ROOM	
付款方式	ADVANCE PAYMENT	
礼仪	AMENITY	
住房平均价格	AVERAGE ROOM RATE	A.R.R
收款的指令	BILLING INSTRUCTION	
取消	CANCELLATION	
不收费房	COMPLIMENTARY	COMP
连通房	CONNECTING	
续住	EXTENSION	
加床	EXTRA BED	
预报	FORECAST	
客人账单	GUEST FOLIO	
管家部报表	HOUSEKEEPING REPORT	
加入	JOIN-IN	
超过退房时间	LATE CHECK-OUT	

续表

中文	英文	缩写
记事本	LOG BOOK	
净价	NET RATE	
坏房	OUT OF ORDER	O.O.O
包价	PACKAGE	
长包房	PERMANENT ROOM	
门市价	RACK RATE	
登记	REGISTER	
登记卡	REGISTRATION CARD	
转房	ROOM CHANGE	
房价	ROOM RATE	
房间种类	ROOM TYPE	
团体住房名单	ROOM LIST	
同住	SHARE WITH	
旅行社	TRAVEL AGENT	
升级	UPGRADE	
空房	VACANT ROOM	
贵宾	VERY IMPORTANT PERSON	V.I.P

附录三

考核试题

试卷一　前台收银测试题

一、简述题（10分）

1. 简述哑房的概念及作用（至少三种）。（2分）

2. 简述房税结构的含义（要举例说明）。（2分）

3. 简述特殊付款的含义。（3分）

4. 简述中间结账、提前结账与普通结账的区别。（3分）

二、散客上机部分（45分）

1. 两位在店客人（考号＋甲）和（考号＋乙）同时结账离店，请进行相关操作。（15分）

甲客人消费如下：（1）收甲客人人民币押金金额1700元（考号＋01）；

（2）客房MINBAR100元（考号＋02）；

（3）商务中心35元，客人用人民币现付（考号＋03）；

（4）客房赔偿100元（考号＋04）；

（5）其中赔偿费由乙客人来付。

乙客人消费如下：（1）洗衣50元（考号＋05）；

（2）商务中心15元（考号＋06）；

（3）杂项30元（考号＋07）。

2. 两位在店客人（考号＋丙）和（考号＋丁），由丙客人付全部费用，请进行相关操作。（15分）

已知，收取丙客人人民币押金2000元（考号＋08）。

两位客人消费如下：

（1）丁客人康乐消费2000元（考号＋09）；

（2）丙客人客房 MINBAR200 元（考号 +10）；

（3）丙租车费 100 元（考号 +11）；

（4）经检查发现丙客人的租车费应该为 95 元，不应该是 100 元；

（5）丙、丁两人要求提前结算清自己的费用，并用人民币付清。

3. 一位在店宾客（考号 + 戊），需要用银行卡结算相关费用，请进行操作。（15 分）

此客人消费如下：

（1）客房 MINBAR50 元（考号 +12）；

（2）商务中心 100 元（考号 +13）；

（3）彩印 20 元（考号 +14）；

（4）此客人要求结算商务中心和彩印费用，用中国银行长城卡来付。

三、团队上机部分（45 分）

1. 酒店来了一个自发组织的团队，团名为（考号 + 自发团），要结账离店，请进行相关操作。（15 分）

（1）此团队每一位团员都消费了一笔洗衣费用 40 元（考号 +15）；

（2）结账方式为人民币现付。

2. 中旅的一个团队，团名（考号 + 中旅），要团队结账离店，请进行相关操作。（15 分）

该团队来店后，单住客人（考号 + 中旅 + 单住）的消费情况如下：

（1）商务中心 20 元（考号 +16）。

（2）商场费用 200 元（考号 +17）。

（3）房费调整 50 元（考号 +18）。

（4）每间房间挂入一天房费（考号 +19）。

为此团队结账离店，销售部通知付款方法待定，一天后有专人来前台结账。

3. 上机账务审核：进行账务审核，将账务审核后的内容抄写在下面。（15 分）

试卷二　操作部收银测试题

（操作部分）

一、团队（20 分）

1. 情形一：团队

团名：考试者姓名 +CITS；

人数：16；

房数：8cb；

到店：10 月 14 日；

离店：10 月 15 日；

房费：200RMB，包西早；

备注：房费，早餐费团付，其他费用客人自理；

付款单位：国旅总社。

操作要求：

（1）团队结账前一天提出原先 1 间房间的房费、早餐费团队付，现在自理，请处理。

（2）全部客人自付账现付，结账。

（3）团队早餐费退 45 元账。

（4）团队公付账户账目转应收。

2. 情形二：会议

会议：考试者姓名 +ERIC；

人数：10；

房数：5st；

最早到店：10 月 14 日；

最晚离店：10 月 15 日；

房费：240RMB，包中早；

备注：房费，早餐费会议组付，其他费用客人自理；会务组离店前付清账务。

操作要求：

（1）会议每间房挂 30 元洗衣费用，全部客人自付。

（2）会议宴，西餐厅 8000 元，挂账。

（3）14 日一客人提前离店，结账。（注意房间内另一客人的房费。）

（4）全部会议客人结账，结清自付账。

（5）15 日会议结账，现付现金，输入电脑后，因现金不够，改为支票结账。

二、散客（35 分）

1. 情形一

姓名：考试者姓名 +NVL；

人数：2 人；

到店：10 月 14 日；

离店：10 月 15 日；

房价：174RMB；

所属公司：LITS/HO；

备注：房间变价到 194RMB。

操作要求：

（1）收客人押金 1000 现金，输入电脑后，因现金不够，改为取信用卡长城卡授权 1000 元；

（2）挂入电话费 20 元；

（3）输单西餐厅 180 元，输入电脑后，发现输错，商场 180 元；

（4）客人长城卡结账。

2. 情形二

姓名：操作员姓名 +Yos；

人数：1 人；

到店：10 月 14 日；

离店：10 月 15 日；

房价：194RMB，含西早。

操作要求：

（1）客人要求打出预先 5 天的房费的账单；

（2）挂洗衣费用 80 元，输入电脑后，应客人要求，改为 60 元；

（3）现在客人提出明日离店，现要求先行结清费用，打出账单；

（4）客人结账，要求打一张 19 日来店，全部费用是房费的账单；

（5）客人结账后，发现其还有 MINIBAR 费用，挂账 MINIBAR15 元，然后客人补付这 15 元。

3. 做一遍交易审核，打出交易审核报告。

（笔试部分）

三、操作知识（20 分）

1. 开机时，应先开＿＿＿＿＿＿＿＿，后开＿＿＿＿＿＿＿＿；关机时，应先关＿＿＿＿＿＿＿＿，后关＿＿＿＿＿＿＿＿。（8 分）

2. 简述常遇到计算机的几种死机情况，如何处理？（12 分）

四、操作部业务知识（25 分）

1. 写出下列代码或标记的含义。（16 分）

RR，ZD，RM，BX，ST＿＿＿＿＿＿，001＿＿＿＿＿＿，050＿＿＿＿＿＿，941＿＿＿＿＿＿。

2. 简述宾客账户内下列账单的名称及用途：A，C，t。（9 分）

试题三　销售点测试题

一、建新菜单（10 分）

（项目编号为"机器号＋ 001 ~机器号＋ 005"，编号必须为 4 位）

1. 芳香酥排骨 48.00

2. 锡纸包牛蛙 38.00

3. 春色满园 10.00

4. 猕猴桃汁 15.00

5. 硬盒七星 15.00

二、住店客人用餐（10分）

3131房客人王建业在松竹梅餐厅用餐，可签单，共2人，在10号桌用餐，用餐情况如下：

刀削面2小碗，虎皮尖椒1份，鱼香肉丝1份，八宝茶2碗，瓶啤酒2瓶。

备注：账单号为"工号＋901"。

三、宴会厅（15分）

广告公司在云林堂餐厅宴会，40人，标准150.00元，租会议室1000.00元，鲜花200.00元，麦克风50.00元，司机退500.00元，收10%手续费，支票结账。

用烟酒如下：

大可乐9瓶，大雪碧9瓶，燕京啤酒20瓶，三五2盒，红塔山2盒。

备注：账单号为"工号＋902"，退餐单号为"工号＋902B"。

四、送餐（20分）

3133房李全风咖啡厅送餐，可签单。内容如下：40%服务费，牛奶1份，煎荷包蛋2份，什锦炒饭1份。账单号为"工号＋903"。

五、结账（45分）

1. 散客用餐（15分）

五位客人在松竹梅餐厅2号桌用餐，点用菜品如下：

山西水饺50个，米饭2份，水煮牛肉1份，碎米鸡丁1份，鱼香茄子1份，肉蟹0.5份，可乐3听，啤酒5听，八宝茶5碗。另结账时退啤酒2听。

备注：

（1）账单号为"工号＋904"。

（2）经理同意按85折结算，另外水煮牛肉太咸，餐饮部经理同意该菜打8折，用长城卡结算。

2. 团队用餐（20分）

中旅美大部9130团在松竹梅餐厅用过路餐，20人，标准30.00元，提银2.00元。

备注：账单号为"工号＋905"，退餐账单号为"工号＋905B"。

3. 餐券付账（10分）

松竹梅餐厅收中早餐券20张，每张按30元标准，输入电脑。

备注：账单号为工号＋906。

试题四　团队测试题

一、笔试部分（50 分）

1. 简述团队简单查询的六种基本条件。（10 分）

2. 简述团队会议的操作流程。（20 分）

3. 简述团队锁房排房的步骤。（20 分）

二、上机部分（50 分）

1. 一个自发组织的团队，此团队 9 月 26—29 日期间住店，团名为"考号＋自发＋自己的姓名"，人数为 5，三间 ST 房，房价 258 元／间天，不含早餐，自付各种消费。（15 分）

2. 国旅的一个现付团队，团名为"考号＋国旅＋自己的姓名"，在酒店预订了 3 间 ST 房，来期为 9 月 26 日，离期为 9 月 30 日，房价为 200 元／间天，人数为 6，其中，2 人为陪同，房价为 100 元／间天。此团队均含双早，全部费用公付。9 月 28 号此团队提前到店两位客人（陪同）开房，经确认提前一天的房费公付。（10 分）

3. 中旅的一个团队，团名为"考号＋中旅＋自己的姓名"，在酒店预订了 3 间 ST 房，来期为 9 月 26 日，离期为 9 月 28 日，人数为 5，房价为 258 元／间天，含双早，房费餐费公付。9 月 28 日来店后，其中单住的客人"考号＋单住＋自己的姓名"要求 9 月 30 日离店，经确认此客人依然是团队客人，可以享受团队房价。（10 分）

4. 现付会议团，团名为"考号＋会议＋自己的姓名"，3 人两间 ST 房，来期 9 月 26 日，离期 9 月 28 日；4 人两间 ST 房，来期 9 月 27 日，离期 9 月 28 日；8 人四间 ST 房，来期 9 月 28 日，离期 9 月 30 日。房价 350 元／间天，含中早 50，房费餐费公付。取消 9 月 28—30 日其中两间客人的预订。为 9 月 26 日到店的所有人开房。（15 分）

结账要求：

（1）会议每间房挂 30 元洗衣费用，全部客人自付。

（2）会议宴，西餐厅 8000 元，挂账。

（3）28 日一客人提前离店，结账。（注意房间内另一客人的房费。）

（4）全部会议客人结账，结清自付账。

（5）29 日会议结账，现付现金，输入电脑后，因现金不够，改为支票结账。

策划编辑：李志忠

责任编辑：李志忠

责任印制：谢　雨

封面设计：何　杰

图书在版编目（ＣＩＰ）数据

酒店管理信息系统实训教程：CSHIS 系统应用 / 田
启利，王中锋主编． -- 北京：中国旅游出版社，2017.8
　　酒店管理类专业精品教材
　　ISBN 978-7-5032-5869-5

　　Ⅰ．①酒… Ⅱ．①田… ②王… Ⅲ．①饭店－商业管
理－管理信息系统－教材 Ⅳ．① F719.2-39

中国版本图书馆 CIP 数据核字（2017）第 181431 号

书　　　名：酒店管理信息系统实训教程：CSHIS系统应用

作　　　者：田启利　王中锋　主编
出版发行：中国旅游出版社
　　　　　　（北京建国门内大街甲9号　邮编：100005）
　　　　　　http://www.cttp.net.cn　E-mail:cttp@cnta.gov.cn
　　　　　　营销中心电话：010–85166503
排　　　版：北京旅教文化传播有限公司
经　　　销：全国各地新华书店
印　　　刷：河北省三河市灵山红旗印刷厂
版　　　次：2017年8月第1版　2017年8月第1次印刷
开　　　本：787毫米×1092毫米　1/16
印　　　张：13.5
字　　　数：260千
定　　　价：36.80元
ＩＳＢＮ　　978–7–5032–5869–5